国家重点中职示范校物流专业精品系列规划教材
广东省物流行业协会"工学结合"实践项目成果

物流服务营销

主　编　李利勤
副主编　苏广鹰　孙巧玲　李金瓯
编　委　张锦秀　窦永虎　黄朝霞
　　　　丁　瑜　林璇华　王　芳

华中科技大学出版社
中国·武汉

内容简介

本书介绍物流服务营销创新理论及实践。根据物流市场需求和特点,物流营销规律和营销对象的需求,结合物流企业经营活动,以通俗易懂的语言,真实生动的案例,系统地阐述了物流服务营销的内容,主要包含物流营销概论篇(物流概述、市场营销概述、物流营销概述)、物流营销管理概论篇(物流营销管理概述、物流营销管理的核心概念、物流营销管理过程)、物流营销策略篇(物流企业产品策略、物流产品定价策略、物流分销渠道策略、物流企业促销策略)、物流服务营销篇(物流运输服务营销、物流仓储服务营销、物流配送服务管理、物流服务质量管理)、物流客户服务篇(物流客户服务概述、物流营销客户关系管理、物流客户的满意度、物流客户服务人员手册)、物流营销策略礼仪篇(物流营销礼仪策略、产品礼仪、价格礼仪)。每章都提供小结、思考题及案例分析,让学生将学过的知识与实践紧密结合。

本书既适用于物流管理、工商管理、电子商务等专业的中等职业教育教学,也可作为物流企业从业人员在岗培训教材。

图书在版编目(CIP)数据

物流服务营销/李利勤主编. —武汉:华中科技大学出版社,2011.8(2024.2重印)
ISBN 978-7-5609-7272-5

Ⅰ.①物… Ⅱ.①李… Ⅲ.①物资企业-市场营销学-中等专业学校-教材 Ⅳ.①F253

中国版本图书馆 CIP 数据核字(2011)第 149782 号

物流服务营销　　　　　　　　　　　　　　　　　李利勤　主编

策划编辑:何　赟
责任编辑:康　序
封面设计:潘　群
责任校对:周　娟
责任监印:徐　露
出版发行:华中科技大学出版社(中国·武汉)　　电话:(027)81321913
　　　　　武汉市东湖新技术开发区华工科技园　　邮编:430223
录　　排:华中科技大学惠友文印中心
印　　刷:武汉邮科印务有限公司
开　　本:787mm×1092mm　1/16
印　　张:15
字　　数:370 千字
版　　次:2024 年 2 月第 1 版第 6 次印刷
定　　价:28.00 元

本书若有印装质量问题,请向出版社营销中心调换
全国免费服务热线:400-6679-118　　竭诚为您服务
版权所有　侵权必究

国家重点中职示范校物流专业精品系列规划教材
广东省物流行业协会"工学结合"实践项目成果编审委员会

顾　　问	鲁修禄	副主任	广东省发展和改革委员会
	杨细平	副厅长	广东省交通运输厅
	刘文彬	处长	广东省发展和改革委员会
	黄建明	处长	广东省经济和信息化委员会
	余楚风	区长	广州市白云区政府
	丁　岩	副区长	广州市花都区政府
	谢　红	处长	广东省知识产权局
	张　燕	调研员	广东省经济和信息化委员会
	林殿盛	副处长	广州市交通委员会
	陈有文	主任	广东省物流标准化技术委员会
	陈功玉	主任	中山大学现代物流技术与管理研究中心
主　　任	马仁洪	常务副会长、秘书长	广东省物流行业协会
副 主 任	梁玉霞	常务副秘书长	广东省物流行业协会
	许琳伟	主任	广东省职业技术教育学会物流专业指导委员会
	胡　梅	主任	广东省物流行业协会教育培训工作委员会
	胡学兰	副主任	广州市教育局教学研究室
特约编审	谢珍祥	副局长	广东省职业训练局
	邓庆宁	校长	广东省惠州商业学校
	杨柏弟	校长	佛山市南海区信息技术学校
	杨　敏	院长	广州市交通技师学院
	丘　文	校长	惠州工业科技学校
	胡　龙	校长	深圳市宝安职业技术学校
	杨志勇	校长	广州市商贸职业学校
	秦胜利	校长	广东省石油化工职业技术学校
	张立波	校长	广州市财经职业技术学校

林　雄	校长	广东省海洋工程职业技术学校
周发茂	校长	广东省贸易职业技术学校
梁泽洪	校长	佛山市顺德区陈登职业技术学校
李国兴	校长	深圳市博伦职业技术学校
陈克虎	校长	东莞市常平镇黄水职业中学
邓　兵	校长	佛山市南海区盐步职业技术学校
邓　宁	校长	广东省财经职业技术学校
邓　联	校长	湛江财贸中等专业学校
石伟坤	校长	广东省东莞市威远职业高级中学
李驰稳	校长	江门市新会冈州职业技术学校
黄广旭	副校长	深圳市华强职业技术学校
袁古玉	副校长	佛山市顺德区陈村职业技术学校
刘为民	副校长	广州市番禺区岭东职业技术学校
李文娟	校长	佛山市东立鳌云职业技术学校
林　荫	副校长	广东省汕头市澄海职业技术学校
刘龙山	院长	清远市技师学院
黄　志	院长	广东省技师学院
陈俊鸿	校长	广东省机械高级技工学校
阎子刚	校长	广东省交通运输高级技工学校
于锦杰	校长	湛江市高级技工学校
李志明	校长	广东省工业高级技工学校
胡利平	校长	江门市新会高级技工学校
崔险峰	校长	广东省电子信息技工学校
刘伟清	董事长	广东省航运集团有限公司
李志安	董事长	广东省惠州金泽集团
吴剑平	董事长	深圳市粤钢松山物流有限公司
陈拱龙	董事长	佛山市粤泰冷库物流投资有限公司
叶　斌	董事长	广州市易通四方网络科技有限公司
徐　龙	董事长	中国移动通信集团广东有限公司
夏　阳	董事长	广东三江实业发展有限公司
吴棋伟	董事长	广东天润物流市场发展有限公司
黄慧星	总经理	广东省华大物流总公司
林广宏	董事长	广州市宏峰物流有限公司
陈金平	董事长	深圳市金鹏物流园
刘发书	副总经理	广东省广新外贸集团有限公司
高艺林	总经理	广州市商业储运公司
李金平	董事长	广东林安物流发展有限公司
梁志成	总经理	中国外运广东有限公司
李凯乐	总经理	广东邮政物流配送服务有限公司

姓名	职务	公司
贾坎森	董事长	广州海心沙实业总公司
戴敏华	副总经理	广州市益达信息科技有限公司
梁耀权	副总经理	肇庆市致美物流有限公司
刘兴富	总经理	深圳市安必行物流顾问有限公司
王　宏	总经理	广州拜尔冷链聚胺酯科技有限公司
陈恒杰	总经理	广州市泰邦物流有限公司
张亚东	董事长	深圳宝鼎威物流有限公司
欧阳杰	总经理	广东东部物流有限公司
封建中	总经理	中山市秦粤物流有限公司
殷王龙	董事长	广州德镱数码技术有限公司
王熙祺	董事长	中外运瑞驰物流有限公司
张鸿飞	总经理	广州市盈致自动识别技术有限公司
郑泽民	董事长	广州天智市场开发有限公司
黄小燕	总经理	广州市亦立天然食品有限公司
蔡　军	物流总监	广州华新商贸有限公司
黄爱娟	总裁	广州城市之星运输有限公司
朱汉辉	执行董事	江门大昌慎昌食品加工仓储有限公司
张　艳	董事长	江门市安捷物流有限公司
李印铸	总裁	惠州港务集团有限公司
曾永青	所长	广州市食品工业研究所
田方人	董事长特助	顺德区北滘港货运联营有限公司
李素萍	总经理	广东东立商贸物流有限公司
何　望	总经理	广州保畅国际物流有限公司
徐明福	总经理	广州市高天文化机构
张晶林	总经理	广州市宏峰物流有限公司
冯展培	总经理	广州和笙富物流有限公司
时洪奎	总经理助理	广州市商业储运公司
卢慧华	总经理	广州青年书业有限公司
艾奇飞	总经理	烽火通信科技股份有限公司
陈　琳	总经理	广州巴斯特展览有限公司
谭衍诚	总经理	广州长盛永达贸易有限公司
梁慧莹	总编助理	《广东物流》杂志
姚　飞	总经理	广州壹加投资发展有限公司
谭锡棠	总经理	广州宏昌实业有限公司
曾会林	总经理	香港大光集团

序言 > > >

世界职业教育发展的经验和我国职业教育发展的历程都表明,职业教育是提高国家核心竞争力的要素。职业教育的这一重要作用,主要体现在两个方面。其一,职业教育承载着满足社会需求的重任,是培养为社会直接创造价值的高素质劳动者和专门人才的教育。职业教育既是经济发展的需要,又是促进就业的需要。其二,职业教育还承载着满足个性发展需求的重任,是促进青少年成才的教育。因此,职业教育既是保证教育公平的需要,又是教育协调发展的需要。

这意味着,职业教育不仅有自己的特定目标——满足社会经济发展的人才需求,以及与之相关的就业需求,而且有自己的特殊规律——促进不同智力群体的个性发展,以及与之相关的智力开发。

长期以来,由于我们对职业教育作为一种类型教育的规律缺乏深刻的认识,加之学校职业教育又占据绝对主体地位,因此职业教育与经济、与企业联系不紧,导致职业教育的办学未能冲破"供给驱动"的束缚;由于与职业实践结合不紧密,职业教育的教学也未能跳出学科体系的框架,所培养的职业人才,其职业技能的"专"、"深"不够,工作能力不强,与行业、企业的实际需求及我国经济发展的需要相距甚远。实际上,这也不利于个人通过职业这个载体实现自身所应有的职业生涯的发展。

因此,要遵循职业教育的规律,强调校企合作、工学结合,"在做中学","在学中做",就必须进行教学改革。职业教育教学应遵循"行动导向"的教学原则,强调"为了行动而学习"、"通过行动来学习"和"行动就是学习"的教育理念,让学生在由实践情境构成的、以过程逻辑为中心的行动体系中获取过程性知识,去解决"怎么做"(经验)和"怎么做更好"(策略)的问题,而不是在由专业学科构成的、以架构逻辑为中心的学科体系中去追求陈述性知识,只解决"是什么"(事实、概念等)和"为什么"(原理、规律等)的问题。由此,作为教学改革核心的课程,就成为职业教育教学改革成功与否的关键。

当前,在学习和借鉴国内外职业教育课程改革成功经验的基础上,工作过程导向的课程开发思想已逐渐为职业教育战线所认同。所谓工作过程,是"在企业里为完成一件工作任务并获得工作成果而进行的一个完整的工作程序",是一个综合的、时刻处于运动状态但结构相对固定的系统。与之相关的工作过程知识,是情境化的职业经验知识与普适化的系统科学知识的交集,它"不是关于单个事务和重复性质工作的知识,而是在企业内部关系中将不同的子工作予以连接的知识"。以工作过程逻辑展开的课程开发,其内容编排以典型职业工作任务及实际的职业工作过程为参照系,按照完整行动所特有的"资讯、决策、计划、实施、检查、评价"结构,实现学科体系的解构与行动体系的重构，实现于变化的、具体的工作过程之中获取不变的思维过程和完整的工作训练，实现实体性技术、规范性技术通过过程性技术的物化。

近年来，教育部在高等职业教育领域组织了我国职业教育史上最大的职业教育师资培训项目——中德职教师资培训项目和国家级骨干师资培训项目。这些骨干教师通过学习、了解，接受先进的教学理念和教学模式，结合中国的国情，开发了更适合中国国情、更具有中国特色的职业教育课程模式。

华中科技大学出版社结合我国正在探索的职业教育课程改革，邀请我国职业教育领域的专家、企业技术专家和企业人力资源专家，特别是国家示范校、接受过中德职教师资培训或国家级骨干教师培训的高职院校的骨干教师，为支持、推动这一课程开发应用于教学实践，进行了有意义的探索——相关教材的编写。

华中科技大学出版社的这一探索，有两个特点。

第一，课程设置针对专业所对应的职业领域，邀请相关企业的技术骨干、人力资源管理者及行业著名专家和院校骨干教师，通过访谈、问卷和研讨，提出职业工作岗位对技能型人才在技能、知识和素质方面的要求，结合目前中国高职教育的现状，共同分析、讨论课程设置存在的问题，通过科学合理的调整、增删，确定课程门类及其教学内容。

第二，教学模式针对高职教育对象的特点，积极探讨提高教学质量的有效途径，根据工作过程导向课程开发的实践，引入能够激发学习兴趣、贴近职业实践的工作任务，将项目教学作为提高教学质量、培养学生能力的主要教学方法，把适度够用的理论知识按照工作过程来梳理、编排，以促进符合职业教育规律的、新的教学模式的建立。

在此基础上，华中科技大学出版社组织出版了这套规划教材。我始终欣喜地关注着这套教材的规划、组织和编写。华中科技大学出版社敢于探索、积极创新的精神，应该大力提倡。我很乐意将这套教材介绍给读者，衷心希望这套教材能在相关课程的教学中发挥积极作用，并得到读者的青睐。我也相信，这套教材在使用的过程中，通过教学实践的检验和实际问题的解决，不断得到改进、完善和提高。我希望，华中科技大学出版社能继续发扬探索、研究的作风，在建立具有中国特色的高等职业教育的课程体系的改革之中，作出更大的贡献。

是为序。

教育部职业技术教育中心研究所
学术委员会秘书长
《中国职业技术教育》杂志主编
中国职业技术教育学会理事、
教学工作委员会副主任、
职教课程理论与开发研究会主任
姜大源　教授
2010 年 6 月 6 日

目录 >>> Contents

第 1 章　物流营销概论 /1
  1.1　物流概述 /1
  1.2　市场营销概述 /12
  1.3　物流营销概述 /23

第 2 章　物流营销管理概论 /32
  2.1　物流营销管理概述 /32
  2.2　物流营销管理的核心概念 /38
  2.3　物流营销管理过程 /43

第 3 章　物流营销策略 /52
  3.1　物流企业产品策略 /52
  3.2　物流产品定价策略 /71
  3.3　物流分销渠道策略 /83
  3.4　物流企业促销策略 /93

第 4 章　物流服务营销 /108
  4.1　物流运输服务管理 /108
  4.2　物流仓储服务管理 /115
  4.3　物流配送服务管理 /125
  4.4　物流服务质量管理 /133

第 5 章　物流客户服务 /140
  5.1　物流客户服务概述 /140
  5.2　物流营销客户关系管理 /155
  5.3　物流客户的满意度 /165
  5.4　物流客户服务人员手册 /178

第 6 章　物流营销礼仪策略 /201
　　6.1　物流营销礼仪 /201
　　6.2　产品礼仪 /206
　　6.3　价格礼仪 /211
　　6.4　分销渠道礼仪 /215
　　6.5　促销礼仪 /220

参考文献 /227

第1章 物流营销概论

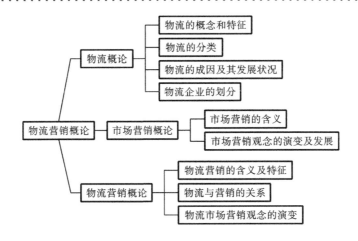

1.1 物流概述

学习目标

1. 了解物流的概念及特征,以及物流的成因及发展状况。
2. 掌握物流及物流企业的分类。

案 例

鲁花集团的物流变革

"生产60万吨花生油,需要从全国各地运来145万吨花生米,变成花生油和花生粕后,又要再运到全国各地去销售。"尽管如此,鲁花集团自己没有一辆车,货物运输全由莱阳交通物流中心组织。

莱阳鲁花集团从2002年起,逐步卖掉了企业的全部运输车辆,与莱阳交通物流中心结为紧密合作伙伴。

"过去我们自己送货,回来的时候往往空驶,现在让物流车辆来运输,运费至少节省了一半。"2007年,莱阳交通物流中心为鲁花集团发送货物30万吨,为企业节省物流费用1100多万元。而且企业也不用再为运输车辆加油、保险等事情花费精力。

鲁花公司的分厂建到哪里,莱阳交通物流中心的网络就延伸到哪里。鲁花在菏泽定陶、河南周口、湖北襄樊、内蒙古巴彦淖尔等地建设了12个分厂,莱阳交通物流中心也都跟着在各地成立运输部,根据需求制订个性化的物流方案。

对于莱阳交通物流中心来说,鲁花集团只是它的一个大客户。2007年,该中心发送货物80万吨,实现运输收入1.6亿元,为企业节省运费总额超过了5000万元。除了大客户,这个中心还将全市几乎所有的配货企业、个体户,都聚拢在了统一的交易平台上,做到了"货源入网,车辆进场"。

问题:1. 鲁花集团为何没有一辆运输车辆?
   2. 如何理解莱阳交通物流中心成为全市配货企业、个体户的物流企业?

资料来源:华细玲,杨国荣,刘运芹. 物流管理基础[M]. 北京:北京理工大学出版社,2010:1.

1.1.1 物流的概念和特征

1. 物流的概念

物流中的"物"是"物品",是一切可以进行物理性位置转移的物质资料。物流中的"流"是物理性运动,这种运动也称为"位移"。因此,物流最直接的解释是物质实体的流动。

由于人们对物流的认识有一个不断深化的过程,所以对物流的定义也多种多样。物流可以划分为传统物流、现代物流等物流概念。传统物流是指商品从供给者向需求者进行的物理性传递。传统物流强调商品的实体分配。现代物流是以满足消费者的需求为目标,把制造、运输、销售等市场情况统一起来思考的一种战略措施。传统物流与现代物流的主要差别在于传统物流只提供简单的位移,现代物流则更强调根据用户需求提供增值服务;传统物流强调单一环节的管理,现代物流是整体系统的优化;传统物流实行人工控制,现代物流实施信息管理等。

1981年,日本综合研究所编著的《物流手册》对物流的表述为:"物质资料从供给者向需求者的物理性移动,是创造时间性、场所性价值的经济活动。从物流的范畴来看,包括包装、装卸、保管、库存管理、流通加工、运输、配送等诸种活动。"

1994年,欧洲物流协会对物流的定义为:"物流是在一个系统内对人员、商品的运输、安排,以及与此相关的支持活动的计划、执行和控制,以达到特定目的的过程。"

2001年4月我国颁布的《中华人民共和国国际标准物流术语》(以下简称《国家标准物流术语》)对物流的定义是:"物品从供应地向接收地的实体流动过程中,根据实际需要,将运输、储存、搬运、包装、流通加工、配送、信息处理等基本功能实施有机结合来实现用户要求的过程。"

综上所述,物流是根据客户需求,将货物(服务及相关信息)从供应地向接收地进行低成本、高效移动的增值过程。

2. 物流的特征

1) 物流的技术性

在现代通信技术、信息技术和网络技术迅速发展的时代,物流行业正积极运用现代科学技术,全面改造和提升物流的技术能力,呈现出明显的技术性特征。

物流的技术性表现为物流的信息化,具体包括:物流信息的商品化、物流信息收集的数据库化和代码化、物流信息处理的电子化和计算机化、物流信息传递的标准化和实时化、物理信息存储的数字化等。以物流系统信息化为基础的现代先进技术,如条形码技术、数据库技术、电子订货系统、电子数据交换、快速反应,以及有效的客户反馈、企业资源计划等技术与观念已广泛地应用于物流领域。

物流的技术性表现为物流的自动化。物流自动化的核心是机电一体化,以及外在表现无人化、内在效果省力化。物流自动化可以扩大物流作业能力,提高劳动生产率,减少物流作业的差错,具体如条形码/语音/射频自动识别系统、自动分配系统、自动存取系统、自动导向车、货物自动跟踪系统等。

以信息化、自动化为基础,物流的技术性还表现为物流智能化。物流作业过程中大量的运筹和决策,如库存水平的确定、运输路线的选择、自动导向车的运行轨迹和作业控制、自动分拣系统的运行、物流配送中心的经营管理等,通过借助大量的现代管理和技术知识,建立和完善物流专家系统和物流机器人系统,以实现物流智能化。

2)物流的服务性

在消费多样化、生产小量化、流通高效化的时代,服务性是现代物流的本质特征,物流的服务性主要表现为:物流柔性化和物流增值性。

物流柔性化是物流系统在为企业生产经营活动服务、为物流客户服务的过程中,本着"以需求为导向,以客户为中心"的经营理念而提出的。物流柔性化就是根据物流需求的变化来重组物流资源,科学设计物流系统,灵活安排物流作业。物流柔性化必须适应现代生产中所使用的弹性制造系统、计算机集成制造系统、制造资源系统、企业资源计划及供应链管理的概念和技术,并不断创新和发展物流系统的服务方式。物流增值性就是物流系统提供的物流服务,通过降低成本费用和创造时间、空间效应的方法,来促进生产经营过程中商品和服务价值的实现和增值。

3)物流的系统性

物流的系统性特征充分地表现在物流运作的系统化和物流管理的系统化。物流运作必须以系统的思想来设计和安排物流的作业体系,把多种物流资源和物流功能要素合理地组合起来,形成一个高效运行的作业体系。物流运作需要广泛采用现代先进设施设备和技术手段,不断完善和优化物流运作系统,以适应电子商务的发展需要。物流管理必须以系统优化为目标,以现代供应链管理的思想和技术全面整合物流管理资源,系统思考和统筹解决物流管理的决策问题,实现物流的系统化管理。

4)物流的协作性

经济全球化的发展通过更大的空间范围、更快的速度改变了市场的交易方式,改变了市场经济的竞争模式。物流发展必须与经济全球化的发展相适应,从而呈现出明显的协作性特征。

物流的协作性表现为物流系统的内部协作,即物流系统的各部门、各环节及各功能要素之间为了实现共同的目标而产生的协作,这是提高物流运行效率的基础。

物流的协作性也表现为物流系统的外部协作。从供应链的思想来看,物流系统只是整个供应链的一个环节,为了创造供应链的整体价值,顺利完成供应链的运动过程,就需要参与供应链的各个环节能够相互配合、共同努力,进行广泛的协作。

5)物流的生态性

物流的生态性特征表现为物流资源的可持续发展和绿色物流的发展。物流活动需要耗费物流资源,由于改变了交易方式和交易过程,为实现物流资源的合理分配创造了条件,从而能充分降低物流资源的耗费。通过应用供应链管理新概念和新技术,不断创新物流发展的模式,实现物流资源的可持续发展。现代高新技术的发展为绿色物流的发展提供了机遇。绿色物流就是以绿色环保的思想为指导,广泛应用绿色技术设备,对绿色商品实行绿色存储、绿色运输和绿色包装的物流运作和物流管理新模式。现代企业的绿色物流一方面要严格控制物流系统的污染,另一方面要建立科学的工业与生活废料的回收处理物流系统。

知识链接

宝供物流

1994年,宝供物流还只是一间"作坊式"的小公司;而到了2003年,宝供物流的年货运量达250万吨,年产值达3亿多元,并被摩根斯丹利评估为中国最具价值的第三方物流企业。

宝供占据业内的七个第一:中国第一家物流企业集团;第一个在中国运用现代物流观念为客户提供全程物流服务的公司;第一个在中国建立起覆盖全国的物流运作网;在中国第一个将工业化的质量管理标准运用到物流运作上;第一个在中国建立了基于Internet/Intranet的物流信息系统;第一次在中国将产官学研相结合,举办物流技术与管理发展的国际性高级研讨会;第一个在中国创办物流奖励基金的公司。

资料来源:商业理财贸易网(http://finance.sina.com.cn/roll/20030707/1338361203.shtml)。

1.1.2 物流的分类

1. 按照物流的经济属性划分

1) 宏观物流

宏观物流是指从社会再生产的总体角度认识和研究的物流活动,是研究产业或集团的物流活动和物流行为。这种物流活动的参与者一般是构成社会总体的大产业、大集团。

宏观物流还可以从空间范畴来理解,在很大空间范畴内的物流活动往往带有宏观性,在很小空间范畴内的物流活动则往往带有微观性。因此,在我们常提到的物流活动中,下述若干物流活动应属于宏观物流,如社会物流、国民经济物流、国际物流等。宏观物流研究的主要特征是综观性和全局性。宏观物流主要研究的内容是物流的总体构成、物流与经济发展的关系、社会物流系统和国际物流系统的建立和运作等。

2) 微观物流

在整个物流活动中的一个局部或一个环节的具体物流活动属于微观物流;在一个小地域空间发生的具体的物流活动属于微观物流;消费者、生产企业所从事的实际的、具体的物流活动属于微观物流;针对某种具体产品所进行的物流活动也是微观物流。下述物流活动皆属于微观物流,如企业物流、生产物流、供应物流、销售物流、回收物流、废弃物物流、生活物流等。微观物流研究的特征是具体性和局部性。由此可见,微观物流更贴近于具体企业,其研究领域十分广阔。

2. 按照物流的性质划分

1) 社会物流

社会物流是企业外部物流活动的统称。社会物流指超越一家一户的以整个社会为服务对象的物流。这种社会性很强的物流往往是由专门的物流承担者来完成的。

2）行业物流

行业物流是指同一行业中的企业物流活动,其目的是促进行业物流管理的合理化,使同行业中的所有企业都得到相应的利益。它通过采取物流手段的有效利用、共同建设配送中心、共同培训物流人员、统一物流机械规格等方法来实现资源共享。

3）企业物流

企业物流是指企业内部的物品实体流动,即在一个企业经营范围内由生产或服务活动所形成的物流系统,包括企业供应(采购)物流、生产物流、销售物流、回收物流、废弃物物流等。

3. 按照物流的空间范围划分

1）地区物流

地区有不同的划分原则,可以按省区划分,如北京、天津等 30 多个省、直辖市和自治区等；也可以按照地理位置划分为长江三角洲地区、环渤海地区、辽宁沿海经济区、东北经济区等。地区物流的规划与设计要与地区的特征,包括地区的城市建设规划、地区产业资源、交通资源、自然资源等相适应。

2）国内物流

国内物流是指一个主权国家范围内的物流。国内物流需要在政府宏观调控作用的指导下,做好公路、港口、机场、铁路等物流基础设施的建设,大型物流基地的规划,物流产业政策的制定,与物流活动相关的设施、装置、机械的标准建设等。

3）国际物流

国际物流是国家之间、洲际之间的原材料与产品的物流活动。

4. 按照物流的主体划分

1）第一方物流

它是指卖方(包括生产者或供应方)组织的物流活动。这些组织的主体业务是生产和供应产品,但为了其自身生产和销售的需要而进行物流网络及设施的投资、经营与管理。供应方或生产者一般都需要投资建设一些仓库、站台,甚至铁路专用线等物流基础设施。为了生产的正常进行而建设的物流设施是生产物流设施,而为了产品的销售而在销售网络中配置的物流设施是销售物流设施。

2）第二方物流

它是买方(包括销售者或流通企业)组织的物流活动。这些组织的主要业务是采购并销售产品,为了销售业务的需要而投资建设物流网络、设施等,并进行具体的物流业务的运作组织和管理。严格地说,从事第二方物流的公司属于分销商。

3）第三方物流

它是以专门提供物流服务为特征的独立于产品的供应方和需求方之外的物流企业的物流活动。

4）第四方物流

它是以提供一个综合的供应链解决方案为目标,从而调集、管理和组织自己的和互补性的服务提供商的资源、能力和技术的物流提供者。

5）第五方物流

它是指由物流信息服务商提供的物流信息服务,包括在更大的地理区域内、更多的行业及更多的企业之间,从事供应链物流信息的收集、整理、分析、开发、集成和交流等业务的企业。

知识链接

海尔物流

1999年开始,海尔开始进行以"市场链"为纽带的业务流程再造,创造了富有海尔特色的"一流三网"的同步物流模式。"一流"是指以订单信息流为中心;"三网"分别为全球供应资源网络、全球配送资源网络和计算机网络。"同步"即"三网"同步运行,为订单信息流的增值提供支持。

海尔物流推进本部项目处处长周行说,海尔进行的以"一流三网"为主要标志的物流革命,其核心就是以订单信息流为中心对仓库进行革命,通过同步模式以高效的物流运作来实现"与用户零距离"的战略目标,使海尔通过现代物流,一只手抓住用户的需求,另一只手抓住可以满足用户需求的全球供应链,获得企业的核心竞争力。

实施了采购JIT(准时制生产方式)。海尔物流整合的第一步就是整合采购,将集团的采购活动全部集中,在全球范围内采购质优价廉的零部件。海尔一年的采购费用约为150亿元,有2 000多家供应商为其提供约1.5万个零部件品种。通过整合采购,海尔将供应商的数目减少到900家,其中世界500强企业中有44家为海尔的供应商,集团采购人员优化掉1/3,采购成本每年环比降低4.5%以上。

实施了原材料配送JIT。建立了现代化的立体仓库及自动化物流中心。在立体仓库建立之前,海尔的平均库存时间为30天,仅海尔工业园企业的外租仓库就达20余万平方米。两个立体仓库建成后,平均库存周转时间已经减至12天,整个集团仓库占地仅为2.6万平方米,仅为原仓储面积的1/10。对订单的响应速度从原来的36天,降低到目前的不到10天。

实施了成品分拨物流JIT。海尔在整合采购后,又整合了全球配送网络,将产品及时按要求送到用户手中。目前,海尔与300多家运输公司建立了紧密的合作关系,全国可调配的车辆达1.6万辆。目前可做到中心城市6~8小时配送到位,区域配送24小时到位,全国主干线分配配送平均4天,形成全国最大的分拨物流体系。海尔还在德国的汉堡港等地建立了物流中心,向欧洲客户供货的时间也因此缩短了一半以上。值得一提的是,海尔物流运用已有的配送网络和资源,借助较完备的信息系统,积极拓展社会化物流业务。目前已成为日本美宝集团、乐百氏集团的物流代理商,同时与ABB公司、雀巢公司、万家香酱园、伊利奶粉的物流代理及配送业务也在顺利开展。

资料来源:中国物流与采购网(http://www.cflp.org.cn/cflp/news/contentl/200908/765_30134.html)。

1.1.3 物流的成因及其发展状况

物流产生的背景在很大程度上与比较经济有关。由于各地区的地理环境不同,以及各地区发展的差异性,在物资的生产方面各具特点。例如,有的地区以农作物为主要生产对象,有的地区在高科技产品的研发上具有显著优势,还有的地区虽然工业技术发达但自然资源却很匮乏。这样,本地区所生产的商品除本地区使用外,还会有很大一部分被提供到其他地区消费,本地区不生产的商品则从其他地区输入,由此就产生了物流。

1. 物流观念的起源

物流,顾名思义,就是货物的流动。其实,物流绝对不是现代经济社会才特有的活动。在远古时代,人们为了维持生计,需要进行狩猎、种植、采摘等生产活动。如果是饿了才去觅食,则生存能力是比较弱的,因为这种饥一顿、饱一顿的方式并不能给人们的生存带来持久的保障。于是就开始有了生产与储存的活动,也就是在生产的时候可以先多做一些,一次消耗不完就将剩余货物储存起来,以便后面需要的时候还有货物可供消耗。尤其是一些季节性较强的货物的生产,如大部分农作物,在生产和丰收季节可以获得一定量的物质储备,从而在其他非生产季节也有生活所必需的物品。可以说,生产与储存活动是人类社会的一大进步。后来,出现了以物易物的商品交换形式,人们通过交换各自所拥有的货物,来满足自己在生活上的不同需要,于是出现了货物的流通。再后来,货币的出现为人们从事商品流通活动提供了便利,并促进了商品流通的发展,使人类社会开始步入商品经济的时代。可以说,货物的流通活动是人类社会的又一大进步。

早期的物流活动,在很大程度上是一种自发性的活动,甚至是为了生存而进行的一种本能性的活动。以那些时期的经济基础为背景,注定了物流活动不是(也不可能是)自觉的活动。

从20世纪初期开始,物流从学科的角度才逐步形成概念。在此之前,已有一些国家进入了工业化时代,出现了社会分工。在一个具有明显社会分工的国家里,经济要想得到发展,必须要有物流为其服务。而且,在20世纪初期,随着科技和管理的进步,工业生产从手工作坊式的模式上升到大规模生产的模式,人们开始认识到物流的重要性。

许多文献认为,A. W. Shaw是最早提出物流概念的人。他于1912年在《The Quarterly Journal of Economics》杂志上发表了题为《Some Problems in Market Distribution》的文章,随后于1915年在哈佛大学出版了相同题名的著作。在该书中,他从市场营销的角度,分析了分销(distribution)的概念。他指出,商品的价值应体现在形式和位置上,其中形式与生产相关,而位置则与分销相关。长期以来,人们只重视生产活动,却几乎忽略了分销活动。因此,他在书中重点分析了分销的作用和重要性,表明商品可以通过分销活动创造附加价值。

此后,美国营销协会于1935年提出了货物分销(physical distribution,PD)的概念,其意思是商品通过各种分销渠道从原产地到消费地的搬运移动和储存活动。可见,PD是在分销基础上的扩展,已包含了物流的关键性活动,如搬运移动和储存。我们可以将PD的概念作为物流的起源,而且是来自营销领域。

知识链接

1918年,英国的利费哈姆勋爵成立了"即时送货股份有限公司"。该公司的宗旨是在全国范围内,把商品及时送到批发商、零售商及用户手中。这一举动被以后的一些物流学者誉为有关"物流活动的早期文献记载"。

资料来源:王海鹰,王洋. 企业物流管理[M]. 北京:电子工业出版社,2010.

2. 物流的发展

如果将20世纪初期到第二次世界大战之前,作为物流的起源阶段,则"二战"之后至20世纪80年代是物流的发展时期。

"二战"是当时人类历史上所经历的规模最庞大、武器最先进、形式最复杂的战争,也是最残酷的战争。当时为服务于战争,战争双方组织了许多专家来解决各种实践问题,并取得了良好的效果,由此催生了一个新的领域——运筹学(operations research)。运筹学在战争中的突出贡献主要体现在两个方面。一是用理论方法解决技术专题,例如雷达系统的协调配合、反潜艇炸弹的合理深度、高射机枪的最佳射击仰角等;二是规划后勤保障,例如当组织如此庞大的战争时,需要合理考虑战争物资的储存与运输、人员的调动等。高效率的后勤保障是赢得战争的基础,战后总结时有专家指出,英国之所以能赢得战争,并不是英国的武器比德国先进,而是在于英国的后勤保障比德国效率更高。当时,还出现了一个术语——后勤(logistics)。

"二战"结束后,运筹学的一些基本方法并没有被抛弃,而是开始在民用系统和社会系统中得到应用。由于战争对人类社会的破坏和摧残极大,战争结束后不久的一段时期,社会对物资的总需求也非常庞大,基本上是生产什么就能卖出去什么,完全是卖方市场环境。但不久市场形式逐渐发生了一些变化。随着科学技术的发展和人们生活水平的提高,人们对物资和生活资料的需求出现了多样化的趋势,企业也开始处于买方市场的环境中,要面对竞争来求得生存与发展。而为客户提供及时、满意的优质服务,是取得竞争优势的一个手段。为此,面对新的环境,需要有科学的方法来解决新出现的问题,尤其是要解决好物流问题。在这样的背景下,美国于1963年成立了货物分销管理协会(National Council of Physical Distribution Management, NCPDM),并对物流进行了定义,指出物流(logistics)是"为了满足客户需求,计划、执行和控制从原产地到消费地有效的货物、服务及相关信息的流动和储存的过程"。这一举动,标志着物流从传统的营销领域的附属活动中分离出来,正式成为独立的领域。同时,运筹学方法也开始被应用到物流中,用科学的方法来解决一些复杂的问题。例如,库存管理中的报童模型、配送管理中的路径规划问题、线性规划中的运输问题、网络中的最大流问题、设施选址的重心算法等理论方法。这些方法一方面丰富了运筹学的基础内容,为其提供了许多素材;另一方面使得越来越复杂的实际物流问题可以得到有效的解决,为提高物流效率作出了巨大的贡献。

这一时期的另一个特点是,社会经济高速发展,行业分工越来越细,物流在整个社会经济活动中的地位也越来越重要。如何降低物流成本、提高物流效率是物流行业面临的主要问题。在面对多样化客户需求的情况下,既要满足客户的需求,同时还要降低物流成本。这时,出现了物流成本的冰山论、第三利润源泉论等理论,认为物流成本中尚隐藏了许多不为人知的部分,降低物流成本等同于社会总财富得到了增长。因此,许多国家对物流给予了高度重视,并通过新技术的应用和科学的管理使物流成本不断下降。伴随着社会经济发展的需要,出现了诸如第三方物流服务公司这种专业化的物流服务组织。它们一方面可以为客户提供快速、便捷、准确的高质量的物流服务;另一方面又可以通过专业化的优势来扩大市场,取得规模效益,达到降低成本的目的。

1985年,为适应经济发展的需要,美国货物分销管理协会(NCPDM)更名为物流管理协会(Council of Logistics Management,CLM),进一步反映了物流的重要性。

可以说,从第二次世界大战到20世纪80年代,是物流形成和快速发展的时期。

我国从20世纪50年代开始接受物流的概念,当时将"logistics"翻译为后勤。遗憾的是,长期以来我国并没有像西方国家那样理解"logistics"随时间而不断变化的内涵,而仅仅停留在后勤的层面上。

3. 现代物流

进入20世纪80年代之后,计算机网络技术的飞速发展,给社会经济生活及人们的日常生活带来了巨大的变化。同时,管理界也面临着许多新的问题需要解决或加以研究。以企业管理为例,传统的思想主要是注重企业内部的管理。如生产管理、财务管理、技术管理、人力资源管理等,而企业与企业之间基本上是竞争的关系。20 世纪 80 年代以后,管理者们逐步认识到,企业管理不应仅仅局限在企业内部,还应逐步扩展到跨企业之间的管理。再以物流为例,传统的物流功能是为客户提供单一的物流服务,如仓储、货运服务等。而从那时起,学者和实践者们逐渐认识到,物流不应仅仅为客户提供单一功能的服务,还应承担更多的责任和扮演更重要的角色。在这样的背景下,供应链管理应运而生。首先,供应链管理是跨企业之间的管理。其次,供应链管理注重企业之间的协调与合作,强调应提高整条供应链的运行绩效和增强整条供应链的竞争实力。为此,供应链上有效的物流和信息流的管理是核心工作,而现代化的计算机网络信息技术是实现供应链管理目标的基础和保障。

美国物流业的规模和进展

据统计,2008 年美国物流业规模为 13 000 亿美元,占美国 GDP 的 9.4% 以上。

这些年,美国的物流产业发生了 3 个显著变化:电子商务的应用、供应链软件的集成、作为中间市场的第三方物流业务的发展。变化的根本原因在于电子商务大行其道。根据美国第 15 个年度物流报告,美国具有竞争性的物流企业达到 1 650 家,市场规模在 769 亿美元左右,企业的平均市场份额为 4 660.6 万美元,是中国的近 50 倍。

问题:比较中美物流业发展的历程,指出产生差距的原因。

资料来源:华细玲,杨国荣,刘运芹. 物流管理基础[M]. 北京:北京理工大学出版社,2010:10.

1.1.4 物流企业的划分

根据物流企业的某项服务功能为主要特征,以及其向物流服务的其他功能延伸的不同状况,可将物流企业划分为以下类型。

1. 运输型物流企业

运输型物流企业应同时符合以下要求:①以从事货物运输业务为主,包括货物快递服务或运输代理服务,具备一定规模;②可以提供门到门运输、门到站运输、站到门运输、站到站运输服务和其他物流服务;③企业自有一定数量的运输设备;④具备网络化的信息服务功能,应用信息系统可对运输货物进行状态查询、监控。

2. 仓储型物流企业

仓储型物流企业应同时符合以下要求:①以从事仓储业务为主,为客户提供货物储存、保管、中转等仓储服务,具备一定规模;②企业能为客户提供配送服务,以及商品经销、流通加工等其他服务;③企业自有一定规模的仓储设施、设备,自有或租用必要的货运车辆;④具备网络化的信息服务功能,应用信息系统可对货物进行状态查询、监控。

3. 综合服务型物流企业

综合服务型物流企业应同时符合以下要求:①从事多种物流服务业务,可以为客户提供运输、货运代理、仓储、配送等多种物流服务,具有一定规模;②根据客户的要求,为客户制订整合物流资源的运作方案,为客户提供契约性的综合物流服务;③按照业务要求,企业自有或租用必要的运输设备、仓储设施及设备;④企业具有一定运营范围的货物集散、分拨网络;⑤企业配置专门的机构和人员,建立完备的客户服务体系,能及时、有效地提供客户服务;⑥具备网络化的信息服务功能,应用信息系统可对物流服务全过程进行状态查询和监控。

为了能够全面、系统地反映物流企业的综合能力,规定了物流企业的五个等级(从5A至1A依次降低),以及不同类型、不同级别企业的具体指标。评估指标包括三种不同类型企业的经营状况、资产、设备设施、管理与服务、人员素质、信息化水平等六个方面的16~18项具体内容,使标准更具有指导性、实用性和可操作性。例如,1A级运输型物流企业,年货运营业收入和资产总额都要达到300万元以上,拥有5个以上的营业网点和30辆以上的自有货运车辆,且物流经营业务信息要求部分实行网络化管理。5A—1A级运输物流企业要求年货运营业收入分别在15亿元以上、3亿元以上、6 000万元以上、1 000万元以上、300万元以上;营业时间也要在3年以上至1年以上。

中国第一批26家A级物流企业名单中,5A级企业有9家,4A级企业5家,3A级企业7家,2A级企业5家。中远物流名列5A级物流企业名单榜首,其他8家是中海集团物流有限公司、中国物资储运总公司、中铁快运股份有限公司、中铁现代物流科技有限公司、嘉里大通物流有限公司、黑龙江华宇物流集团有限公司、运成集团有限公司、安吉天地汽车物流有限公司。

小 结

1. 物流的概念及特征

物流是根据客户需求,将货物、服务和相关信息从供应地向接收地低成本、高效移动的增值过程;物流的特征有物流的技术性、物流的服务性、物流的系统性、物流的协作性及物流的生态性。

2. 物流的分类

按照物流的经济属性划分为宏观物流和微观物流;按照物流的性质划分为社会物流、行业物流和企业物流;按照物流的空间范围划分为地区物流、国内物流和国际物流;按照物流的主体划分为第一方物流、第二方物流、第三方物流、第四方物流和第五方物流。

3. 物流的成因及发展状况

由于各地区的地理环境、发展的差异性及在物资的生产方面各具特点,产生了物流;物流活动早期是自发性、本能的活动,20世纪初期逐步形成概念;20世纪初期到第二次世界大战之前,为起源阶段;"二战"之后至20世纪80年代是物流形成和快速发展时期;20世纪80年代后,进入现代物流阶段,计算机网络信息技术飞速发展,供应链管理应运而生。

4. 物流企业的划分

物流企业划分为运输型物流企业、仓储型物流企业、综合服务型物流企业等。

思 考 题

1. 什么是物流的概念及特征?
2. 简述物流的成因及发展状况。

3. 物流及物流企业分为哪几类？各有什么特征？

索尼(SONY)的全球物流经营策略

索尼集团公司拥有和经营着分布于全世界的 75 家工厂和 200 多个全球性销售网络。据国际物流专家估计，仅仅在电子产品方面，索尼集团公司每年的全球集装箱货运量已经超过 16 万标准箱，是世界上规模较大的生产厂商和发货人之一。为了充分发挥跨国经营的杠杆作用，扩大其在国际市场上的竞争能力，目前该集团的物流公司正在与承运人及其代理商展开全球性商谈，以便进一步改善物流供应链，提高索尼集团公司的经济效益。

索尼集团公司的物流理念是：必须从战略高度去审视和经营物流，每时每刻都不能忽视物流。

索尼集团全球物流公司通过不断革新物流经营模式，根据全球市场需求而不是根据索尼工厂的生产计划来彻底重整全球物流网络渠道，千方百计紧缩存货，率先在美国的物流市场大胆开创和增设智能型多功能配送渠道，并积极推广，成绩卓著。

索尼集团总公司要求索尼集团公司系统内的各家索尼集团公司必须切实做到：竭尽全力缩短从产品出厂到客户手中的过程和所用的时间，特别是要缩短跨国转运、多式联运和不同类型运输方式之间货物逗留的时间，保证"零逗留时间、零距离、零附加费用、零风险"的物流服务全面到位，大力加强索尼集团公司和物流链服务供应方之间的合作关系和始终保持电子数字信息交换的畅通，从而最终确保索尼物流能增收节支。

索尼公司认为，仓储成本过高对于物流十分不利——索尼物流在美国年均产生的仓储费用高达 2 000 万美元，其中还没有包括昂贵的内陆公路和铁路运输费用、集装箱货物被盗窃所产生的货损货差赔偿费用和集装箱货物运输保险费用，减少物流仓储必然会降低物流成本，因此应加快供应链运转速度和确保物流的安全操作。

在 2001—2003 年，索尼物流公司在美国的仓储场所被削减一半以上，供应链的存货量也减少了一半，从原来的 15 天存货储备改为 6 天半存货储备。索尼物流公司将原来设立在美国西海岸的众多仓库撤销，通过所谓的交叉式站台集散服务面和提高快速货递频率，从一个月仅仅送货一次改为一周几次的供应链模式，把仓储业务全部集中到在美国西海岸的洛杉矶港附近的卡森专门建立的一座物流中心中。该中心内设有集装箱装卸设备和非常先进的仓库，以此为中心，索尼物流公司用快件速递的方式把集装箱货物向美国腹地发运，只需大约 3 天，从美国西海岸港口卸下的集装箱货物就可以抵达美国东海岸。

当然任何事物都是一分为二的，索尼物流公司把其在美国西海岸的几乎全部物流业务集中在洛杉矶附近的卡森物流中心确实有一定的风险，但是索尼公司认为这些风险在目前经营管理技术条件下是可以接受的，其最大的优势是减少管理层面，把原来错综复杂的物流业务集中到一个中心，不仅可以避免不必要的财力、物力、人力等资源的浪费，进一步减少物流基础设施的投资总额，还能提高物流的效率和效益。迄今为止，索尼公司在美国经营的物流配送所发生的成本是世界上最低廉的。

由于实施多国拼箱的方法，索尼公司把半箱货物的集装箱从某一个产地发往新加坡或高雄，在那里把另外一种什么产品补充装入箱子，变成满箱货物的集装箱，然后继续运输，直至北美或欧洲某目的港。这种物流方法的最大好处,首先是避免了等候时间,同时也大幅度缩短了通关时间。

目前,索尼集团公司又在世界各地组织"递送牛奶式"服务,进一步改善索尼公司在全球,特别是在亚洲地区索尼产品的运输质量。索尼物流分支公司围着供应方转,代表零部件供应商随时提取索尼工厂所需要的备件订单。"递送牛奶式"服务是一种日本人特有的快递服务,高效、快捷、库存量合理,特别受到数量要求不多、产品规格要求特殊的客户的欢迎。

索尼新加坡公司在船舶或航空货机开航前7天开始准备货物托运手续,由于采用若干出口优先规划,海运已经缩短到4天,空运缩短到1天。索尼物流公司所采用的零配件采购经营方式是独一无二的,即通过第三方经营人控制和实施索尼物流公司的供应链管理业务,所有的物流费用也是通过第三方经营人收取的。

一反常态,由外及里的索尼物流经营管理模式最大限度地提高了物流服务的销售量,同时却大幅度减少了索尼公司物流资源的浪费,例如索尼物流公司在美国各地总共拥有9家零配件采购基地,其员工总数不过300人,同时索尼物流公司在美国各地拥有106家成品配送中心,其员工总数仅为700人,职工人数少,却能以少胜多,创造了令人瞩目的物流业绩。目前,索尼美国公司在索尼中国公司的密切配合和支持下,在美国经营的零配件和成品物流年均收益达到了27.6亿美元。

思考:1. 索尼如何实现物流成本的缩减与效率的提高?
　　　2. 结合案例,谈谈由外及里的物流经营管理模式。

资料来源:黄福华,李坚飞. 物流营销[M]. 大连:东北财经大学出版社,2009:17.

1.2 市场营销概述

1. 了解市场营销的含义。
2. 重点掌握市场营销观念的演变及发展。

日本电视机进入中国市场的营销策略

1979年,我国放宽了对家用电器的进口限制。当时,日本电视机厂商首先分析了中国市场需求的特点,从市场营销的角度考虑(市场由人口、购买力及购买动机构成),他们认为中国有10亿人口,人均收入虽然较低,但中国人有储蓄的习惯,已形成了一定的购买力,中国消费者对电视机有较强需求,并由此得出结论:"中国存在一个很有潜力的黑白电视机市场。"日本电视机厂商在分析中国电视机市场需求特点的基础上,制订了相应的市场营销策略以满足中国消费者的需求。

(1) 产品策略:①中国的电压系统与日本不同,必须将110伏改为220伏;②中国的电力不足,电压不稳,需配置稳压器;③要适应中国住房面积小的特点,应以12～14英寸的电视机为主;④要提供质量保证及修理服务。

(2) 分销策略:①由于当时国内还未设立国营商店等分销进口电视机的渠道,故由港澳国货公司和代理商、经销商推销;②通过港澳同胞携带进内地,由日本厂商用货柜车直接运到广州流花宾馆。

(3) 促销策略:①主要采用广告策略,在中国香港电视台发动宣传攻势,介绍日本电视机的知识;②在中国香港《大公报》和《文汇报》等报纸大量刊登广告。

(4) 定价策略:考虑到当时中国国内尚无其他外国电视机生产厂商的竞争,因此,价格比中国同类电视机的价格要高。

日本电视机厂商在有针对性地采取市场营销策略的基础上,将电视机源源不断地推向了中国市场。

市场营销学科是近百年来发展最快的管理学科之一。今天,这门建立于哲学、数学、经济学、管理学和行为科学之上的学科,不仅成为企业在快速变化、激烈竞争的市场环境中谋求发展的管理利器,而且在社会经济生活的各个领域得到了广泛应用。在现代市场经济条件下,企业必须树立现代营销观念,按市场需求组织生产,严格管理,加强产品开发,搞好市场营销,并根据市场营销环境的变化,及时调整企业营销的战略与战术。只有这样,才能提高企业的经济效益。

资料来源:吴国章. 市场营销实务[M]. 北京:北京理工大学出版社,2008:1.

1.2.1 市场营销的含义

国内外学者对市场营销(Marketing)的定义有上百种,企业界对营销的理解更是五花八门。美国学者基恩·凯洛斯曾将市场营销的定义分为三类:一是将市场营销看作是一种为消费者服务的理论;二是强调市场营销是对社会现象的一种认识;三是认为市场营销是通过销售渠道把生产企业同市场联系起来的过程。这也从一个侧面反映出了市场营销的复杂性。

本书采用著名营销学家菲利普·科特勒教授的定义:市场营销是个人和群体通过创造并同他人交换产品和价值以满足需求和欲望的一种社会和管理过程。

根据这一定义,可以将市场营销的概念具体归纳为以下几点。

(1) 市场营销的最终目标是"满足需求和欲望"。

(2) "交换"是市场营销的核心,交换过程是一个积极、主动寻找机会,满足双方需求和欲望的社会过程和管理过程。

(3) 交换过程能否顺利进行,取决于营销者创造的产品和价值满足客户需求的程度和交换过程管理的水平。

1.2.2 市场营销观念的演变及发展

1. 市场营销观念的演变

市场营销观念是企业市场营销活动的指导思想,是营销者处理企业利益、客户需要和社会发展,以及其相互关系的态度、理念和准则。近年来,西方的市场营销学者就市场营销观念的发展阶段作了不同的划分,但其内涵基本相同。根据西方较为流行的划分方法,把市场营销观念的演变归纳为以下 5 个阶段。

1) 生产观念

从工业革命至 1920 年间,生产观念曾是主导西方企业的主流思想。在这段时期,西方市场以卖方市场为主。市场上的商品供不应求,选择甚少,因此只要价格合理,消费者就会购买。市场营销的重心在于大量生产,以解决商品供不应求的问题,消费者的需求和欲望并不受重视。我国在计划经济时期,由于市场上的商品短缺,企业不愁其商品没有销路,所以在其经营管理中也奉行生产观念。生产观念具体表现为:工业企业集中力量发展生产,轻视市场营销,实行以产定销;商业企业集中力量抓货源,工业企业生产什么就收购什么,生产多少就收购多少,也不重视市场营销。

生产观念虽然是卖方市场的产物,但它却常成为某些企业的策略选择。例如一些企业以生产观念作为指导,大力推行批量性的标准化生产,以提高生产效率,降低生产成本,最后实现以低价为竞争基础的市场扩张策略。不过以生产观念为指导的企业只有在市场上新产品质量基本相同的情况下才有一定的竞争力,一旦供不应求的市场状况得到缓和,消费者对商品质量产生不同的要求,企业就必须运用新的观念,来指导自己的生产经营。

案 例

20世纪初,美国福特汽车公司制造的产品供不应求,亨利·福特曾傲慢地宣布:"不管客户需要什么颜色的汽车,我只有黑色的。"公司倾全力于汽车的大规模生产,降低成本,扩大市场。

T型福特汽车1912年的售价为600美元,1914年为490美元,1916年为360美元,1924年为290美元。1924年,福特车的售价不到美国普通工人三个月的工资之和。轿车从此走进普通美国家庭,美国逐步成为汽车国家。

资料来源:李强. 市场营销学教程[M]. 大连:东北财经大学出版社,2004:7.

2)产品观念

在生产观念阶段的末期(20世纪20年代前后),供不应求的市场状况在西方社会得到了缓和,产品观念应运而生。产品观念认为,在市场产品有选择余地的情况下,消费者会选择质量最优、性能最好和特点最多的产品。因此,企业应该致力于生产质量优良的产品,并不断地加以改造提高。但事实上,这种观念与生产观念一样,无视消费者的需求和欲望。所谓优质产品往往是一群工程师在实验室里设计出来的,这些产品上市之前从来没有征求过消费者的意见。

产品观念在市场营销观的演变过程中至少经历了两个阶段。一是工程师们设计产品时并不知道消费者对其产品的价值衡量标准,结果生产出来的产品很可能低于或不符合消费者的预期价值,从而造成滞销。二是一味追求高质量往往导致产品的质量和功能过剩。高质量、多功能往往附带着高成本。消费者的购买力并不是无限的,如果产品质量过高,客户就会拒绝承担由这些额外的高质量所增加的成本,转而购买其他企业的产品。

3)推销观念

自20世纪30年代以来,随着工业化和生产机械化的发展,生产部门的劳动生产率和产量迅速提升,产品质量也不断提高,大量产品充斥市场,供给已不成问题,买方市场开始在西方国家逐渐形成。在激烈的市场竞争中,许多企业的管理思想开始从生产观念或产品观念转变为推销观念。这些企业认为要想在竞争中取胜,就必须卖掉自己生产的每一件产品;要想卖掉自己的产品,就必须引起消费者购买自己产品的兴趣和欲望,企业就必须进行大量的推销活动。因此,管理者的工作重点应是尽一切手段去刺激客户购买企业的产品,使企业现成的产品能尽快地推销给消费者。推销观念只重视企业的销售,而不管产品是否真正符合消费者的需要,至于消费者购买后是否会后悔或觉得上当,也根本不去考虑。这就完全漠视了营销中最基本的一条,即消费者才是市场营销的主人。以销售为导向的管理,其重点在于如何使用各种推销及促销手段,如广告、打折、送礼品、推销人员的游说等,以实现最大销售的目的。

案 例

1994年,三株集团莺啼初试,销售额达1.25亿元,1995年猛增到23亿元,1996年则达到惊人的80亿元,支撑这个销售奇迹的是三株集团的销售手段。它在全国所有的大城市、省会城市等注册了600个子公司,吸引了15万销售人员,三株集团的传单、招贴标语和横幅满天飞,成为家喻户晓的名牌。

最近几年,三株集团的销售业绩开始下滑,还欠下大批货款。这一方面有管理体制的原因,另一方面也与三株集团狭隘的推销观念有关。三株集团只注重花费大量的人力、物力把生产出来的产品推销出去,而忽视了市场的调查研究工作,致使产品功能与消费者日益变化的需求脱节。这样一来,即使是最好的推销手段也难以吸引消费者。

资料来源:王方华. 市场营销学[M]. 上海:复旦大学出版社,2001:29.

4) 市场营销观念

市场营销观念产生于20世纪50年代中期。第二次世界大战以后,欧美各国的军工工业很快地转向民用工业,工业品和消费品生产的总量剧增,造成了生产的相对过剩,随之导致了市场上的激烈竞争。在这一部分竞争中,许多企业开始认识到传统的推销观念已不能适应市场的发展,它们开始注意消费者的需求和欲望,并开始研究其购买行为。这一观念上的转变是市场营销理论上的一次重大变革,企业开始从以生产为重心转向以消费为重心,从此结束了以产定销的局面。

美国市场营销学家西奥多·莱维特曾对推销观念和市场营销观念做过深刻的比较(见图1-1),他指出:推销观念注重卖方需要,市场营销观念则注重买方需要;推销观念以卖方需要为出发点,考虑如何把产品变成现金,而市场营销观念则考虑如何通过制造、传送产品,以及与最终产品消费有关的所有活动,来满足客户的需要。从图中可以看出,推销观念的视角是由内向外的,它从工厂出发,以现有产品为中心,通过大量的推销和促销活动来创造利润。而市场营销是一种由外及里的观念。它从目标市场出发,以客户需求为中心,协调各种可能影响客户的活动,通过满足消费者的需求来创造利润。市场营销观念是以消费者为中心的指导思想,其宗旨包括以下几个方面。

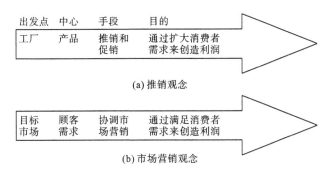

图 1-1 推销观念与市场营销观念的对比

(1) 认清消费者的需求。
(2) 激起和满足消费者的欲望。
(3) 制造你能销售出去的东西。
(4) 以客户为主体。

中国家电巨头海尔2005年实现全球营业额1 039亿元人民币,其中出口和海外生产销售达28亿美元。这一年海尔为满足市场需求开发新产品450个,平均每天1.82个;与200多家国际化品牌联合研发;有17家国际合作工厂为海尔订单生产产品;吸引74家国际供应商到海尔工业园区周边建厂;多家全球著名专业服务商和呼叫中心为海尔品牌提供物流和售后服务。2006年,海尔启动了全球化品牌战略,该战略的基本措施是"人单合一"。海尔CEO张瑞敏认为,"人单合一"就是使每一个人都面对市场,直接从市场获取订单,工厂按其订单制造并发货,每一张订单都有人为它负责。达到人与市场的高度融合。海尔为每个人提供创造世界级品牌的舞台和空间,期望每个人都成为世界名牌员工。

成功的企业通常都会有一个好的理念,并为贯彻这一理念而做出一系列的决策和管理。海尔的新产品研发、生产和供销服务链合作,乃至"人单合一"模式的推出,其内核都是为了强化企业与客户(市场)的关系,即实现其以客户为中心的营销管理理念。

资料来源:吴健安. 市场营销学[M]. 北京:高等教育出版社,2007:32-33.

5) 社会市场营销观念

社会市场营销观念是对市场营销观念的修改和补充。它产生于20世纪70年代西方资本主义国家出现的能源短缺、通货膨胀、失业增加、环境污染严重、消费者保护运动盛行的形势下。1971年,杰拉尔德·蔡尔曼和菲利普·科特勒最早提出了"社会市场营销"的观念,促使人们将市场营销原理运用于环境保护、计划生育、改善营养、使用安全带等具有重大推广意义的社会目标方面。这一概念的提出,得到了世界各国和有关国际组织的广泛重视。市场营销观念忽视了消费者需要、消费者利益和长期社会福利之间隐含着冲突的现实。而社会市场营销观念则认为,企业的任务是确定各个目标市场的需要、欲望和利益,并以保护或提高消费者和社会福利的方式,比竞争者更有效、更有利地向目标市场提供能够满足其需要、欲望和利益的商品或服务。社会市场营销观念要求市场营销者在制定市场营销对策时,要统筹兼顾三方面,即企业目标、消费者需求的满足和社会发展。

中国市场经济的发展,使得麦当劳、肯德基等洋快餐纷纷涌入中国。汉堡包快餐行业提供了可口的食品,让消费者享受了一时之口福,然而这些食物却没有太多营养,而且脂肪含量太高,若长期食用会带来很多健康隐患。餐馆出售的油制食品和肉馅都含有过多的淀粉和脂肪,出售时采用方便包装,因而产生了过多的包装废弃物。

问题:麦当劳、肯德基的做法说明了什么问题?

分析:麦当劳、肯德基等洋快餐涌入中国,为中国消费者提供了可口的食品,同时也满足了消费者追求方便、快捷的需求。但这些洋快餐在满足消费者需求的同时,却损害了消费者的健康,同时也污染了环境。这说明麦当劳、肯德基等洋快餐企业还没有真正体现社会市场营销观念。

市场营销观念的演变情况如表1-1所示。

表1-1 五种市场观念的对比

市场营销观念	营销出发点	营销目的	基本营销策略	侧重的方法
生产观念	生产	通过提高生产效率降低生产成本来获利	增加产量	坐店等客
产品观念	产品	通过改善产品来获利	提高产品质量	坐店等客
推销观念	产品	通过大量推销来获利	多种推销方式	主动推销
市场营销观念	消费者需求	通过满足客户需求来获利	发现和满足需求竞争	整体营销方案
社会营销观念	消费者需求	通过满足消费者需求达到长期获利	获取消费者信任,兼顾社会利益	与消费者及有关方面建立良好关系

资料来源:王朋,姜彩芬. 市场营销学[M]. 北京:北京理工大学出版社,2009:11.

2. 市场营销观念的创新与发展

全球化的深入和信息技术的发展,推动着市场环境的急剧变化和营销实践的迅速发展,不断催生新的市场营销理念。下面主要介绍几种新的市场营销观念。

1) 绿色营销

20世纪60年代以来,生态失衡日趋严重,自然灾害的频发给人类的前景蒙上一层阴影。如何重新定位人与自然的关系,如何反思工业文明进程中的积极和消极因素,这些问题都深刻影响着人们对生态平衡、人与自然协调的重新认识。人们开始追求崇尚自然、有益于健康和环境的绿色消费。发达国家的众多企业已经率先行动起来,将环保观念纳入自己的经营活动之中。绿色产品、绿色技术、绿色设计等新鲜事物刺激了世界绿色市场的兴起。而这种观念在迅速传播的过程中被消费者接受,带动起崇尚自然的绿色消费。

绿色营销是指企业以环境保护观念作为其经营哲学,以绿色文化作为其价值观念,以消除或减少对地球生态环境的破坏为中心,以满足消费者的绿色消费为出发点,创造和发掘市场机会,并采取适宜的营销手段来获取盈利和谋求发展的一种新型营销观念。

绿色营销的焦点是谋求消费者利益、企业利益、社会利益和生态环境利益的统一,既要充分满足消费者的需求,实现企业的利润目标,也要充分注意自然生态的平衡。这就要求企业在营销活动中对产品的创意、设计和生产,以及定价与促销的实施都要以保护生态环境为前提,力求避免或减少环境污染,保护和节约自然资源,维护人类社会的长远利益,实现经济与社会的可持续发展。国外企业的实践表明,绿色营销顺应了人们的绿色需求,保护了地球的生态资源,增强了企业的环保意识,为经济的可持续发展开辟了新的途径。

案 例

2006年7月5日,格兰仕在北京推出了"绿色回收废旧家电——光波升级 以旧换新"的活动,消费者手中任何品牌的废旧家电,均可折换30~100元,并可作为用于购买格兰仕部分型号微波炉和小家电的优惠,同时格兰仕联合专业环保公司对回收的废旧小家电进行环保处理,为绿色奥运作出自己的贡献。活动推出后,北京市场连续3日单日销售突破1 000台,高端光波炉的销售同比增长了69.6%。北京电视台、北京晚报、北京青年报、中国青年报、京华时报、北京娱乐信报、中国经营报等都对活动进行了追踪报道。随后活动向山东、福建、辽宁、云南、吉林、重庆等10多个城市蔓延。格兰仕的"绿色回收废旧家电"活动成为2006年淡季小家电市场一道靓丽的风景,也同时红海家电上演了"绿色营销"。

资料来源:中国营销传播网(www.emkt.com.cn),2006.9。

2) 网络营销

20世纪90年代以来,飞速发展的国际互联网促使网络技术的应用急剧增长,全球范围内的企业纷纷上网提供信息服务和拓展业务范围,积极改组企业的内部结构和发展新的营销管理方法。网络营销就是伴随着信息技术的发展而产生的,随着上网用户的迅速增加,互联网市场已经成为了一个急速发展、潜力巨大的市场。

网络营销是指通过借助联机网络、计算机通信和数字交换式媒体等技术手段来实现企业营销目的的活动。网络营销作为适应网络发展与信息网络时代社会变革的新兴营销策略,越来越受到企业的重视。它同传统营销有着千丝万缕的联系,它们同样都是以开发产品、生产产品、宣传、销售,以及增加与销售者之间的沟通为目的的。

网络营销的内容非常丰富,主要包括以下几个方面:①网上市场调查;②网上消费行为分析;③网络营销策略的制定;④网上营销组合策略的制定;⑤网上营销管理与控制。

深圳电信:效益型网络营销

深圳电信是中国电信系统内的优秀单位,其网上客服中心网站作为深圳电信业务的服务平台,也具有行业领先性。为了进一步提升SZ10000网站的用户满意度和网站使用率,深圳电信需要从一个第三方的客观角度和用户的角度来找出影响用户使用网站的不方便因素,全面提升网站的用户满意度,达到人气旺盛和增加网上渠道业务量的目标。

深圳电信同时通过网站平台开展了大规模的"我为电信献良策"的有奖调查活动,由于电信用户对SZ10000网站较高的忠诚度,活动每周都能收到大量的反馈意见,暴露出网站建设及运营的细节问题对用户带来的各种困扰。在对用户体验问题进行深度挖掘并给出解决方案的同时,针对深圳电信业务的网站特点总结了一份"网站易用性建设规范",作为其长期参考的管理文件。这个案例也成为现在网络营销案例中一个很经典的效益型网络营销案例。

资料来源:好企业网(http://www.hqiye.com/wangluoyingxiao/1/104.html)。

3) 关系营销

20世纪80年代后期以来,关系营销得到了迅速的发展,最初关系营销理论关注的焦点是如何维系和改善同现有客户的关系,后来又提出要与不同的客户建立不同类型的关系。直到今天,人们对关系营销的讨论和关系营销的实践,已从单纯的客户关系扩展到了企业与供应商、中间商、竞争者、政府、社区等的关系。

所谓关系营销,是把营销活动看成企业与消费者、供应商、分销商、竞争者、政府机构及其他公众发生互动作用的过程,其核心是建立和发展与这些公众的良好关系。

关系营销与传统营销相比,主要有以下特点:①关系营销将关系从客户关系扩展为相关利益者的关系;②关系营销将交易双方利益视为互利、互补的,双方是合作伙伴关系(双赢);③关系营销以保持客户、实现客户价值最大化为特征;④关系营销是创造价值的过程,因为保持客户可节约成本,提高利润;⑤关系营销是由各职能部门实施,并实行客户、服务质量与市场营销的整合。

> **知识链接**

玛莎百货——关系营销的先行者

从20世纪90年代起,关系营销被视为对传统营销理论的一次"革命"。玛莎百货是最早(20世纪30年代)深入实施关系营销的企业,《今日管理》杂志(Management Today)曾评论说:"从来没有哪家企业能像玛莎这样让客户、供应商和竞争者都心悦诚服。"

资料来源:(美)菲利普·科特勒著. 营销管理[M]. 卢泰宏,高光等译. 北京:中国人民大学出版社,2009:561.

4) 整合营销

整合营销理论是美国学者舒尔茨在20世纪90年代初提出来的。一般认为,整合营销是以消费者为核心重组企业行为和市场行为,综合协调地使用各种传播方式,以统一的目标和统一的传播形象,传播一致的产品信息,实现与消费者的双向沟通,迅速树立产品品牌在消费者心目中的地位,建立产品与消费者长期密切的关系,更有效地达到广告传播和产品行销的目的。

在传统的营销观念中,厂商的广告主题语是"消费者请注意",而在当代整合营销传播活动中,厂商的座右铭已变为"请注意消费者"了。一切以消费者为中心,凡是与消费者相关的活动均纳入营销体系,使传播的空间扩大。

整合营销传播主要有以下特征:①在整合营销传播过程中,消费者处于核心地位;②对消费者深刻全面的了解,是以建立资料库为基础的;③整合营销传播的核心工作是培养真正的消费者价值观,与那些最有价值的消费者保持长期的紧密联系;④以本质上一致的信息为支撑点进行传播。

> **知识链接**

整合营销的4C

(1) Consumer(客户):忘掉产品,考虑消费者的需要和欲望;
(2) Cost(成本):忘掉定价,考虑消费者为满足其需要而愿意付出的成本;
(3) Convenience(便利):忘掉渠道,考虑如何让消费者方便;
(4) Communication(沟通):忘掉促销,考虑如何同消费者进行双向沟通。

资料来源:樊而峻. 现代营销专题研究[M]. 北京:中国财政经济出版社,2003:266.

5) 体验营销

2001年12月,美国著名的未来学家阿尔文·托夫勒预言:服务经济的下一步是走向体验经济,人们会创造越来越多的跟体验有关的经济活动,商家将靠提供体验服务取胜。毫无疑问,人们的消费需求和欲望也随着体验经济的渐进发展而发生新的变化,人们更加期待某些不同寻常的产品和经历,并乐于体验由此产生的心灵感受。因此,面对新的消费心理和需求,企业应洞察先机,积极开展体验营销,提供能满足消费者体验方面需求的产品和服务,争得市场竞争中的优势地位。

体验营销指企业以满足消费者的体验需求为中心所开展的一切营销活动。体验营销主要研究如何根据消费者的期望,利用现代技术、艺术、大自然及社会文化传统等各种手段来丰富产品的体验内涵,以更好地满足人们的娱乐体验、情感体验、超脱体验及审美体验等体验需求,在给人们心灵带来震撼和满足的同时来实现产品销售的目的。现在很多著名公司都在自觉地运用体验营销,比如麦当劳、星巴克等。

体验营销作为一种新兴的营销方式,主要有以下 3 个特征:①消费者的主要参与;②以消费者体验需求为中心;③认为消费者是理性与感性的结合体。

餐饮体验营销

随着消费者的消费需求越来越受到重视,企业正逐步将体验营销的模式引入到餐饮行业中来,而其也在餐饮行业中散发着它的勃勃生机,下面我们就以云南吉鑫园餐厅的体验营销模式为例,同您分享餐饮企业如何实施体验营销。

1. 以云南特色文化为体验营销的主题

(1) 吉鑫园餐厅的建筑风格:"合而为一"是世博吉鑫园建筑艺术追求的终极理念。汉、白、傣三个民族的建筑语言和谐统一为一体,集中凸显了民族文化主题。而主塔、照壁与大门构成"吉"字,三"金"为"鑫",将"吉鑫"二字也不露痕迹地融入建筑当中,显示了深厚的建筑文化内涵。

此外,在世博吉鑫博物馆展示的餐饮文物、古玩、少数民族服饰、大理石等都能让你感受到浓郁的民族文化气息,而饭店的底层摆放的云南著名的历史文化景点的模型,更是在整个昆明的餐饮企业界独树一帜,折射出独特的历史文化魅力。

(2) 吉鑫园的体验营销主题产品:吉鑫园的招牌体验产品"吉鑫宴舞"更是荟萃了云南 26 个世居民族的原生态民族舞蹈,以唐贞元十八年(公元 802 年)南诏国进京献艺的《南诏奉圣乐》的艺术舞蹈为蓝本加以提炼和升华,将民族文化主题演绎到了极致。

(3) 吉鑫园的体验营销服务环节:从服务人员的着装到服务礼仪,吉鑫园都在极力渲染一种民族氛围,力图将一种民族文化情结牢牢拴在每位食客的心上,从感性的角度烘托体验主题。

(4) 吉鑫园的体验营销设施环境:大到餐厅内部的整体格调的设计,小到桌面台布的用料选择,以及讲述云南民间故事的壁画装潢,无一不透露着深厚的文化底蕴,处处折射出浓厚的地域文化感。在吉鑫园的大厅里,你还可以参观到云南各地的著名历史文化景点的微观模型,这一在云南餐饮界独树一帜的作法在充分彰显吉鑫独特个性的同时也渲染了一种很强的云南特色文化氛围。

2. 以整体餐饮产品为体验营销载体

吉鑫园特别注重在餐饮产品销售的所有环节渗入体验营销,并力图将体验价值通过附加于餐饮产品的形式体现出来。

(1) 从餐饮食品的供给来看:首先,以餐饮产品的体验承载为例,在吉鑫园单独消费一碗过桥米线的最低价位是 20 元/碗,可是如果在用餐的同时你想体验一下吉鑫宴舞的独特魅力,你得支付不少于 180 元的进餐价格。同样是餐饮消费,可是因为有了附加体验产品的价值,而变得不同。在这个过程中,吉鑫宴舞作为一项代表吉鑫园特色的体验式产品,融合于餐饮产品的消费过程中,同时又拥有自己独立的可计算的消费价值。其次,从其他菜点菜肴的供给来看,吉鑫园的菜文化融合了彝族、白族、傣族等 25 个少数民族的饮食文化精髓,通过菜点这个载体不仅是要传达一种感官上的美味体验,更要传达独特的少数民族饮食文化,在消费食物实体之外,也是在消费一项文化体验产品。与吉鑫宴舞的体验消费不同的是,饮食文化体验与菜点本身融合得更为紧密,不易单独计算其体验价值。

(2) 从服务产品的供给来看:吉鑫园的服务除了彰显民族文化魅力外,更注重个性化体验的营造,把人性化的服务转化到体验营销中,让体验充满"以人为本"的理念。在吉鑫园里常年活跃着一支一百多人组成的南涧农民跳菜礼仪服务表演队,他们的特色服务给在吉鑫园消费的客户带来了独特的体验,既体现了对客户的尊重,也让客户的消费过程变得富有情趣及教育启迪的意义。从某种程度上来说,独特的服务体验就是优质服务所创造的服务附加值,而服务本身是服务体验式产品的传达和销售载体。

3. 以客户体验和认知为体验营销的本质和核心

要增加客户餐饮时的体验价值,使他们在情感上得到一种前所未有的体验,企业就应在经营过程中,策划与众不同的、把客户置身于体验中的体验,使消费过程更具有游戏化、娱乐化、人性化、互动参与化的特点。客户体验是吉鑫园展开一切体验营销的本质和核心,一切体验式活动都围绕客户体验和认知展开,尤其强调在体验活动过程中的感觉、情感、思考、行动、关联等要素的全面客户体验效果。本着这个目的,吉鑫园在宴舞表演过程中特别加入了一项古董古玩的"拍卖"环节,所有的食客都参与其中,除了商业价值之外,更多地体现了娱乐和互动上的意义。不仅让客户在吉鑫园尝到了美食,感受到了视觉的刺激和震撼,更要让他们参与进来,以行动去体会、去思索、去感悟,从而加深客户的体验印象,以带动客户体验关联的延伸。此外,在多次举办国宴的世博吉鑫园餐厅里开展娱乐活动,享受古代宫廷贵族的待遇,本身就是一项充满诱惑的复古体验。

4. 以客户忠诚和企业品牌形象的提升作为营销目的

商业环境中的客户忠诚被定义为客户行为的持续性,它是指客户对企业产品或服务的信赖和认可,坚持长期购买和使用该企业的产品或服务,即使出现了价格更加低廉的替代品,客户也不会轻易转投他人,客户还自愿向别人推荐企业的产品或服务。客户对价值标准的判断、个性特征的评价与追求存在着差异,当客户的消费习惯与某种品牌产品的性能、特征相一致时,可能对某产品产生强烈的偏好,从而形成客户忠诚。

资料来源:渭水学子网(http://www.wsxz.cn/wangzhai/a/shenghuo/shishang/2010/0911/194185.html)。

小 结

1. 市场营销的含义

国内外学者对市场营销(Marketing)的定义有上百种,本书采用著名营销学家菲利普·科特勒教授的定义:市场营销是个人和群体通过创造并同他人交换产品和价值以满足需求和欲望的一种社会和管理过程。

2. 市场营销观念的演变及发展

根据西方较为流行的划分方法,把市场营销观念的演变归纳为以下五个阶段:生产观念、产品观念、推销观念、市场营销观念和社会营销观念等。

全球化的深入和信息技术的发展,推动着市场环境的急剧变化和营销实践的迅速发展,不断催生新的市场营销理念的产生,典型的理念有:绿色营销、网络营销、关系营销、整合营销和体验营销等。

思 考 题

1. 市场营销与推销有什么区别与联系?
2. 五种营销观念形成的背景是什么?其内容是什么?

案 例

福特 T 型车的兴衰

福特汽车公司成立于 1903 年,第一批大众化的福特汽车因实用、优质、价格合理,生意一开始就非常兴隆,1908 年年初,福特根据当时大众的需要,做出了战略性的决策,致力于生产规格统一、品种单一、价格低廉、大众需要且买得起的汽车。1908 年 10 月 1 日采用流水线的生产方式生产的著名的 T 型车被推向市场。T 型车不仅为人们提供了独立的可能和更多的机遇,而且价格也合理。最初它的售价为 850 美元,随着设计和生产的不断改进,最终降到了 260 美元。第一年,T 型车的产量达到 10 660 辆,创下了汽车行业的纪录。到了 1921 年,T 型车的产量已占世界汽车总产量的 56.6%。亨利·福特希望 T 型车能够让人们买得起,操作简单,结实耐用。他的目标是生产"全球车"。此后十多年,由于 T 型车适销对路,销量迅速增加,产品供不应求,福特在商业上取得了巨大的成功。

T 型汽车在当时的确集中了先前所有型号汽车最优良的性能,而且直到第一次世界大战临近结束,T 型车的销量逐年增加,而价格却逐年下降。对于这种汽车的赞扬声来自四面八方,甚至美国税务委员会也在 1928 年回顾说:"T 型车是一种非常经济实惠的汽车。它的声誉极好,各阶层的人都在使用它。它是市场上最便宜的汽车,而按它的价格来说,它的实用价值又超过任何别的汽车。T 型车的市场需求量比任何公司汽车的市场需求量都大。"然而,对于正在发生变化的汽车工业中的竞争条件,以及逐渐增长的城市居民的多样化消费心理,福特的适应能力则要差一点。到了 20 世纪 20 年代中期,随着美国经济的快速增长和百姓收入的增加、生活水平的提高,汽车市场发生了巨大的变化,买方市场在美国已经基本形成,道路及交通状况也发生了质的改变,简陋而又千篇一律的 T 型车虽然价廉,但已经不能满足消费者的消费需求。然而,面对市场的变化,福特仍然自以为是,置消费者的需求变化于不顾,顽固地坚持以生产为中心的观念,就像他宣称的"无论你需要什么颜色的汽车,我福特只有黑色的",这句话也成了营销观念僵化的"名言"。面对市场的变化,通用汽车公司及时地抓住了市场机会,推出了新式样和颜色的雪佛兰汽车,雪佛兰一上市就受到消费者的追捧,福特 T 型车的销量剧减,1927 年销售了 1 500 多万辆的 T 型车不得不停产,通用公司也乘虚而入,一举超过福特,成为世界最大的汽车公司,直到今天。

思考：1. 福特汽车公司以什么观念来指导企业的生产经营活动？
2. 随着市场环境的改变，你认为福特汽车公司应该采用何种营销观念来开展市场营销活动？

资料来源：吴国章. 市场营销实务[M]. 北京：北京理工大学出版社，2008：14-15.

1.3 物流营销概述

1. 了解物流营销的定义及特征。
2. 理解物流与营销的关系。
3. 掌握物流市场营销观念的演变。

案 例

交运物流

上海交运（集团）公司（后简称"交运物流"）作为上海市道路运输业唯一的大型市属集团，全国8家现代物流综合试点企业之一，在"十一五"期间，从传统运输业向现代物流业转型的过程中取得了长足发展。

"交运物流"拥有全国一级道路运输企业资质，凭借雄厚的物流资源和强大的运营能力在巩固壮大危险化学品储运、大件运输及城市便捷运输等居行业龙头地位的传统业务的基础上，引进供应链管理，延伸物流服务领域，大力拓展物流增值业务，积极探索与空港海港相适应，与园区经济、都市服务业相配套的"陆港"物流发展之路。

"交运物流"积极发展园区物流，已在漕泾、外高桥、安亭、松江、宝山及江苏的苏州、昆山、山东的烟台等地建有化工、保税、汽车、外贸、精品钢材物流配送基地，开展契约式的全程跟踪的专户专项配送等物流配送业务。根据用户要求可以提供零下25摄氏度至常温的各类恒温库的冷链保温配送和城市零星危化品配送服务。"交运物流"进一步完善和扩大多式联运，提供公路、水路、航空、铁路、国际国内集装箱的货运服务，办理货物联运、中转换转、异地托运、装掏箱等业务。"交运物流"在货物堆存、代理运输保险及费用结算方面，实行"一次托运、一次收费、一票到底、全程负责"的一站式服务方式。

资料来源：黄福华，李坚飞. 物流营销[M]. 大连：东北财政大学出版社，2009：2.

1.3.1 物流营销的含义及特征

1. 物流营销的含义

科学、合理的物流是企业获得持续竞争优势的一个关键因素，预示着一个企业具有巨大的战略潜力。物流活动离不开营销策略的正确运用，只有将物流与营销结合成一个共同的竞争战略，物流系统才能够成为一个有效的系统，从而为提高企业的竞争优势提供强劲的支持。

物流活动是在对客户需求和相关产品进行调查、分析的基础上，将产品有效率地送达客户手中,包括产品的储存、订购、运输和签收等环节的循环过程。根据这一循环过程的特点,可以推断物流营销是物流服务外部供应者为了有效率地满足物流需求而系统地提供物流服务的概念、价值、价格、沟通的行为组合。

物流营销是一个全新的概念,也是市场需求链和企业供应链的最集中、最具活力的环节。它的使命是围绕市场需求,计划最可能的供应路径,在最有效和最经济的成本前提下,为客户提供满意的产品和服务。

物流营销作为一种复合型的营销状态,其系统包括诸如物流需求调查、市场细分、客户定位、营销组合、客户服务等环节,需要制订全方位的包括组织、统筹协调、控制、跟踪及评估在内的营销计划。

从服务策略的角度看,物流活动的采购、推销、客户服务与营销的关系最为密切。物流营销人员经常与客户接触,最了解客户的需求是什么,对开发何种新服务、系列服务和应达到怎样的广度及深度才最有市场潜力等问题,能够提供最有价值的信息。同时,将服务策略与生产规划、库存控制进行有效协调,可减少由此而造成的积压。物流与营销部门之间的信息快速传递系统,可以不断沟通并协调产品的规模与库存、运输、客户服务等物流环节。因此,对物流客户的管理就成为了物流营销的核心问题之一。

2. 物流营销的特征

物流营销最基本的特征就是为需要物流服务的企业的生产经营活动过程提供有效的物流服务。随着现代物流的发展,现代物流经营活动逐渐形成了与生产经营活动相区别的基本特征,主要表现在以下 4 个方面。

(1) 物流营销的服务增值性　企业对物流服务的需求最初是以自我提供的方式实现的,作为生产经营提供全方位服务的现代物流不仅能够支持生产经营活动价值的顺利实现,而且还能够创造出物流活动的新增价值。企业通过物流营销开展物流服务活动具有明显的增值性。

(2) 物流营销的功能独立性　传统物流企业主要从事配送、货运代理等单一功能的物流活动,而物流企业的营销活动是独立于物流企业内部功能活动的业务单元,以实现物流企业资源的有效利用,以及满足生产经营对物流系统的需要为目标。

(3) 物流营销的运作系统性　现代物流是以生产经营为中心展开采购、运输、验收、保管、包装等物流运作的,因其运作目标、作业对象及管理组织的共同性,各物流运作功能之间存在着相辅相成的有机联系。这对作为向客体提供有效物流服务的物流营销而言,就必须从物流服务的主客体系统出发,加强物流系统经营管理的能力。

(4) 物流营销的竞争协作性　现代企业通过物流经营来合理配置物流资源、提高物流服务能力,完善物流运作系统,积极引导企业的生产经营活动,创造更多的物流价值。但是,大多数现代物流资源和物流服务能力相对于其物流需求来说总是有限度的,因此,现代物流企业在参与市场竞争活动时,就必须体现出在竞争中协作并通过协作来竞争的特点。

天仙子送花:让老客户得到特殊关爱

代送鲜花如今已经不再是什么新鲜事,京城大大小小的送花公司也有不少,"天仙子"就是近两年发展较快的一家。除了普通的生日送花、节日送化、结婚送花、商务礼仪送花等外,其推出的"鲜花天天开"和"每天送她一枝玫瑰"等特色服务也吸引了不少眼球。

当问到"天仙子"送花公司如何留住客户时,总经理高钦先生认为,除了鲜花的质量好、配送及时外,公司对老客户的很多优惠措施也发挥了作用。据介绍,凡是曾经在"天仙子"订过鲜花的老客户,都可享受上次订花费用10%的返还,另外还可以"先送花后付款"。所以,订花人中有40%左右是回头客。

高钦先生说,公司对老客户非常重视。高钦举了个例子:有位26岁的小伙子,在一家电脑公司工作,他经常通过"天仙子"送花公司给在宾馆财务部门工作的女友送鲜花,前后已经有20多次了。今年情人节的时候,这位小伙子的订花电话打晚了,"天仙子"送花公司的订单已经全部排满了,但是为了不让这位老客户失望,公司特别单独安排了车辆帮他送花,没有额外收取任何费用。

"我们建立了完整的客户关系数据库,"高钦先生说,"这样既可以防范风险,也有助于更好地开展客户服务。"

资料来源:中国物流与采购网(www.chinawuliu.com.cn)。

1.3.2 物流与营销的关系

一瓶洗发水

从超市的货架上随手取下一瓶洗发水,你能想到这瓶洗发水从走下生产流水线那一刻起,到你拿到手中为止,中间究竟被多少辆卡车运转到多少个物流配送中心?历经多少道批发商,以及多少人的手才被送上货架?它要经过多少道工序才变成你看到的样子?更重要的是,须要怎样做才能够更经济地将这瓶洗发水送到零售店里去?

资料来源:李祖武. 物流市场营销[M]. 北京:清华大学出版社,2008:6.

物流是指通过有效地安排商品的仓储、管理和转移,使商品在需要的时间到达需要的地点的经营活动。物流的任务涉及原料及最终产品从起点到最终使用点或消费点的实体移动的规划与执行,并在取得一定利润的前提下,满足客户的需求;市场营销是个人和群体通过创造并同他人交换产品和价值以满足需求和欲望的一种社会和管理过程。可见,物流活动与市场营销活动都是围绕客户需求展开的活动,二者之间的关系密不可分。

1. 物流对市场营销的影响

现代物流是市场营销的手段之一,其管理的改善能增加交易中的价值,物流管理的现代化,不仅能使服务的信赖性得以提高,而且也使交易能够迅速展开,有利于商品价值的及时实现,缩短了厂商与消费者之间的时空距离,使生产经营行为能够真正建立在客户的实际需求之上。此外,新的物流分析或物流管理方法也为市场营销组织提供了服务的基准和发展的空间,进而对广泛开展营销活动,提高经营绩效提供了更多的机会。

1) 物流对产品的影响

首先,物流是一种延伸的、独特的服务产品,能帮助企业进一步完善产品的物质形态和非物质形态。世界著名的市场营销学权威菲利普·科特勒指出:"一个产品或提供物由三个因素组成:实体商品、服务和创意。"而物流是按照客户需要的数量和条件,在客户指定的时间和地点,以客户愿意支付的价格,为合适的客户提供适合的服务。物流的目的就是帮助企业在既定的总成本下使客户获得最大满意度。

从本质上说,物流处理的是客户满意的问题,是一种非物质形态的服务,因此可以认为,物流本身就是产品的一个组成部分,是一种独特的延伸产品。另外,物流中的包装由于对产品的外观产生作用,因而可作为产品物质形态的一部分。

像送鲜花一样送啤酒

"我们要像送鲜花一样送啤酒,把最新鲜的啤酒以最快的速度、最低的成本让消费者品尝。"青啤人如是说。为了这一目标,青岛啤酒股份有限公司与中国香港招商局共同出资组建了青岛啤酒招商物流有限公司,双方开始了物流领域的全面合作。自从合作以来,青岛啤酒运往外地的速度比以往提高了30%以上,山东省内300 km以内区域的消费者都能喝到当天的啤酒,300 km以外区域的消费者也能喝到出厂一天的啤酒。而原来要想喝到青岛啤酒需要3天左右的时间。

青岛啤酒公司在通过"低成本扩张"迅速完成国内的战略布局之后,企业营销战略也由以求规模为主的"做大做强"相应转变为以提升核心竞争力为主的"做强做大"。"新鲜度管理"作为青岛啤酒企业核心竞争力的关键要素,对如何提高响应客户的需求速度,改善供应链的运行效率等方面有更高的要求。

点评:企业之间的竞争从单纯的产品质量竞争延伸至包括产品质量、款式、品种,以及包装与服务的全方位竞争,谁能在服务包括物流服务方面领先一步,谁就能在竞争中取得优势。

资料来源:李祖武.物流市场营销[M].北京:清华大学出版社,2008:6.

其次,物流管理影响新产品的开发。如果物流成本过高,或成本上升过早,就会遏止产品线的扩张和产品创新。因为新产品的开发,除了技术和市场以外,还与物流中的原材料运输及合理的成本有着密切的关系。先进的物流管理,不仅能减少新产品开发成本,而且能将新产品快速地推向市场。新产品在设计上考虑包装的规格、标准的分类等,都应该符合降低物流成本、方便货物运输的要求。如果产品在搬运和储存方面有特殊要求,也要在设计和开发中适当考虑。

此外,物流管理要使个性化产品的生产成为可能。市场的进一步细化和个性化,是未来市场发展的总趋势。在物流管理落后的情况下,产品的生产成本居高不下,有规模地大批量生产是企业的唯一选择。随着物流管理水平的逐步提高,个性化产品的物流成本越来越低,个性化产品的实物配送也越来越快捷。

一些企业利用先进的物流管理,实行个性化营销,生产大量的个性化产品,取得了巨大成功。例如著名的戴尔公司通过先进的物流管理,实现了物料的低库存和成品的零库存,仅库存一项就使戴尔的产品比许多竞争对手拥有了8%左右的价格优势。消费者只要拨打免费电话或通过浏览戴尔的网上商店,就可以订购自己满意的产品,戴尔公司收到订单后再购进原材料进行生产,然后通过第三方物流企业高效率的物流配送体系将产品按订单上的日期送到指定的地点。

2）物流对价格的影响

物流成本是商品价格的重要组成部分。物流管理就是要在保持优质高效、服务水平不变的条件下尽可能地降低企业的经营成本,从而降低商品价格。一般来说,物流成本大约占商品成本的30%～40%。在美国,由于服务费用的增加,产品的制造成本不足总成本的10%,与储存、搬运、运输、包装、库存等活动相比,产品的制造加工时间只有这些活动耗时的1/20。

现代物流管理通过建设现代信息化系统,实行供应链管理,实施效率化配送,采用经济快捷的大批量运输等方式,从流通的各个环节来控制和降低成本,为企业的营销活动带来了成本优势。例如,"天天低价"的沃尔玛超市实行的是薄利多销的策略,这一策略依靠的是沃尔玛一套完善的物流管理系统,现代化的物流管理使沃尔玛比对手更好地控制了采购、存货、配货等各种物流成本,从而实现了降低商品价格的目的。

3）物流对渠道的影响

在企业物流管理落后的情况下,营销渠道结构复杂,难以控制。绝大多数商品依靠中间渠道销售,使用中间商是因为他们能以更高的效率将商品提供给客户。许多企业只强调渠道的全面,渠道达四五层,甚至更多,导致营销渠道的臃肿,企业的营销成本增加,效益降低,并且由于各自目标不一致,企业和中间商时常发生矛盾和冲突。例如,企业想要通过低价策略获取快速市场增长,而中间商却更偏爱高毛利润和推行短期的盈利率。此外,由于一些中间商经销能力的强大,产品的市场价格往往受中间商的左右摆布,企业自己丧失了主导权,在竞争中处于被动的地位。

由于交通运输、通信、网络的发展,现代物流拥有发达的交通运输系统、先进的信息技术支持,为市场营销提供了很好的平台。一般第三方物流企业都有运输、仓储、包装、搬运、订单处理、信息传递等功能,这使得物流企业完全可以在营销渠道中发挥重要作用,帮助企业优化营销渠道。

企业可以撤销部分不必要的中间商,通过物流企业把产品直接送到零售商或客户手中,实现利用先进的物流管理优化营销渠道的目的。当然,物流的网络结构直接影响营销渠道的有效性。对于产品不能直接送达到零售商或客户手中的营销地区,企业则可以利用一个或多个中间商将产品销售到市场上去。例如,宝洁公司利用第三方物流高效的运作方式将中间商数目减少了40%,优化了中间商网络结构,提高了营销效率。

4）物流对促销的影响

企业常常采取各种各样的促销手段来增加自己的销售额,提升收益水平。在进行促销活动时,一定要考虑相应的物流成本。企业在某段时间内进行促销取得的收益不仅与促销成本有关,而且与由促销所引起的物流成本有关。如果为促销而增加的物流成本过高,则促销的收益较低;反之,则促销的收益较高。企业在进行促销时必须考虑并严格控制物流成本。

物流还在实物配送方面影响促销。企业要举行促销活动时必须充分考虑其物流配送能力。离开了物流系统的支持,企业的促销活动是难以获得成功的。企业在对某种产品进行促销时,物流部门或物流服务商必须对该产品的实物配送进行重点管理,做到市场上随时有现货供应,方便客户购买。一些营销专家指出,没有比正在展开大规模促销活动中的产品在市场中发生缺货这种事件更糟的了,这使企业在客户中的信誉受到严重损害。

2. 市场营销对物流的影响

纵观当前的形势,市场营销对物流业的主要影响包括以下几个方面。

(1) 市场营销观念对物流的影响　现代市场营销观念在处理企业、客户和社会三者的关系时,主张在满足客户需求、实现企业经济效益的基础上,致力于满足消费者长远的利益,提高整个社会的福利。这种观念现在已经影响着越来越多的物流企业。近十年来,发展迅速的配送业务和流通加工业务,就是现代物流企业以客户需要为核心的现代营销观念运用在物流业的写照。为了提高物流产品的附加值,现代物流企业已经不仅仅是向客户提供运输、仓储、保管等传统的物流产品,还包括分拣配送、流通加工甚至提供采购、市场信息以及费用结算等全方位的物流服务。

(2) 市场营销渠道对物流的影响　随着市场营销渠道的变革,很多产品分销渠道的成员之间发生了冲突,也就是说,如果继续利用传统的流通渠道确立物流系统,并支付相应费用,就会使物流活动失去经济性和效率性。因此,营销渠道的变革直接影响物流活动的合理化。供应链理念的提出和运用,实际上就是市场营销渠道的变革在一定程度上对物流产生的影响。

(3) 市场营销模式对物流的影响　科学技术尤其是信息技术和电子技术的发展,使市场营销模式发生了翻天覆地的变化,连锁经营、网络营销、电子商务等新的营销模式横空出世,给物流业的发展带来了新的契机。例如,近几年来我国如雨后春笋般发展的快递公司,与电子商务的迅猛发展不无关系。

1.3.3　物流市场营销观念的演变

企业在开展营销管理的过程中,在处理企业、客户和社会三者利益方面所持的态度、思想和观念就是市场营销观念。

正如市场营销经历过生产观念、产品观念、推销观念、市场营销观念、社会市场营销观念及绿色市场营销观念等营销哲学的转变一样,物流市场营销的观念也是在不断发展的。

1) 产品供应观念

传统的物流观念是以企业已有的产品为出发点,只向客户提供这些已有的产品,而不考虑客户对产品及服务的延伸需求。

如传统的储运企业所提供的物流服务只是与货物交付相关的服务,也就是提供仓储、运输、装卸搬运、包装、配送等服务。而实际上,客户通常希望储运企业能够提供与仓储运输等相关的其他物流服务还有很多,却不在储运企业的经营范围内,如与仓储有关的原料质检、库存查询、库存补充以及各种形式的流通加工服务等;与运输有关的如选择运输方式、运输路线,安排货运计划,为客户选择承运人,确定配载方法,货物运输过程中的监控、跟踪,门对门综合运输、报关、代垫运费、运费谈判、货款回收与结算等;与配送有关的集货、分拣包装、配套装配、条码生成、贴标签、自动补货等。

在这种以现有产品为中心的供应观念的指导下,物流企业对客户的需要漠不关心,甚至于基本的产品(如运输、仓储等)都无法达到相应的质量水平。

2) 市场后勤观念

市场后勤观念不是以企业现有的产品为出发点,而是以市场需求为起点来思考问题,将自己的企业看做是为客户提供物流服务的后勤部门。这种观念首先考虑市场上客户的各种需要,然后再按此需要安排企业的一系列工作,企业的相关物流活动都要为满足客户需要和提高市场营销绩效服务令客户满意。总之,就是在物流管理中贯彻市场导向,这就是市场后勤观念的实质。

宝供与宝洁公司——严师出高徒

成立于1994年11月18日的广州宝供储运有限公司,如今是中国最著名的第三方物流企业之一,它的前身仅仅是一家个人承包的小小转运站,承包者的名字叫刘武,生于1963年,广东汕头人,高中毕业,促使刘武和他的转运站迅速成长的是一位严格的老师。

20世纪90年代初期,宝洁公司进入中国市场,在广州设立生产厂。当时广东的储运企业占主导地位的都是国有企业。这些企业或者只管仓库储存,或者只管铁路运输。储运货物的仓库又脏又乱,仓库管理只管白天,不管晚上;货物的运输更加糟糕,运货人只管搬上火车,野蛮装卸,常常货物到站都没有人接货。宝洁公司实在无法忍受,听说刘武的小储运站搞得有声有色,决定试一试。刘武和他的货运站严格按照宝洁公司提出的GMP(良好的作业规范),为其提供从工厂到销售全部环节所需的物流服务。初次合作后,宝洁公司对刘武的储运站非常满意,自此开始了双方的长期合作。

1995年,宝洁公司首次按照GMP的19个关键要素对其物流服务的提供者——广州宝供储运有限公司进行评估检查时,竟给宝供储运公司亮出了黄牌。其中上海分公司得了负40分,其他分公司都未达标,宝洁公司要求宝供储运公司立即整改,限时三个月。围绕宝洁公司提出的质量要求,宝供储运公司制定了严格的流程管理制度。以仓库为例,保管员每天何时打扫清洁,打扫几遍,都有严格规定。每天固定的时间由主管负责监督,主管检查时要戴上白色手套,如果有灰尘就要扣罚。而公司领导会不定期抽查执行情况。

3个月的学习整改结束后,宝洁公司又对广州宝供储运公司的4个分公司进行检验评估,除了检查外观、设施、操作规程等之外,检查评估人员还会出其不意地盘问某个管理人员和普通工作人员,查看培训笔记。假如有一人对其中一项提问回答不上来,就会在一系列环节上扣分。比如,货物上有污点,属于仓库管理失误,就会在相关的培训环节、领导环节上扣分,一个小的错误就意味着不能达标,检查结果:宝供储运公司京沪广三个分公司都在95分以上,成都分公司得了100分,成为宝洁公司在亚太地区仅有的两个模范仓库之一,广州宝供储运公司的考核成绩超出了宝洁公司内部同期考核的成绩。

资料来源:中国物流与采购网(www.chinawuliu.com.cn)。

3) 社会营销观念

社会营销观念是一种最新的营销观念。这种观念认为,企业的任务是识别目标市场的需要、欲望和需求,比竞争者更有效地向目标市场提供所需要的服务,同时还要维持或改善消费者和社会的整体福利。

社会营销观念的提出具有其时代背景。在环境恶化、资源短缺、人口爆炸、社会服务被忽视的时代,单纯以客户需要为导向的市场观念受到了质疑,因为它忽略了客户短期利益与社会长期利益之间可能存在的冲突。

地球资源的恶化要求企业的营销活动必须对社会负责。就此,社会营销观念对市场后勤观念进行了补充和完善。遵循社会营销观念的企业会追求一种对环境更为有利的生产方式。如运输公司根据客户地点、车辆条件、载重量等合理安排运输车辆并精心设计运输线路,减少车辆的空驶和迂回运输等不合理运输,从而最大限度地降低因运输带来的大气污染。

4) 战略营销观念

战略营销观念就是用战略管理的思想和方法对市场营销活动进行管理。战略营销观念较市场后勤观念、社会营销观念的思考问题的层次更高,考虑的问题更全面、更系统。

战略营销观念源于企业的战略管理思想。战略管理思想强调,企业在目标市场上,通过战略管理创造竞争优势,向包括客户在内的所有参与者提供最大的利益。战略营销注重方向性、长期性、创造性、协同性和参与者的共赢性。本世纪初,物流界大行其道的供应链理念就是战略营销观念的思想体现。

小 结

1. 物流营销的定义及特征

物流营销是指物流服务的外部供应者为了有效率地满足物流需求而系统地提供物流服务的概念、价值、价格、沟通的行为组合,它的使命是围绕市场需求,计划最可能的供应路径,在最有效和最经济的成本前提下,为客户提供满意的产品和服务;物流营销的特征表现在以下四个方面:物流营销的服务增值性、物流营销的功能独立性、物流营销的运作系统性和物流营销的竞争协作性。

2. 物流与营销的关系

(1) 物流对市场营销的影响体现在:物流对产品的影响;物流对价格的影响;物流对渠道的影响;物流对促销的影响。

(2) 市场营销对物流的影响体现在:市场营销观念对物流的影响;市场营销渠道对物流的影响;市场营销模式对物流的影响。

3. 物流市场营销观念的演变

物流市场营销观念的演变经历了产品供应观念、市场后勤观念、社会营销观念和战略营销观念等过程。

思 考 题

1. 物流营销的含义及特征是什么?
2. 物流与营销有何关系?
3. 物流市场营销观念的演变及各自的理念是什么?

案 例

联邦快递——做客户的"全球物流专家"

联邦快递公司(简称FedEx或FDX)是全球快运业的巨擘。联邦快递公司仅用25年的时间,从零起步,在联合包裹服务公司(UPS)和美国运通公司等巨头同行的前后夹击下迅速成长壮大起来,发展成为现有资产130多亿美元,在小件包裹速递、普通递送、非整车运输、集成化调运管理系统等领域占据大量市场份额的行业领袖,并跃入世界500强。

联邦快递公司在全世界有员工14.5万人,开展业务的国家和地区有211个,全球业务空港有366座,备有各类型运输飞机达624架,日出车数近4万辆,处理超过二百万磅的空运货物。

这家充满奇迹的公司每月提供两次供人参观的机会,一批批的客人也愿支付每人250美元的票价,来到其位于田纳西州孟菲斯的超级调运中心,亲身感受它的恢弘气度,高速、繁忙而精确的作业现场,领略其非凡的竞争力。

联邦快递公司将其卖点建立在智能化的服务体系上,主推"服务、技术与客户协同拓展市场"的经营理念,深度介入到客户的物资调运业务中去,提供能与之协同运作的"整体解决方案",成为在当今快速、竞争、全球一体化市场上,唯一能向客户提供其需要的"综合性物资调运解决方案"的企业。

联邦快递公司认为,快递业者应该增加自己对客户的附加价值,朝着做客户的"全球物流专家"的角色迈进。特别是对企业用户来说,联邦快递公司的全球物流专家角色,可以为企业提供增值的服务。要想成为企业全球物流管理的后盾,联邦快递公司势必要与客户建立良好的互动与信息沟通模式,这样企业才能掌握货物的所有配送过程与状况,就如同掌握企业内部的物流部门一样。

联邦快递公司的主要业务内容包括:一是提供整合式的维修运送服务,例如将损坏的电脑或电子产品送修后送还使用者;二是扮演客户的零件或备料基地,还可以扮演客户的零售商角色,提供诸如接受订单、客户服务处理及仓储服务功能等;三是协助客户合并分销业务,协助客户协调多个地点之间的产品组件运送过程。在过去,这些作业都必须由客户自己设法将零组件由制造商处送到终端客户手上,现在联邦快递公司则可以全程代劳。

联邦快递公司的成功杰作之一,是其向计算机直销巨头Dell公司提供的"全球一体化运输解决方案"。它将Dell公司在马来西亚和美国本土总部分为两大整机及零部件制造与供应中心,对于世界任何地区、任何单位数量的零件或整机需求,均由互联网运送(InterNetship)系统排出总体成本最低、最快捷的优化递送方案,以"展示Dell公司对其客户的那种'成功、质量和服务'的独具魅力之承诺"。而它介入另一行业领袖——优利系统(Unisys)的供货业务时,更显示出该系统在处理不确定、突发性紧急需求时的非凡能力。

对于个人用户,联邦快递公司网站的规范化的作业流程能使他们方便地进行自我服务,可以接发订单、提交运输业务、跟踪包裹、收集信息和开账单等。

公众现在已经把"交给联邦快递"这句话同遵守诺言等同起来。这样的成果来之不易,诚如联邦快递公司电子贸易营销经理布朗称:"无论客户是通过电话、亲自上门,还是通过国际互联网,我们的目标都是要保持百分之百的客户满意。"

思考:1. 联邦快递公司为什么能够在25年时间内,在联合包裹服务公司(UPS)和美国运通公司等巨头同行的前后夹击下迅速成长壮大起来并跃入世界500强?
2. 联邦快递公司所主推的"服务、技术与客户协同拓展市场"是一种什么样的营销观念?它是如何贯彻这种观念的?

资料来源:葛承群,韩刚,沈兴龙. 物流运作典型案例诊断[M]. 北京:中国物资出版社,2006.

第 2 章 物流营销管理概论

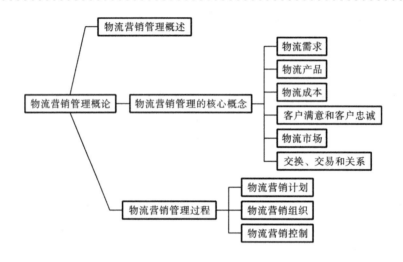

2.1 物流营销管理概述

学习目标

1. 掌握物流营销的含义及特征、物流营销管理的概念及内容。
2. 了解物流营销观念的演变。

案 例

宅急送的成功在于市场营销管理

1995年,宅急送在北京国防大学一间10多平方米的宿舍里,靠7个人3辆车起家,而2000—2002年营收总额增长速度为727%。宅急送的成就令物流业内人士咋舌。有效进行市场营销管理是宅急送成功背后的主要原因之一。

宅急送的前7年,基本上可以认为是白干了。没有明确的市场定位,什么都做,什么都没做大,所以公开渠道已经无法看到宅急送前7年的财务数据。

1994年时的"宅急送",是陈平模仿日本"宅急便"的产物,以做同城快运起家。如同一个搬家公司,定车、包车、南城、北城。宅急送就像一个街头玩杂耍的,送鲜花、送牛奶、送烤鸭、接孩子甚至洗抽油烟机,什么都做,没有明确的市场定位,打一枪换一个地方。但也是最初挣到的"碎银子"维持了公司的正常运作和生存。

由于没有核心业务,创业之初的 30 万元资金,对于宅急送来讲,显然无法支撑很久。宅急送一直不遗余力地谋求新资金的进入。1995 年 10 月,日本长野县一城株式会社社长小林利夫带来的 180 万元资金,成了公司继续生存下去的救命稻草。从此以后,宅急送的业务开始由向老百姓代送鲜花、蛋糕等转向代为企业发货、送货、仓储配送,其服务也逐步由零散客户转向企业客户。直至今天,占 20% 的大企业客户创造了宅急送 80% 的营业收入。

可以说,1994~1999 年近 7 年的时间,宅急送只能算站稳脚跟。而真正的发展,源于 1999 年宅急送总裁陈平的那篇《重审宅急送之业务》的文章,在文章中,他第一次明晰了宅急送的市场定位:做社会零散货物的全国门到门快运。市内快运、包装仓储、长途运输,都只是全国门到门业务的组成部分。文章还从业务内容、价格、受理方式以及业务体系等方面,对宅急送做了深刻的反思。宅急送的快运产品则定位在 5~50 公斤的高附加值小件产品,比如手机、电脑等消费类电子产品。宅急送坚守这个定位,放弃了康师傅、正大集团、科龙空调和已经合作 5 年的雀巢等客户。

至此,在经历了同城快递、提货送货、仓储派送、城际派送等一系列业务摸索后,宅急送锁定了全国 24 小时门到门的服务,开始了真正意义的起飞。

2002 年 11 月,宅急送实现第二次融资,北京物美商业集团有限公司成为其新股东,占有股份 13%,这无疑也是雪中送炭。新资金的进入加快了宅急送业务转变的步伐。目前,宅急送又以"2D10"和"2D17"为其核心产品。所谓 2D10,是指当天下午 5 点上门收货,第二天上午 10 点前送货到门,即"开门见货",保证客户一上班就能收到货;2D17 指当天下午 5 点上门收货,第二天下午 5 点之前送货到门。

宅急送提出"2D10"和"2D17"的概念,靠的是这几年铺设起来的物流网络。目前,宅急送已拥有自营网点 200 多家和 200 多个合作网点,拥有车辆 1000 多辆,2004 年新增 444 辆。目前,"2D10"和"2D17"首先在区域间实现,比如珠三角、长三角、环渤海等区域内的快运业务,通过每天几班的物流班车,夕发朝至。

资料来源:《最新物流产业研究报告》(http://wenku.baidu.com/view/2010-10-14),编者根据需要进行部分调整。

1. 概念

物流营销是指物流企业以物流市场需求为核心,通过采取各种营销行为和方式,以提供物流产品和服务来满足客户的需要,从而实现物流企业利益目标的活动过程。与其他企业相比较,物流营销具有以下特点。

(1) 物流营销提供的是服务,物流服务的质量水平同服务的客户有较大的关系。物流服务是无形产品,具有不可触知性、不可事前储存性,消费与生产同时进行。服务在生成过程中受诸多条件的制约,如气候、区域、服务人员的精神状态等,质量呈现不稳定性,对服务水平的衡量,并不能完全沿用统一的标准。真正能有效评价服务的是消费者,消费者满意则将会继续选择这种服务,反之则不会。而消费者因为个性差异大,即使对同样的服务也往往产生不同的感知与感受。

(2) 物流营销的对象广泛,市场差异度大。物流市场的客户广泛,既有企业,也有个人,既可能是生产者,也可能是消费者,这为物流企业的发展提供了广阔的市场空间。但与此同时,客户需求的差异度也非常大,个性化程度高,这给物流企业的营销管理带来了巨大挑战,在进行营销时,必须根据目标市场客户的特点为其量身订制合适的物流解决方案。

(3) 物流营销综合服务能力强。随着市场需求的变化,客户的个性化需求越来越突出,客观上考验着物流企业的营销服务能力。一个成功的物流企业,必须具备一定的运营规模,需要建立有效的覆盖网络及强大的指挥、控制中心,并且兼备高水平的综合技术、财务资源和经营策略,才能有效地服务于客户。

物流营销管理是物流企业的核心职能之一,是对物流企业营销行为及营销过程的一种综合管理,它可能直接决定物流企业经营的成败。

2. 物流营销管理的内容

物流营销管理的过程是物流企业识别、分析、选择和发掘市场营销机会,以实现企业的任务和目标的管理过程。物流营销管理内容包括:环境分析与市场调研,市场细分,目标市场选择与进入,确定市场营销组合,管理营销活动等。

1) 环境分析与市场调研

环境是指影响和制约物流企业经营活动的内、外部因素,是企业的生存空间,是企业活动的基础和前提。物流营销会受到各种环境因素的影响,不同环境因素的影响程度与效果不一样。环境根据不同的范围,可分为宏观环境和微观环境。宏观环境主要指社会、经济、文化、政治、法律、技术等大环境,微观环境通常指企业内部各部门、金融服务机构及其他各种营销中介等。环境还可依据其对企业的影响,分为有利环境(或机会环境)和不利环境(威胁环境)。

研究环境,做好市场调研,有助于物流企业及时掌握市场信息,了解市场需求状况,把握市场机会,准确定位自身的经营目标,从而获得更大效益。

进行环境分析时,我们一般采用 SWOT 分析方法(见图 2-1)。S 指 strength(优势),W 指 weakness(弱势),O 代表 opportunity(机会),T 则代表 threaten(威胁)。应用 SWOT 分析方法,一方面识别影响物流市场营销的各种环境因素及其变化趋势,分析它们给物流企业带来的是机会还是威胁,另一方面要找出企业自身的长处和不足,综合上述分析结果,再有针对性地制定市场营销策略与方案。值得注意的是,进行 SWOT 分析应保持稳定性与动态性的统一。

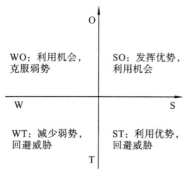

图 2-1　SWOT 分析方法示意图

2) 市场细分

物流市场细分,是指企业根据客户需求的不同特征将整个物流市场划分为若干客户群体的过程。物流市场营销对象范围很广,尽管部分客户的需求存在同质性,但整体上来看,客户需求的绝对差异性大,这体现了对物流市场细分具有可能性。另一方面,由于物流服务成本高,即使实力再雄厚的企业,也不可能全面提供各种服务产品来满足不同客户的需求,这就决定了对物流市场细分的必要。

市场细分,有助于发现和鉴别市场机会,准确定位目标市场,集中利用资源,开发新产品,增加市场占有率,提升企业竞争力。但市场细分显然不是简单划分产品品种和系列,物流市场细分必须以客户的需求、购买动机及购买行为的差异性为依据,必须坚持以下几个原则:

(1) 可衡量性,即物流企业用以细分市场的标准是可以衡量的。包括能掌握客户对服务的不同偏好;物流企业能够获得客户的准确情报;物流企业对于各细分市场能够进行定量分析等。

(2) 可进入性,是指细分出来的市场,企业能够通过合理成本的营销组合进入,即成为企业的目标市场。

(3) 效益性,是指物流企业进入目标市场之后能够获得预期利润。

(4) 稳定性原则,是指细分市场的标志,以及细分市场在一定时期内能保持相对不变。

3. 目标市场的选择

1) 目标市场的概念

目标市场是指物流企业在细分市场的基础上,根据自身资源优势所选择的主要为之服务的那部分特定的客户群体。选择和确定目标市场,对于物流企业明确具体服务对象、落实任务和目标具有重要意义,是企业制定营销战略和策略的基本出发点。

在进行市场细分时,很容易发现市场上未得到满足的客户需求,这就是人们常说的市场机会,但并不是所有的市场机会都可成为物流企业的目标市场。市场机会能不能成为企业的目标市场,主要看其是否符合以下四个方面的条件:①有一定的物流规模;②有物流发展潜力;③有足够的吸引力;④要符合物流企业的目标和实力。

2) 目标市场营销策略

在选定目标市场后,关键就是要采用相关营销策略进入目标市场。目前,企业进入目标市场的策略通常有以下四种。

(1) 无差异营销策略。就是企业忽略各细分市场之间的差异,把它们看作是一个同质性的大市场,对所有客户采用一个营销方案、提供一种服务。这种策略追求的是一种规模效益,但随着市场需求的变化而逐渐不适用。

(2) 差异营销策略。是指企业经过市场细分,选择两个或两个以上的细分市场作为自己的目标市场,并针对不同的目标市场设计不同的服务形式,推出不同的营销方案。该策略看到了消费者的差异性需求,易于占领市场,但成本较高。

(3) 集中营销策略。是指企业只选择一个或少数几个细分市场作为自己的目标市场,集中力量搞好专业化开发和经营,占领目标市场。采用这种营销策略,物流企业的营销对象比较集中,有利于集中资源,在服务方面提高专业化程度,在客户中树立突出形象。

(4) 一对一营销策略。一对一营销策略是集中营销策略的特殊形式,其集中度更高,实行"细分到个人"和"定制营销"。由于目标单一,易于弄清客户的真正需求,确定战略重点,集中服务资源,以提高服务的满意度。但应用该策略,对物流企业选择的客户要求比较高,要求客户有足够大的物流市场容量。客户选择得当,则可以为企业带来可观的经济效益。如宝供公司的发展历程就是最好的典范,其服务网络建设一开始就是根据宝洁公司的市场战略来配置的。

上述四种开发策略各有其优势及劣势,物流企业到底选择哪一种策略进入目标市场,必须结合自身特点及客观实际,并充分考虑以下因素。

(1) 企业资源或实力。企业资源由企业的财力、技术开发能力及经营管理能力等构成,反映了企业的实力。如企业非常有实力,可采用无差异或差异性营销;反之,则适合集中营销,或一对一营销。

(2) 物流服务寿命周期。产品处于不同寿命周期,采用的营销策略应不同。产品在投入期适合无差异营销。当进入成长或成熟期时,需求增加,竞争也日益激烈化,为在竞争中凸显自己的优势,企业适合差异性营销。而步入衰退期时,企业可选择集中营销策略。

(3) 市场及产品的同质性。市场及产品的同质性,实际上反映的是客户对物流需求的一致性的高低。如同质性高,则采用无差异营销,否则采用其他营销方式。

(4) 竞争状况。竞争状况是指竞争对手的多少、强弱、集中或分散等,如果竞争不强,则采用无差异营销,否则采用差异营销或其他营销方式。

此外,影响目标市场营销策略选择的因素还有很多,如目标市场的道德选择、细分市场之间的关系等。总之,物流企业在选择上述策略时应综合考虑各种因素。

4. 确定市场营销组合策略

1) 概念

市场营销组合是一种整体营销活动,是指市场营销人员综合运用并优化、组合多种可控因素,以实现其营销目标的活动总称。物流企业的营销组合就是将产品、价格、分销和促销策略进行最佳组合和应用,以满足目标市场的需要,实现企业的任务和目标。市场营销组合随着市场的不断变动,其理论及内涵也在不断发展。

2) 市场营销组合的基本理论

(1) 4Ps理论。1960年美国的杰罗姆·麦卡锡提出了4Ps理论,指出企业的营销组合策略是由产品策略(Product)、价格策略(Price)、地点策略(Place)和促销策略(Promotion)所组成的。4Ps理论对市场营销的理论和实践产生了深刻的影响,被奉为营销理论中的经典。即使今天有人批判它过于以产品(或生产者)为中心,但生产经营者在实践中一直以4Ps理论为指导。1984年,菲利普·科特勒教授将其发展为6Ps,即在4P的基础上加入了公共关系(Public Relations)和政治权力(Political Power)两个变量。其后也有学者根据服务行业的特点将其发展成7Ps营销组合,加入了人(People)、有形展示(Physical Evidence)和过程(Process)三个因素。

(2) 4Cs理论。1990年,美国学者罗伯特·劳特朋(Robert Lauterborn)教授向传统营销4Ps发起了挑战,提出了相对应的4Cs营销理论。4C分别指Customer(客户)、Cost(成本)、Convenience(便利)和Communication(沟通)。4Cs营销理论的核心是客户战略,这也是许多成功企业的基本战略原则,如沃尔玛的"客户永远是对的"的基本企业价值观。4Cs营销理论是市场格局发生变化、由卖方市场转向买方市场的结果。但随着时代的发展,4Cs理论的局限性开始凸显,呈现出企业生产完全受客户需求左右的局面,有的企业甚至罔顾社会道德,一味追求满足客户需求。

(3) 4Rs理论。20世纪90年代,美国的舒尔茨(Don. E. Schultz)提出以关系营销为核心,重在建立客户忠诚的4Rs营销理论,阐述了4个全新的营销组合要素,即关联(Related)、反应(Reflected)、关系(Relation)和回报(Reward)。4Rs理论最大的特点是以竞争为导向,要求企业不仅要积极适应客户的需求,而且要主动地创造需求,运用优化和系统的思想去整合营销,最终使企业与客户通过长期合作,达到双赢的目的。当然,4Rs并非无懈可击,它强调要与客户建立良好的关系,而这需要一定的实力基础或者某些特殊条件(如关系网),并不是任何企业可以轻易做到的。

实际上,三大营销理论都在实践中有所应用。只是对于提供无形服务产品、需求差异性大的物流市场而言,4Cs与4Rs理论更为适用。

3) 物流企业营销组合策略的实践意义

（1）市场营销组合策略是应对竞争的有力手段。随着经济全球化和市场一体化进程的加快，客户需求日益多样化和个性化，非价格竞争将显得越来越重要，物流企业只有协调运用自身可以控制的诸因素，组成最佳组合，才能在激烈的竞争中取胜。对于物流企业而言，要建立以服务为核心的、辅以其他因素的营销组合策略。

（2）营销组合策略是协调物流企业内部各部门工作的纽带。物流企业要满足客户的一种整体的需求，为客户提供一体化的解决方案，就必须以市场营销组合为核心，充分利用企业的各种资源，进行企业的战略计划和工作安排，使物流企业内部各部门的工作统一协调，共同促进市场营销组合战略的实施，满足目标市场需求。

（3）营销组合策略可以提升企业形象。物流企业在制定营销组合策略时，以客户为中心，与客户结成战略伙伴关系，为客户量体订制低成本高效率的物流方案，借助信息网络使整个服务过程完全可视化与透明化，不仅有助于客户在同行业者中脱颖而出，也有助于企业提高自身形象，为企业在竞争中取胜创造条件。

5. 管理营销活动

管理营销活动是指物流企业要对整个营销活动进行科学化管理，通过准确定位营销部门在企业中的位置、设计最佳营销组织机构、合理制订营销计划与编制营销预案、协调好各部门之间的关系、采用有效方式进行营销控制，从而保证营销活动的有序进行，顺利实现营销目标。关于物流营销的管理活动，我们将在后面详细讲解。

小 结

1. 物流营销管理的概念及内容

物流营销是指物流企业以物流市场需求为核心，通过采取整体营销行为，以提供物流产品和服务来满足客户的需要，从而实现物流企业利益目标的活动过程，具有三大特征。

物流营销管理是物流企业的核心职能之一，是对物流企业营销行为及营销过程的一种综合性管理。

物流营销管理内容包括：环境分析与市场调研，市场细分，目标市场选择与进入，确定市场营销组合，管理营销活动等。

2. 物流营销观念的演变

物流营销观念经历了六次演变：生产观念（产品观念）、推销观念、营销观念、社会营销观念、大市场营销观念及战略营销观念。

思 考 题

1. 什么是物流营销管理？
2. 物流营销管理包括哪些内容？
3. 简述SWOT分析法。
4. 什么是市场细分？进行市场细分应坚持哪些原则？
5. 什么是目标市场？进入目标市场的策略有哪些？
6. 什么是市场营销组合？市场营销组合策略的实践意义是什么？

7. 简述物流营销观念的演变。

2.2 物流营销管理的核心概念

学习目标

1. 掌握物流需求、物流成本、物流市场等核心概念。
2. 了解物流产品的基本特征、物流成本的内容。
3. 掌握交换与交易、客户满意与客户忠诚的关系。

2.2.1 物流需求

1. 需要、欲望与需求

需要（Needs）是指人类没有得到某些基本满足的感受状态，需要不是社会或市场营销者所能创造的，而是存在于人自身的生理结构和人类的条件。

欲望（Wants）则是指想得到某种东西或想达到某种目的的愿望。同一需要，可采用不同方式来满足，即可以产生众多的欲望。欲望是可以通过外在因素激发、影响、形成的，诸如职业、团体、家庭、教会等，并且随社会条件的变化而改变。因而，市场营销者能够影响消费者的欲望，如建议消费者选择购买某种产品。

需求（Demand）则是建立在需要（Needs）和欲望（Wants）两个概念基础上的，是指对有能力购买并且愿意购买的某个具体产品的欲望。换句话说，需求就是市场。需求的形成有两个条件：一是消费者有意愿购买某一具体产品；二是消费者有支付能力。两个条件缺一不可，只有购买意愿而没有支付能力或有支付能力没有购买意愿都不可能形成需求，产生市场。

2. 物流需求

物流需求是指一定时期内社会经济活动对生产、流通、消费领域的原材料、成品和半成品、商品及废旧物品、废旧材料等的配置作用而产生的对物在空间、时间和费用方面的要求，涉及运输、库存、包装、装卸搬运、流通加工及与之相关的信息需求等物流活动的诸方面。①

物流需求受到诸多因素的影响。

（1）受社会与国家经济发展水平的制约。显然，国家经济发展水平越高，社会分工越深化，物流需求就越大。

（2）受微观经济体构成的影响。显然，企业单位相较于事业单位而言，物流需求更多；个人相对组织而言，需求要少。

（3）与物流供应方关系密切。如物流供应方产品单一，技术落后，服务质量低下，势必也会降低物流需求。

（4）物流需求还受到政治、法律环境及个人观念等因素的影响。如节源、环保观念催生了"绿色物流"。

---

① http://baike.baidu.com/view/2506542.html?wtp=tt

2.2.2 物流产品

1. 物流产品概念

产品是由劳动创造出来的能满足人们一定需求与欲望的物品的总和,其概念实际上包含了三个层次:①核心产品,包括特性、效用、利益、好处;②形式产品,包括品质、外观、式样、商标和包装;③延伸产品,包括信贷、送货、安装、售后服务等。产品是传递服务的工具、载体,拥有产品不是人们的根本目的,更重要的是获得产品提供的服务,满足客户的某种需要。

产品可分为有形产品与无形产品,有形产品是为客户提供服务的载体,无形产品或服务是通过有形物体和其他载体,如人、地、活动、组织和观念等来提供的。

物流产品是一种无形产品,是物流企业为客户提供的各种物流服务。物流服务是人或组织的活动,或者对一种可触知产品的临时可支配性,物流企业服务的本质是满足客户的需求。物流企业提供的物流服务包括仓库管理、集运、物流信息系统、车队管理、运输谈判、选择承运商、订单履行、产品回收、订单处理、客户备用零件,以及产品的安装、装配、库存补充和进出口等。

物流产品的整体概念同其他任何产品一样,都包含了三个层次:核心产品、形式产品和延伸产品(见图2-2)。

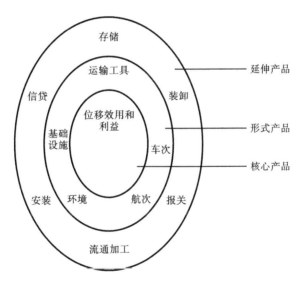

图 2-2 物流产品概念的层次图

核心产品是物流产品概念中最基本的层次,是指物流企业为其客户提供符合其需求的产品的基本效用和利益,也是客户购买物流产品的根本所在,物流消费者购买某种服务,并不是为占用或者获得产品本身,而是为了满足某种需要和欲望。例如,仓储的核心是满足货品的随时补给、增值的需要,搬运装卸的核心是满足货品水平和垂直位移的需要。

形式产品也称有形产品,是核心产品借以实现的形式,即将核心产品转变为有形的产品,它是满足客户需求的各种具体产品。一般来说,形式产品应具备以下五个方面的特征:质量、功能、款项、品牌、包装等。物流服务可以通过提供仓储、运输、配送、物流机械技术、物流信息技术等来实现。

附加产品是客户购买有形产品时所获得的全部附加服务和利益。附加产品包括产品的说明书、产品保证、安装、维修、运送、信贷、技术培训、流通加工等增值物流服务。现代市场竞争不仅在于生产和销售什么产品,还在于物流企业能提供什么样的附加服务和利益。西奥多·李维特曾指出:未来竞争的关键不在于工厂能生产什么样的产品,而在于工厂能否给产品加上包装、服务、广告(信息)、咨询、融资、送货、保管或客户认为有价值的其他东西。

2. 物流产品特征

物流产品具有以下四大特征。

(1) 不可感知性:物流企业产品是一种服务。

(2) 不可分离性:物流服务的生产者与其提供的服务性能无法分离。

(3) 不可储存性:物流服务在生产的同时就被消费。

(4) 差异性:由于人的介入使物流服务质量差异性很难保持稳定不变,而且购买者对物流服务质量的感知也很容易受外界因素和个人情绪的左右。

2.2.3 物流成本

成本是指人们在从事某种生产过程中所耗费的人力、物力和财力。成本核算在经济生活中具有重要意义,它是人们进行决策的依据。成本往往与效用密切相关,人们总是希望以最低成本获得最高效用。

物流成本就是物流活动过程中所消耗的物化劳动和活劳动的货币表现,即产品在实物运动过程中,如包装、运输、储存、流通加工、物流信息等各个环节所支出的人力、物力和财力的总和。它具体表现为企业向外部企业支付的物流费用、企业内部消耗掉的物流费用、企业材料物流费用、销售物流费用等。物流企业的物流成本包括了物流企业的所有各项成本和费用。

根据不同标准,可对物流成本进行不同分类:按照物流成本所处领域的不同,可分为生产企业物流成本和流通企业物流成本;按照流通环节,可分为仓储成本、运输成本、装卸搬运成本、流通加工成本、包装成本、配送成本、物流信息成本等七部分;按照是否具有可控性,分为可控成本和不可控成本;按成本习性,可分为变动成本和固定成本;按成本计算方法,还可分为实际成本和标准成本。

对物流成本的重视是一个渐进的过程。早期,人们鲜少关注物流成本。随着彼得·德鲁克的"黑大陆"说及西泽修教授的"冰山"说的出现,人们开始意识到物流成本的隐蔽性及其重要性。进而随着生产力的发展和科技的进步,人们越来越难以获得第一、二利润源,因此通过降低物流成本获得第三利润源,正在成为一种社会共识。这对于物流企业的存在与发展而言,更是意义非凡。但与此同时,如何管理好成本,做到既降低物流成本,又提高服务质量,成为物流企业面临的重大困扰与课题。

知识链接

2007年一季度,我国社会物流总费用为9 337亿元,同比增长15.3%。从社会物流总费用的构成看,运输费用为5 292亿元,占社会物流总费用的比重为56.7%;保管费用为2 950亿元,占社会物流总费用的比重为31.6%;管理费用1 096亿元,占社会物流总费用的比重为11.7%。

资料来源:沈建男. 基于物流成本现状的控制策略分析[J]. 物流工程与管理,2009,31(10):49.

2.2.4 客户满意和客户忠诚

客户满意是一种心理感受状况,是客户对某一产品在满足其需要与欲望方面的实际的情况与期望的程度的比较与评价。实际效果大于期望效果,表示很满意;实际效果等于期望效果,表示满意;实际效果小于期望效果,表示不满意。

客户忠诚是指客户购买产品感到满意后所产生的对某一产品品牌或公司的信赖、维护和希望重购的心理倾向。建立客户忠诚非常重要,研究表明,开发一个客户比维护一个客户要多花几倍甚至更多的精力和费用。

客户满意是建立客户忠诚的前提。要保证客户对企业及其产品的忠诚,首先就要保证客户在购买企业产品及享受客户服务的过程中,有满意的心理感受。忠诚的客户往往会不遗余力地向其周围的朋友及亲戚推荐相关的产品和服务,资料显示,一位忠诚的客户有可能给企业带来20多位新的客户。

2.2.5 物流市场

市场是社会分工和商品经济发展的产物,是指以交换过程为纽带的现代经济体系中的经济关系的总和。市场具有三个基本的要素:客户(消费者)、购买力和购买欲望。根据消费客体的不同,可将市场分为有形产品市场和无形产品市场,无形产品市场也称服务市场。

物流市场就是一种服务市场,是消费者意图借助某项服务来改变物品的空间位置而获得该物品的时间和空间效用,消费者对这类服务的需求产生了物流需求,进而形成物流市场。物流市场由来已久,并伴随着生产力水平的提高、社会化大生产的发展而不断发展与完善。今天的物流市场更是建立在各种高新技术与设备的基础上,突破了狭隘的区域限制,形成了国际物流市场。

我国的物流市场在近十年得到了飞速发展,单是从节假日申通、圆通等快递公司的忙乱中,就可看到我国物流市场的繁荣景象。然而,值得注意的是我国物流市场的发展仍有巨大差距,突出表现为观念落后、技术设备水平低下、人才缺乏、区域发展不平衡等。"十二五"规划中,国家将物流产业定位为支柱产业和重点扶持产业,物流市场又将迎来其下一个春天。

2.2.6 交换、交易和关系

交换指的是提供某种标的作为回报而与他人换取所需要的标的的行为。交换是市场营销的核心概念。当人们决定以交换的方式来满足需要或欲望时,就存在市场营销了。交换的发生,必须具备五个条件:①至少有两方;②每一方都有被对方认为有价值的东西;③每一方都能沟通信息和传送物品;④每一方都可以自由接受或拒绝对方的产品;⑤每一方都认为与另一方进行交换是适当的或称心如意的。具备了上述条件,就有可能发生交换行为。但交换能否真正发生,取决于双方能否找到交换条件,即交换以后双方都比交换以前好(至少不比以前差)。交换应是一个过程,而不是一种事件。如果双方正在洽谈并逐渐达成协议,则称为在交换中。

交易是交换的基本组成部分,是指买卖双方之间的价值交换所构成的行为,包括货币交易和易货交易两种主要形式。如果双方通过谈判并达成协议,交易便发生了。交易要涉及如下内容,即两件有价值的物品、双方同意的条件、时间、地点,还有来维护和迫使交易双方执行承诺的法律制度。交易营销是关系营销大观念中的一部分。关系营销可以减少交易费用和时间,处好企业同客户的关系。

关系是指企业与客户、分销商、经销商、供应商等建立的互信互利的联系。企业的生产经营活动要着眼于长远利益,应注意保持并发展与客户的长期关系,建立关系市场营销。企业与客户之间的长期关系是关系市场营销的核心概念。建立关系意味着企业向客户做出各种许诺,保持关系的前提是企业履行诺言,发展或加强关系需要企业向客户做出一系列新的许诺。关系市场营销强调客户的忠诚度,保持老客户比吸引新客户更重要。竞争者很难破坏企业与客户的关系,因为价格不再是最主要的竞争手段,企业与客户之间保持广泛、密切的联系,客户相当于企业的一种独特资产。关系营销是市场营销的方向和趋势,是从追求每笔利润最大化转向追求各方利益最大化。

小　结

1. 需要、欲望与需求的概念及关系、物流需求的概念

物流需求是指一定时期内社会经济活动对生产、流通、消费领域的原材料、成品和半成品、商品以及废旧物品、废旧材料等的配置作用而产生的对物在空间、时间和费用方面的要求,涉及运输、库存、包装、装卸搬运、流通加工以及与之相关的信息需求等物流活动的诸方面。

2. 产品是由劳动创造出来的能满足人们一定需求与欲望的物品的总和,其概念实际上包含了三个层次:①核心产品;②形式产品;③延伸产品。

物流产品是人或组织的活动,或者对一种可触知产品的临时可支配性,物流企业服务的本质是满足客户的需求。物流产品具有不可感知性、不可分离性、不可储存性和差异性四大特征。

3. 物流成本就是物流活动过程中所消耗的物化劳动和活劳动的货币表现,即产品在实物运动中各个环节所支出的人力、物力和财力的总和。

4. 客户满意是客户对某一产品在满足其需要与欲望方面的实际的情况与期望的程度的比较与评价;客户忠诚是指客户购买产品满意后所产生的对某一产品品牌或公司的信赖、维护和希望重购的心理倾向。

5. 物流市场是一种服务市场,是消费者对改变物品的空间位置而获得该物品的时间和空间效用的服务的需求。

6. 交换指的是提供某种标的作为回报而与他人换取所需要的标的的行为;交易是指买卖双方之间的价值交换所构成的行为;关系是指企业与客户、分销商、经销商、供应商等建立的互信互利的联系。

思　考　题

1. 什么是需要、欲望与需求? 三者的关系如何?
2. 什么是物流需求?
3. 什么是物流产品? 有何特征?
4. 什么是物流成本?
5. 客户满意与客户忠诚的概念与关系。
6. 什么是物流市场?
7. 交换与交易的概念及关系。

2.3 物流营销管理过程

学习目标

1. 识记物流营销计划的概念,掌握物流营销作业计划的内容。
2. 识记物流营销组织的概念,了解物流营销组织的模式,掌握建立物流营销组织的原则。
3. 识记物流营销控制的概念,了解物流营销控制的方式及基本程序。

2.3.1 物流营销计划

1. 物流营销计划的概念

物流营销计划是物流企业为物流营销活动目标所制定的一系列对未来营销活动的安排和打算。物流营销计划是物流营销所有管理职能中最重要的功能之一,切实可行而又富有挑战性的计划是其他工作顺利开展的前提。若计划做得不好,在接下来的组织、控制与协调等工作中,就会陷于被动。

物流营销计划根据其制订主体和作用时间的长短,可分为战略计划和作业计划。战略计划由公司的高层主管及主要部门制定,所着重的是公司的基本方向、市场目标及实现这些目标的重大行动和方案,计划期在五年以上,具有指导意义。作业计划由营销部门负责编制,关注的是较具体的工作目标、营销策划、财务预算和各自的资源利用情况,计划期为半年到一年,显然更具有执行性。战略计划与作业计划是一种整体与局部的关系,战略计划是指导与方向,作业计划是执行与实现。

2. 物流营销战略计划

1) 战略计划制订的原则

制订营销战略计划必须遵循以下原则。

(1) 全面系统原则。企业应全面系统地分析所处环境,以及企业自身和竞争对手的优劣势。

(2) 目标明确及可行性原则。明确企业的营销战略目标是企业制订营销战略计划的首要前提。

(3) 统一与集中原则。计划必须保证企业在统一的目标下,统一规划,统一行动,集中力量,将各有关要素有机地结合在一起,谋求最大的营销效果和利益,以获得营销成功。

(4) 创新原则。企业应在市场竞争中力求创新,采取进攻态势,开发出新产品或新市场,争取主动地位,保持先行优势。

2) 战略计划的内容

一般而言,物流营销战略计划应包括以下一些内容。

(1) 时间期限。战略计划是企业的长期计划,期限不等,但至少应在三年以上。

(2) 环境分析。环境分析是要分析企业所处的宏观及微观环境,包括社会经济、政治、科技、文化及法制等环境,物流行业发展态势,竞争对手发展状况等,特别要分析环境中的机遇和威胁。

(3) 公司本身分析。对公司本身的分析,就是要了解公司自身的情况,包括人才结构、产品结构、资本结构和市场竞争力,特别要分析公司的优、劣势。

(4) 确定目标。确定的目标要能够以市场为导向,尤为重要的是目标要既具有可行性,又具有挑战性,并有必要的行之有效的方针措施支撑。

(5) 制订具体战略。包括制订公司的市场战略、增长战略以及产品战略等。

3. 物流营销作业计划

1) 营销作业计划制订的原则

(1) 一致性。这里所指的一致性,是指作业计划的制订不得背离战略计划,必须与战略计划保持高度一致。战略计划是方向,作业计划必须服从并服务于战略计划。

(2) 具体化。相较于战略计划,作业计划更为具体,更具有可操作性。如为实现某产品阶段性营销目标,往往需要具体的行动方案,同时进行严格的财务论证。

(3) 常态化。作业计划往往要求常态下可执行与操作,具体到日程事项的安排。

(4) 灵活性。企业面对的市场总在不断变化,其客户及需求也在不断发生变动,作为营销作业计划必须具有灵活性,能不断调整,以应对这种变动。

2) 营销作业计划制定的内容

物流营销作业计划是为实现战略计划而采取的具体步骤与措施,物流营销作业计划主要内容有以下几个方面。

(1) 计划概要。概要是对本计划的主要目标及执行方法和措施作扼要的概述,要求高度概括,用词准确,表达充分。其主要目的是让高层主管能一目了然,迅速了解计划的核心内容,并据以检查、研究和初步评价计划的优劣。

(2) 当前市场营销状况。这是正式计划中的第一个主要部分。这一部分将提出关于市场、产品、竞争、分销和客观环境的背景数据。

a. 市场状况。主要提供目标市场的数据,包括目标市场的规模与增长率、各细分市场的营业额,以及客户的需求状况、观念和购买行为的趋势。

b. 产品状况。包括每种物流服务形式在过去几年的营业额、价格、边际收益和净利润。

c. 竞争状况。找出主要竞争对手,并就他们的规模、目标、市场占有率、服务质量、市场营销策略以及任何有助于了解他们意图和行为的其他特征加以阐述。

d. 分销状况。主要提供有关各分销渠道规模与重要性的数据。如各分销渠道的近期营业额及发展趋势等。

e. 宏观环境形势。包括与营销前景有某种联系的客观环境的主要趋势。如经济因素、技术因素、政治法律因素等的发展趋势。

(3) 机会与问题分析。计划的这一部分应该在营销状况数据的基础上,找出整个计划期内企业在计划所指问题上面临的机会与威胁,并分析企业本身的优势和劣势。

a. 机会与威胁分析。机会与威胁是指能够影响企业的外部因素。计划中找出企业面临的主要机会和威胁,是为了要建议一些可采取的行动,同时应该把找出的机会和威胁分类,以便对一些较重要的问题有足够的注意。

b. 优势与劣势分析。优势与劣势是企业的内部因素,与此对应的是作为外部因素的机会与威胁。正确分清企业的优势和劣势,有助于企业采取正确的营销策略或手段,扬长避短、趋吉避凶。

c. 问题分析。用机会与威胁,优势与劣势分析的研究结果来确定在计划中必须强调的主要问题。对这些问题的讨论,将导致营销计划的目标、策略和战术的确立。

(4) 营销目标。在分析了企业的机会与问题后,接着便是确定企业的目标,并应对影响这些目标的相关问题,如资源、财务、人力等加以考虑和论证。一般有以下两类目标要确定。

a. 财务目标。每个物流企业都有一定的财务目标,或确定一个稳定的长期投资收益率,或确定他们在本年度所能获得的利润等。

b. 营销目标。财务目标势必转化成为营销目标,可以运用"量-本-利"分析法去揭示如何通过营销目标实现企业的财务目标。

(5) 营销策略。营销策略就是物流企业用以达到它的目标的基本方法,包括目标市场、营销定位和营销组合、营销费用等各种具体策略。

(6) 行动方案。市场营销战略说明了企业为了达到目标而将采取的总营销内容,而在行动方案这一部分中,则必须详细说明营销战略的每个要素,包括将要完成什么任务?什么时候完成?由谁来完成?成本为多少?详细列出行动方案有助于企业按方案循序渐进地执行。

(7) 预计损益表。这一部分集中说明支持该计划的预算,此预算基本上为一项预计的盈亏报表。收入方将列入预计营业服务的数量和平均价格,支出方则列出物流费用、储运费用及其他营销费用,收支差额为预计的利润(或亏损)。企业的高层主管将核查预算,并评价和修正预算。预算一经批准,就成为制订计划、原料采购、生产安排、人员招聘和营销业务活动的依据。

(8) 控制。这是营销计划的最后一部分,用来监控整个计划的进程。目标和预算通常都应该按月或季度分别制定,方便上级主管审查每一时期企业各部门的成绩,并及时发现问题,督促改进,以确保营销计划的顺利实施与实现。

2.3.2 物流营销组织

1. 物流营销组织的概念

物流营销组织是物流企业的营销管理人员系统组合、协同行动的结合体,是企业实现其经营目标的核心职能部门,是营销计划有效实施的重要保证。

组织既可视为是一种结构,也可以视为是管理过程。理解物流营销组织的概念,我们也可以从这两个角度来把握:从静态的角度来看,物流营销组织是物流企业营销管理人员系统组合、协同行动的结合体,是企业实现其经营目标的核心职能部门;从动态的角度来看,物流营销组织则是指借助多种手段与方式充分调动与利用物流企业的资源,以保证营销目标的实现。鉴于组织管理活动的实现必须以组织结构为基础,我们在本章将着重阐述物流营销的组织结构。

2. 物流营销组织设计原则

物流营销组织的设计,直接影响到物流企业适应环境及市场变化的能力,关系企业的运营成本及盈利能力,影响企业内部的人员关系。往往组织的设计者对信息沟通考虑不足。一个合理的营销组织设计未必能保证营销的成功,但不合理的营销组织一定会阻碍成功。在设计营销组织结构时,我们应遵循以下原则。

(1) 目标原则。就是营销组织机构的设置与规模,要同所承担的任务与规定达到的目标一致。

(2) 灵活性原则。一个好的营销组织首先必须与环境相适应,对环境的变化能应付自如,能从这种变化中为企业捕捉更多的机会,推动企业更快、更好地发展。

(3) 责、权、利相统一原则。坚持这一原则能使营销组织成员权责分明，充分调动其积极性；同时，也能避免机构臃肿，出现吃闲饭的现象。

(4) 统一领导与层次原则。统一领导是指机构必须是一个统一的有机整体，有助于明确目标、整合资源和集中力量；层次原则则是指分层管理，从组织的低层向上，每一个层次上的每一个职位都是他上一层次的某个职位的下属。

(5) 专业化与效率原则。专业化是指进行工作设计时应该不重叠，当员工在自己擅长的领域工作时，他会更加熟练和有效率。这样可以提高整个组织的效率。

(6) 发现与培养人才原则。今天的竞争归根到底，就是人才的竞争。好的营销组织不仅能为人才提供施展才能的平台，而且能为人才创造更多的发展与上升机会。

3. 物流营销组织模式

物流营销组织结构在设计过程中，会受到诸多因素的影响，包括宏观环境和国家经济体制、企业的市场营销观念以及企业自身所处的发展阶段、经营范围、业务特点等，此外还受到企业规模、产品、市场特点和人员素质等的影响。但总体来讲，其结构模式主要表现为以下几类。

1) 职能式组织模式

职能式组织模式是最传统也是最常见的市场营销组织形式，即根据不同的营销活动功能来建立各职能部门，各部门经理对营销副总经理负责，直接向其报告，营销副总经理主要负责协调部门之间的活动（如图 2-3 所示）。

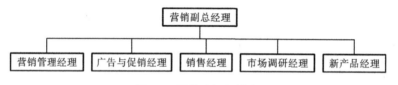

图 2-3 职能式组织模式

职能式组织模式的主要优点是层次简化，分工明确，管理集中性高，可以大大简化行政事务。但是，随着企业规模的扩大，这种模式弱点会渐渐暴露出来，出现权责不清、本位主义滋生、内部协调性差等系列现象，往往导致企业错失诸多良机。

2) 地区式组织模式

地区式组织模式是根据企业客户的分布区域设置营销组织的模式，适用于区域较大、分布广泛的企业。这种组织模式与物流企业的特征较相符，在物流企业中得到较为广泛的应用。地区模式将销售人员按区域划分，设置区域经理，层层负责（如图 2-4 所示）。

该组织模式中，区域经理的权力相对集中，决策速度快；地域集中，相对费用低；人员集中，易于管理；在区域内有利于迎接挑战；与此同时区域负责制提高了营销人员的积极性，激励他们去开发当地业务和培养人际关系。但存在费用高，机构分散，各布点间不易协调的现象，而且营销人员要从事所有的营销活动，会存在不够专业、效率较低的现象。

3) 产品式组织模式

营销员对产品的理解和重视，加上产品部门和产品管理的发展，使许多物流企业都根据产品线来建立营销组织结构。产品式营销组织模式特别适宜于产品差异、数量和品种都很大的物流企业（如图 2-5 所示）。

该模式需要建立产品经销经理制度，即设置产品专职经理来负责这一类产品的综合营销管

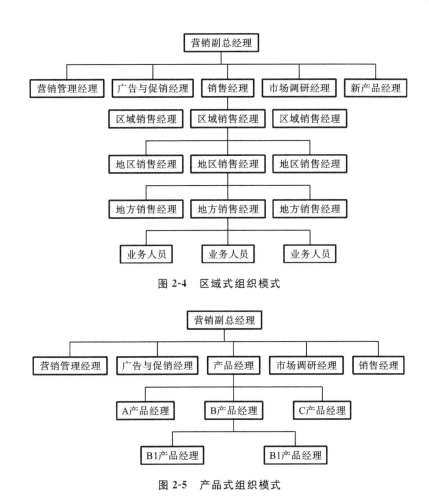

图 2-4 区域式组织模式

图 2-5 产品式组织模式

理活动,也可以自上而下设立几个产品大类经理和几个品牌经理。产品经理需完成以下任务:①制订物流产品的长期发展战略;②制订产品的年度销售计划,并作出销售预测;③采取相应措施推动计划的实施,包括激励机制、销售鼓励和协调职能部门之间关系等;④关注市场动态,注意产品的改进与推动新产品的开发。

产品结构模式的优点是能及时了解市场动态,协调开发产品市场的力量,对市场需求的变动做出快速反应;与此同时,该模式还充分体现了营销的专业化,有助于提高企业效率,树立企业和产品形象。但产品模式也存在费用高、连续性差、产品经理在工作过程中协调困难等不足之处。

4) 市场式组织(又称客户式组织)模式

市场式组织模式是企业按市场或消费者(既客户类型)来组织自己的营销。当客户可以按购买行为和购买偏好划分类别时,可采用此种模式。物流企业比较适合采用此种模式(如图 2-6 所示)。

按市场组织营销队伍最显著的优势是能及时全面地了解客户的特定需求,减少渠道摩擦,建立忠诚的客户群体,同时也有助于开发新的客户群体和为新产品开发提供思路。其缺点就是在客户身上的投资较大,必须保证客户的忠诚度,否则主要客户一旦减少,会给公司造成一定威胁。

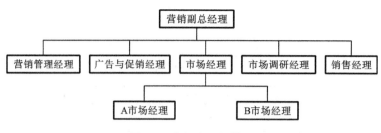

图 2-6　市场市组织模式

5）事业部制组织模式

事业部制组织模式主要应用在规模大、部门多、实行分权的物流企业中。企业按照产品（或服务）的类别来设立不同的事业部，各事业部门再设立自己的职能部门和服务部门，并可建立起自成体系的事业部营销组织结构（如图 2-7 所示）。

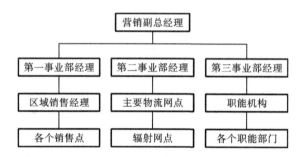

图 2-7　事业部制组织模式

事业部制模式体现了总公司一种放权的经营思想，有助于充分调动各事业部的积极性，以灵活应对市场的变动。该模式适用于各事业部门业务联系不紧密的企业，而且对总公司的决策与经营管理水平的要求较高。

知识链接

营销组织结构扁平化

马士基航运组织结构分为三个层次：总部、地区分部和地区办事处。总部负责制订重大的决策和策略，但不涉及日常的船舶营运、市场营销等具体事务；地区分部负责制订预算，为各办事处订立具体目标，如船舶营运、集装箱管理、运力控制、市场营销以及日常管理等；各地的办事处只是一个成本控制中心，负责日常的营销事务工作。市场营销组织结构的扁平化解决了多重利益的矛盾，有利于提高市场营销的成功率。

资料来源：袁炎清，范爱理. 物流市场营销[M]. 2 版. 北京：机械工业出版社，2004：245.

2.3.3　物流营销控制

1. 物流营销控制的含义

企业在实施营销计划的过程中，通常会碰到许多不确定因素，导致计划不能正常实施。企业必须采取相应的控制程序，对计划本身或计划的实施做出相应调整，以保证营销目标的实现，这就是市场营销控制。物流营销控制是确保物流企业按照管理目标或预期目标运行的过程,是物流企业管理的重要职能之一。

2. 物流营销控制的方法

物流营销控制通常有以下四种方式。

1) 年度计划控制

年度计划控制是一种短期控制形式,目的在于确保企业实现年度计划中预订的营业额、利润和其他目标。年度控制计划一般分为四个步骤来完成(见图2-8所示):首先,必须将年度计划分解为每月或每季的目标,制定控制标准;其次应随时跟踪掌握营销情况;再次,应分析营销实际情况与计划产生偏差的原因;最后,采取有效措施进行纠正。

图 2-8 年度计划控制过程图

进行年度控制时,要对营业额、市场占有率、营销费用率以及客户满意度等主要内容进行分析。

(1) 营业分析。营业分析是指参照营业目标,检查和评价营销情况来进行控制,具体可分为差距分析和个别分析两种。差距分析是指检查不同因素对营业情况与计划指标相比产生的偏差和相对影响;个别分析建立在差距分析的基础上,是指对引起差异的各个因素再进行分类考察。

(2) 市场占有率分析。市场占有率反映出企业在竞争中的经营业绩。如果企业的市场占有率升高,表明它优于其竞争者的经营;反之,则说明企业的业绩可能相对差一些。市场占有率又有3种具体的度量指标:总体市场占有率、可达市场占有率和相对市场占有率。

(3) 营销费用率分析。营销费用率分析要求确保公司为达到销售目标的费用不能超支。营销费用率主要有五个比值:营销人员费用与营业额之比;广告费用与营业额之比;促销费用与营业额之比;市场调查费用与营业额之比;销售管理费用与营业额之比。企业要分析这些费用比率,监控它们的波动,若发现超常波动,应及时查找原因,并予以控制。

(4) 客户满意度分析。这属于定性分析的营销控制手段,主要采用服务质量调查、定期的客户走访、收集客户的意见和建议等方式进行,通过客户的反应来评价企业的营销绩效。要求通过建立专门机构,用以追踪客户、中间商以及营销系统中其他参与者的态度,如果发现有异动,企业管理者应尽早采取措施,变被动为主动。

2) 盈利性控制

盈利性控制是指物流企业通过衡量不同服务产品、不同区域、不同渠道和不同促销规模等方面的实际获利情况来进行控制。盈利性控制的主要环节是盈利能力分析。盈利能力是指企业利用现有资源或资产获取利润的能力。盈利能力分析就是通过对有关财务报表和数据的处理,把所获利润划分到产品、地区、渠道、客户等方面,以便比较每个因素对企业最终获利的贡献大小以及其获利能力的高低,其主要衡量指标有销售利润率、总资产报酬率、资本收益率、物流服务周转率等。

3）物流成本控制

成本控制是根据计划目标,对成本的发生和形成过程及影响成本的各种因素和条件施加主动的影响,以保证实现物流成本计划的一种行为。物流成本控制的基本内容有:①运输费用的控制,如加强运输的经济核算、防止运输过程中的差错事故、保证安全运输等;②储存费用的控制、装卸搬运费用的控制,如合理选择装卸搬运设备、防止机械设备的无效作业、合理规划装卸方式和装卸作业过程、减少装卸次数、缩短操作距离、提高被装卸物资纯度等;③包装费用控制,如选择包装材料时要进行经济分析、运用成本核算降低包装费用、包装的回收和旧包装的再利用、实现包装尺寸的标准化、实现包装作业的机械化、有条件时组织散装物流等;④流通加工费用的控制,如合理确定流通加工的方式、合理确定加工能力、加强流通加工的生产管理、制定反映流通加工特征的经济指标等。通过成本控制,可以及时发现存在的问题,采取纠正措施保证成本目标的实现。

4）战略控制

战略控制是一种带有企业全局性营销活动意义的控制方法,是对企业的市场营销环境、营销目标、营销战略、营销组织和营销方法、程序、人员等方面进行系统客观的回顾与评价。这种全面的检查评价也可称为"市场营销审计",其目的是确保企业营销战略和计划与动态变化的市场营销环境相适应,促进企业协调稳定发展。

整个战略控制分为五大步骤。

(1) 了解企业目标确定范围。

(2) 检查企业各项目标实现情况。

(3) 确定计划执行的努力程度。

(4) 检查企业信息是否通畅,权责分配是否合理。

(5) 提出改进意见。

在战略控制中,所要审计的内容主要有以下六个方面。

(1) 市场营销环境审计。审计宏观环境和微观环境。宏观环境审计包括考察经济、政策、法律制度等大环境对企业发展的影响。微观环境审计包括考察有关产品、竞争者等相关因素及其对企业的影响等。

(2) 市场营销战略审计。主要分析企业的战略与策略决策是否能适应外部环境的变化。

(3) 市场营销组织审计。审查营销组织构建的合理性与适应市场环境的能力。

(4) 市场营销系统审计。包括企业收集信息、制订计划、控制营销活动的过程审查。

(5) 市场营销效率审计。主要进行成本和利润方面的分析。

(6) 市场营销职能审计。主要对市场营销组合的各种因素进行效果分析。

物流营销审计工作既可由企业内部人员完成,也可聘请外部专家进行。实践中,由于营销环境的变化非常迅速,物流营销审计工作也变得经常化了。

3. 物流企业营销控制的基本程序

物流营销控制是对物流营销计划的一种修正与调整,目的在于确保执行结果与计划目标相一致。不同控制方法其侧重点各有不同,程序上有所出入,但也存在共性,即物流营销控制的基本程序。物流营销控制的基本程序包括以下七个步骤(如图2-9所示)。

(1) 确定目标。确定控制目标是实施物流营销控制的首要任务。物流营销控制的目标实际上通常等同于营销计划目标,或是对计划目标的一种分解,反映了在计划期内应该做什么,或

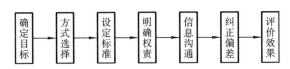

图 2-9　物流营销控制基本程序

达到某种程度。必须确保所有相关人员都明确了目标。

（2）选择控制方式。这是指根据物流企业的实际情况选择合适的控制方式。

（3）设定标准。应根据所选定的控制方式,建立一套与之相适应的、有客观依据的衡量标准。

（4）明确权责。明确权责是指实施控制管理的机构设置及人员安排,并明确各部门及负责人的职责范围。这有助于更好地贯彻企业的营销目标。

（5）信息沟通。信息沟通是指保持营销信息的通畅,这在物流营销控制管理中是非常重要的,有助于企业有效发现存在的问题和有利的发展机会,也能对业务过程进行控制。

（6）纠正偏差。纠正偏差是指发现是否有偏差,并寻找偏差原因,及时采取措施进行修正。这是营销控制非常关键的环节,也是营销控制的意义所在。

（7）评价效果。这是整个控制管理环节的最后一步,也是对前期工作的最后评定,为下一步的工作做准备。但整个控制程序并没有结束,它应当是一个环环相扣、没有终点的连续循环评价过程。

小　结

1. 物流营销计划是物流企业为达到物流营销活动目标所制定的一系列对未来营销活动的安排和打算。物流营销计划分为物流营销战略计划和物流营销作业计划。

2. 物流营销组织是物流企业营销管理人员系统组合、协同行动的结合体。

设计物流营销组织应坚持六大原则;物流营销组织共有职能式、地区式、产品式、市场式及事业部制五大组织模式,五大模式各具特点。

3. 物流营销控制是确保物流企业按照管理目标或预期目标运行的过程。物流营销控制通常有年度计划控制、盈利性控制、物流成本控制以及战略控制四种方式;物流企业营销控制的基本程序通常分为七大步骤。

思 考 题

1. 什么是物流营销计划？有哪些类型？
2. 简述物流营销作业计划的基本内容。
3. 什么是物流营销组织？物流营销组织有哪些模式？
4. 建立物流营销组织应遵循什么原则？
5. 什么是物流营销控制？共有几大类型？
6. 简述物流营销控制的基本程序。

第 3 章 物流营销策略

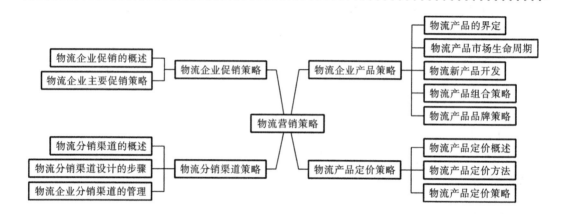

3.1 物流企业产品策略

学习目标

1. 了解物流产品的概念、层次及特征。
2. 了解物流产品生命周期理论及其特性和策略。
3. 掌握物流新产品开发的程序和策略。
4. 理解物流产品组合策略及品牌策略。

案 例

联邦快递的产品与服务

总部位于美国田纳西州孟菲斯市的联邦快递公司成立于 1973 年,在此之前,还没有一家公司对包裹、货物和重要文件提供对门翌日送达服务。经过三十多年的发展,联邦快递的业务遍及世界,分布于世界 220 个国家,这些国家的国内生产总值占全球国内生产总值的 90%。

联邦快递可向客户提供 24~48 小时内完成清关的门对门服务。快速、准时、可靠是这家著名速递公司的特色。该公司在世界上设有 43000 个收件中心,聘用员工约 14 万人。每个工作日,它都在全球的 220 个国家运送近 330 万个快件。为了保证名副其实的"快递",该公司拥有一个庞大的机队,总共有677架货机。其中包括58架MD-10、47架A300、62架A310、42架DC-10、109架B727、253架Cessna208、13架FokkerF-27,它们服务于世界的325个机场。有44000辆专用火车负责地面运输。

联邦快递非常注重利用科技进行开发与创新。早在1978年,当联邦快递每日的货件处理量尚不足4万件时,他们就购买了两部IBM大型主机电脑,其资料处理容量是当时业务需求量的几倍。

1980年,联邦快递又引进了数字支援分发系统,为车队的每部汽车配备了小型终端机,这样,可以用数字技术将资料传到每辆车的终端机上,使速递员迅速到下一个目的地取件。

从1986年开始,联邦快递采用条码技术,用电子信号追踪处理中的货物状况,每个速递员都配有条码扫描器。这样,他们可同时肩负起分发处理员和资料收集员的任务,提高了工作效率。而且,一旦有快件被运送到错误的地方,联邦快递能在几分钟内查出货件位置,改正运送途径。

此外,联邦快递首创了轮辐式包裹传输系统,并利用它将货物汇集运送到位于美国、欧洲和亚洲的分拣中心。在那里,货物被快速搬卸和分拣,再被转运到飞机上,以便在第二个工作日的早8点之前送到。每天晚上11点到第二天凌晨3点,约有180架飞机在世界各地起降,相当于平均每1.5分钟1架次。中心的包裹分拣能力和文件处理能力分别为每小时16万件和每小时32.5万件。

资料来源:联邦快递(www.fedex.com.cn)。

3.1.1 物流产品的界定

不管是区域性的物流公司还是跨国物流企业,这些公司都在不断丰富自身的物流产品。这体现了物流产品(服务)多元化的发展趋势。要了解物流产品的多元化,就必须掌握物流产品的概念和特征。

1)物流产品的整体概念

物流产品是一种服务性产品,是人们有意识地将人力或机械作业力应用到人或物上而产生的结果,包括不依赖客观事物而产生的行为、表现或努力。换句话说,物流服务作为创造需求者价值的行为,是用于出售或者同产品连在一起进行出售的活动、利益或满足感。换句话说,物流企业的产品就是物流企业为客户提供的各种物流服务,物流服务是人或组织的活动,或者对一种可触知产品的临时可支配性,物流企业服务的本质是满足客户的需求。物流企业提供的物流服务包括仓库管理、集运、物流信息系统、车队管理、运输谈判、选择承运商、订单履行、产品回收、订单处理、客户备用零件、产品的安装和装配、库存补充和进出口等。

2)物流产品的层次

现代市场营销理论在研究产品时是从整体的角度出发的,物流企业尽管提供的是无形的服务而非有形的产品,也应遵循此规律。因而,从服务的角度,物流企业的产品可以分为三个层次:核心产品、形式产品和附加产品。这三个层次的产品互相依存,构成完整的物流产品概念。

(1)核心产品。物流企业的核心产品是指为货主提供符合其需要的产品的基本效用和利益。现代物流营销理论认为,现代物流服务的核心目标是在物流全过程中以最低的综合成本满足客户需求,核心产品是整体产品概念中最基本的层次,代表物流客户在使用产品的过程中和使用后可获得的基本利益和效用,是客户购买的核心所在,物流消费者购买某种服务,并不是为了占用或者获得产品本身,而是为了满足某种需要和欲望。例如,仓储的核心是满足货品随时补给、增值的需要,搬运装卸的核心是满足货品水平和垂直位移的需要。因此,物流管理人员的任务就是要发现隐藏在服务背后的真正需要,把客户所需要的核心利益和服务提供给客户。但是,核心产品只是一个抽象的概念,要售给客户必须通过某个具体形式的产品来实现。

(2) 形式产品。形式产品也称有形产品,是核心产品借以实现的形式,即将核心产品转变为有形的产品,它是满足客户需求的各种具体产品。一般来说,形式产品应具备以下五种方面的特征:质量、功能、款项、品牌、包装等。物流服务可以通过其提供的仓储、运输、配送、物流机械技术、物流信息技术等来实现。

(3) 附加产品。附加产品是客户购买有形产品时所获得的全部附加服务和利益。附加产品包括产品的说明书、产品保证、安装、维修、运送、信贷、技术培训、流通加工等增值物流服务。例如,美国联合包裹运送服务公司UPS,主营业务是信函文件、包裹的物流快递业务,而UPS发现客户在需要核心服务的同时,还需要附加服务:如客户需要UPS提供代理报关服务,以减轻客户的报关负担和缩短报关时间;此外还需要对客户的特殊物品提供报关服务,解决客户在物品包装上的困难并为客户节省包装材料费用等一系列附加物流服务。事实上UPS取得了巨大的成功,在快速物流市场上占据领先地位,这表明现代市场竞争不仅在于生产和销售什么产品,还在于物流企业能提供什么样的附加服务和利益。过去的竞争主要是产品本身的竞争,现在还要加上服务竞争。西奥多·李维特曾指出:未来竞争的关键不在于工厂能生产什么样的产品,而在于工厂能否给产品加上包装、服务、广告(信息)、咨询、融资、送货、保管或客户认为有价值的其他东西。

近年来,物流企业对人们的心理需求越来越关注,而满足心理需求不仅靠产品的实用功能,还要借助于由产品形状、色彩、包装、广告、品牌乃至服务场所的装饰等因素所传播的信息。因此,物流企业在制造产品的同时,也在制造信息,这样物流产品的含义可以延伸为:产品=物品+服务+信息。

上述三个层次的产品相互依存,构成完整的物流产品概念,十分清晰地体现了以客户为中心这一现代物流营销观念的要求(如图3-1所示)。

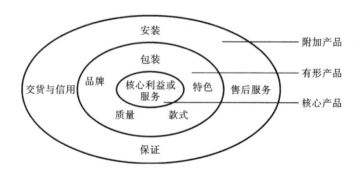

图3-1 物流产品结构图关系

资料来源:黄福华,李坚飞. 物流营销[M]. 大连:东北财经大学出版社,2009:121.

案例

直递业务是珠海邮政物流分公司近年来发展较好的一项物流业务,此业务发展较为稳定,松下马达与东信和平就是该公司合作多年的老客户,每月有几万元的业务收入。在此基础上,珠海邮政物流分公司利用邮政品牌和网络优势等自身条件,积极给客户提供时限短、安全性高、贴身的个性化服务,拓展一体化物流市场。

一体化物流是该公司新开发的物流项目,主要为客户提供仓储、配送一条龙服务。由于附加值和利润较高,是各物流公司的必争之地。为此,该公司出台一系列政策,与各综合分局联手,采取多种营销措施,使一体化物流业务从无到有,业务呈现跳跃式发展,不仅受到企业的欢迎,还得到政府部门的充分肯定。

该公司最初为吉之岛百货提供仓储、配送服务,在积累经验的同时,树立了邮政一体化物流品牌,引起了珠海各大企业的注意,飞利浦、丽珠、华光等客户纷纷把一些区域物流业务交给该公司来处理。

珠海邮政一体化物流的快速、健康发展,也引起了政府有关部门的关注。珠海外经贸局在对物流市场进行详细考察后,两次主动将该公司定为珠海企业赴埃及和印度参加博览会的产品的国内运输商。该公司均圆满地完成了任务,受到政府部门的赞扬,并在本地树立了邮政物流服务的品牌。

资料来源:锦程物流网(www.jctrans.com)。

3) 物流产品的特征

物流企业提供的产品是一种服务,服务产品大都是无形的、不可感知的。有形产品可以生产后储存起来,并可以被随时取用;而服务的取用则意味着在需要某种服务之时,由生产它的生产系统提供使用。此外,被服务的客户往往也参与再生产的过程,并且也提供一部分自我服务,比如,在服务过程中,客户常常被要求填写一些表格,提供一些信息等。如果客户对此有充分的准备,或者愿意去做这些事情,则无疑会提高产品的服务质量和效率。客户购买服务的过程实质上是感知服务的过程,其伸缩性很强。

物流产品在发展中已逐步形成鲜明的特征,突出表现在以下9个方面。

(1) 服务关系合同化。物流企业通过合同的形式来规范物流经营者与物流消费者之间的关系。物流经营者根据合同的要求提供多功能乃至全方位的服务,并以合同来管理提供物流服务的全过程。

(2) 服务方式个性化。首先,不同的客户存在着不同的物流服务要求,物流企业可以根据客户在企业的形象、业务流程、产品特征、客户需求特征、竞争需要等方面的不同要求,提供针对性强的个性化物流服务和增值物流服务;其次,物流服务的经营者也因为市场竞争、物流资源、物流能力的影响,需要形成核心业务来不断强化所提供的物流服务的个性和特色,以增强其在物流市场上的竞争能力。

(3) 服务功能专业化。物流企业为消费者提供专业的物流服务。从物流设计、物流操作过程、物流技术工具、物流设施到物流管理。必须体现专门化和专业水平,这既是物流消费者的需要,也是物流企业自身发展的基本要求。

(4) 服务管理系统化。系统的物流功能是物流企业所应具备的,也是物流产生和发展的基础,物流企业需要建立现代化管理系统才能满足运行和发展的基本要求。

(5)服务信息网络化。信息流服务于物流,信息技术是物流服务发展的基础。自动化和信息化的有效结合则是现代物流的主要特征。在物流服务的过程中,信息技术的发展实现了信息的实时共享,促进了物流管理的科学化,极大地提高了物流效率和效益。

(6)不可触知性。没有一个实在的可让客户触知的物体,这是物流服务的一大特点,也是影响客户的购买决策和物流企业管理的因素。有专家认为服务的不可触知性就是:摸不着而且不容易在头脑中成形。这个定义形象地说明了物流服务不可触知的特征,同时还强调了企业在销售过程中需帮助购买者理解服务会带来的好处的营销特征。对一个产品,购买者可以在购买之前去触摸、去研究,而对服务却不能。也就是说,在销售之前是不存在服务的,所以购买者难以进行评估。于是,购买者就认为购买服务比购买有形产品的风险更大。在一家超市里,消费者可以拿两种不同品牌的酸奶对比,了解其成分,阅读其商标,评价其价格,在消费之前就能对广告中包含的信息加以对照验证。可是,服务却做不到,它无法让消费者作出预期评估。

如何转换茶叶或服务的不可触知性质

要使不可触知的东西变得可触知,问题在于如何去做。具体做法有如下两个方法。

第一是让客户心中的服务企业的形象具体化,可触知。麦当劳就成功地用代表企业及其质量的两个连环拱形图案树立了自己可触知的企业形象。第二是增强客户对物流企业不断追求提高服务质量的形象感觉。为此,物流企业要为购买者提供放心的形象、标志、象征。例如,银行在促销中,特别是在过去,都是靠雄伟坚固的建筑物传达自信、可靠的信息,促销中通常请知名人士佐证某所言属实。销售者的能力非常重要,他(或她)的形象就是服务的先期形象。

资料来源:黄福华,李坚飞. 物流营销[M]. 大连:东北财经大学出版社,2009:123-124.

(7)生产者与服务分不开。物流服务的生产者无法与其提供的服务性能相分离,这造成了一些对营销的限制。一般来说,在物流服务中,生产者和客户是直接接触并互动的。客户在决定是否购买一件有形产品时只注重评价其性能特征,而不考虑其生产过程。生产者与客户之间不对话,也不接触。购买立体音响组合的人不会去问生产厂家是怎么组织的。但是,物流服务的购买者则要试图了解作为服务生产主角的个人或集体的情况(态度、能力、专业化水平等)。因此,物流服务与客户之间的关系具有以下特点。

① 缺乏中介。相对于有形产品,物流服务大多数是由生产者直接提供的,没有中介,即使有,也只是履行一两种营销职能。比如,物流公司的货物代理可以提供运输工具的信息,要求购买者预付有关费用等,但这并不是服务的全部。

② 客户的积极介入。物流服务的性能需要客户的积极介入,在一个物流企业,客户要和企业结成紧密的伙伴关系。总而言之,服务质量取决于客户的态度、动机和以往的经验。

(8)时间短,不可储备。物流服务是在生产中被消费的,其有用的时间很短,而其购买者从中得到的收益也不能为将来的消费"储存起来"。如果不在有效地时间内消费掉,服务就将消失。在服务稳定或者需求走势可以预料的时候,服务的这种不可储存性并不很重要,但是在需求上下浮动情况严重或者难以预料的时候,这个问题就不好解决了。

(9)质量缺乏稳定性。服务中人的介入成分较大,因此很难保持服务质量的稳定不变。同时,服务过程的互动也对服务质量的稳定产生了影响。另外,很多服务都是在生产的同时就被消费掉,所以无法予以纠正。在工厂里的生产和商店里的销售之间是可以加上一个质量检查程序的,但是服务无法照办。除了客观上的服务生产不能延误的原因之外,客户也不会愿意耗费自己的时间来等待。除此之外,由于消费心理与观念的不同,客户对服务的质量也会有不同的看法。

3.1.2 物流产品市场生命周期

1. 产品市场生命周期的概念

产品市场生命周期是指一种产品从投入市场开始到退出市场为止所经历的全部时间,这段时间也称为产品市场寿命周期。它是指产品的经济寿命,即在市场上销售的时间,而不是产品的使用寿命。

产品市场生命周期可分为四个阶段:投入期、成长期、成熟期和衰退期(如图 3-2 所示)。

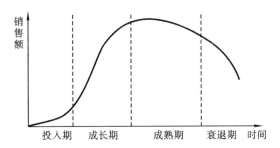

图 3-2 产品市场生命周期阶段图

资料来源:李祖武. 物流市场营销[M]. 北京:清华大学出版社,2008:97.

2. 物流产品市场生命周期的概念

作为一种特殊的产品,物流服务同实物产品一样,也存在其市场生命周期。物流产品市场生命周期指的是一项物流服务从投入市场直到完全退出市场所经历的时间。任何一项物流服务都会经历投入期、成长期、成熟期、衰退期的发展变化过程。物流产品在成熟期能延续的时间往往比较长。物流服务的形式和服务项目是多种多样的,但就某一种形式的物流服务来讲,其市场生命周期又是各不相同的。其中,有些物流服务项目已经进入成熟期,有些刚步入成长期,而有的则已经进入衰退期。

物流产品生命周期的概念可用来描述产品种类(物流服务)、产品形式(配送服务)和产品品牌。物流产品的生命周期是一个描述产品和市场如何运行的很有用的框架。但如果用于预测产品的表现或作为制定营销战略的依据,则可能会遇到某些问题。例如,管理人员可能没有办法识别出产品目前所处的生命周期,也无法肯定它什么时候会转向下一个阶段,同样也难以列举那些将影响产品生命周期形式的各种因素。产品生命周期不是一个用来确定产品使用寿命长短的预测手段,它是用来对市场效应、环境和竞争作出概念性解释的一个工具,可以帮助人们理解产品对各种刺激所作出的反应。如果能识别出产品生命周期的具体阶段,就会对延长产品生命周期产生很大的帮助。

3. 物流产品生命周期的特点

1) 投入期

新产品一投放到市场,便进入了投入期。此时客户对产品还不了解,除了少数追求新奇的客户外,几乎没有人实际购买该产品。在此阶段产品批量小,制造成本高,广告费用大,产品销售价格偏高,销售量极为有限,企业通常不能获利。

2) 成长期

当产品经过投入期,销售取得成功后,便进入了成长期。这是需求增长阶段,需求量和销售额迅速上升,产品成本大幅度下降,利润迅速增长。

3) 成熟期

经过成长期之后,随着购买者的增多,市场需求趋于饱和,产品就进入了成熟期。此时,销售增长速度缓慢直至转而下降,由于竞争的加剧,导致广告费用再度升高,利润下降。

4) 衰退期

随着科技的发展,新产品和替代品的出现以及消费习惯的改变,产品销售量和利润持续下降,产品相应进入了衰退期。产品的需求量和销售量迅速下降,同时市场上出现新产品和替代产品,使客户的消费习惯也发生改变。此时成本较高的企业就会由于无利可图而陆续停止生产,该类产品市场生命周期也就陆续结束,以至最后完全撤出市场。

4. 物流产品生命周期的策略

产品并不是在被导入市场后立即达到最高销量,也并不会永远保持最高销量。由于销量不同,在各个阶段的实物配送、分销策略也是不同的。

1) 投入期的策略

投入期从新产品推向市场后开始。因为产品还没有被广泛接受,所以销量并不大。通常,实物配送、分销战略是谨慎的,库存限制在相对少的地点,产品现货供应量有限。例如华宇物流,最先进入市场时只在上海等几个有限的市场设点,而现在在全国已有超过 630 个城市有其分公司。在投入期,由于货主还不熟悉物流企业,物流企业可以采取以下营销策略。

(1) 快速掠夺策略,即以高价格和高促销推出新服务产品。实行高价格是为了在每个单位的销售额中取得最大利润,高促销是为了引起目标市场的注意,加快市场渗透。成功地实施这一策略,可以获取较大的利润,尽快收回产品开发的投资。

实施该策略的市场条件是:市场上有较大的需求潜力;目标客户具有求新心理,急欲尝试新的物流服务方式,并愿意为此付出高价;企业面临潜在竞争者的威胁,需要及早树立品牌。

(2) 缓慢掠夺策略,即以高价格和低促销费用将新服务推入市场,高价格和低促销相结合可以使企业获得更多的利润。

实施该策略的市场条件是:市场规模相对较小,竞争威胁不大;市场上的大多数客户对该服务没有太多顾虑;适当的高价格能让市场接受。

(3) 快速渗透策略,即以低价格和高促销费用推出新服务。目的在于先发制人,以最快的速度打入市场,该策略可以给企业带来最快的市场渗透率和最高的市场占有率。

实施这一策略的条件是:服务市场容量很大;潜在客户对服务种类不了解,且对价格十分敏感;潜在竞争比较激烈。

(4) 缓慢渗透策略,即企业以低价格和低促销费用推出新服务。低价是为了使市场迅速地接受新服务,低促销费用则可以实现更多的利润。企业坚信该市场需求弹性较高,而促销弹性较少。

实施这一策略的基本条件是:市场容量较大,潜在客户易于或已经了解此项新服务且对价格十分敏感,有相应的潜在竞争者准备加入竞争行列。

2) 成长期的策略

如果产品得到市场认可,销量就可能会迅速增长。实物分销的计划工作在这一阶段尤为困难,通常没有销售的历史记录来帮助确定存储点的库存水平或决定使用几个存储点。在这一扩展阶段,配送、分销管理常常在管理人员的判断和控制下进行。但随着更多的客户对产品感兴趣,更多地区的产品现货供应率会迅速提高。

企业可以通过以下几种战略来尽可能地维持市场的快速增长。

(1) 提高产品质量,同时增加新的产品特色和式样。

(2) 进入新的细分市场,争取新的消费者。

(3) 进入新的分销渠道,进一步完善物流货物运输系统,稳定货源。

(4) 将某种广告的诉求目标从建立对产品的认知转向对产品的信任上,并推动购买。

(5) 在适当的时候降低价格,以吸引更多的购买者。

3) 成熟期的策略

产品的成长期可能相当短,但成熟期一般都要长一些,销售增长缓慢或稳定在最高水平。

(1) 调整市场。在这方面,有竞争意识的产品管理者会想办法增加人们对产品使用量。不断寻找新的市场需求,开发新的细分市场,增加客户使用量,并强化揽货业务能力。也可以对品牌进行重新定位,以吸引更大的和增长更快的细分市场。

(2) 调整产品。产品管理人员可以通过改变产品属性、质量、特色或风格,来吸引新的使用者和刺激人们购买更多的产品。质量改进战略主要是针对产品的性能,如耐用性、可靠性、及时性、经济性、准确性、完整性等方面展开的。

(3) 调整营销组合。产品营销者还可以通过改变一个或多个营销组合元素来努力增加营业额。可以通过降低价格来吸引新的使用者,拉拢竞争对手的客户。也可以采用更好的广告宣传,可以采取更积极主动的推销和其他促销手段,如暂时降价、召开物流技术研讨会等。企业还可以向购买者提供新的或更好的服务。

4) 衰退期的策略

由于技术变化、竞争或客户兴趣减退,多数产品的销量都会下降。为保持高效的配送、分销,必须调整产品运输和存货调度的模式。这样,存储点将减少,产品库存将下降,存放地点将更加集中。衰退期的营销策略有以下四种。

(1) 集中策略。把资金集中使用在最有利润的细分市场、最有效的销售渠道和最易销售的品种和款式上,即缩短战线,调整运输路线的结构和密度,减少衰退的航次、车次、航班,以最有利的市场赢得尽可能多的利润。

(2) 维持策略。保持原有细分市场和原有营销组合策略,把销售维持在一个低水平上,待到适当时机,便停止该运输路线的运营,退出市场。

(3) 榨取策略。大大降低销售费用,广告费用削减为零,大幅度精简人员等。虽然销售量有可能迅速下降,但是可以增加眼前利润。

(4) 放弃策略。当产品处于衰退期而且亏损严重时,管理人员也可以选择放弃该产品,转入其他产品的开发。

物流企业应根据产品生命周期不同阶段的特点实施不同的营销策略。尽量缩短产品的投入期,使消费者尽快熟悉和接受新品;设法保持与延长产品的成熟期,防止产品过早地被市场淘汰;对已进入衰退期的产品应明确是尽快以新产品替换老产品,还是通过促销使产品的生命力再度旺盛。

> 案 例

港口企业的产品策略

（1）做好员工培训，提高员工的服务意识，争取最大限度地赢得广大客户的信赖。港口企业要使广大员工尤其是业务一线员工充分认识到服务工作的重要性，牢固树立起"服务就是效益"的理念，规范员工的态度、行为、文明用语等，使员工充分重视服务中的细节，强调"态度决定命运，细节决定成败"的重要性，全面提升企业整体服务意识和水平。

（2）全力打造港口企业的服务文化，让服务工作真正渗透到每一位员工的日常工作中。要加强企业的文化建设，并将用户的满意程度融入企业文化之中，全面树立良好的企业形象，从多方面增强用户的实际感受。

（3）以竞争对手为参照，制定更高的服务目标，不断超越。港口应时刻关注竞争对手的服务质量，形成比竞争对手更胜一筹的特色服务。例如不断提高装卸效率、压缩船舶在港停时；简化业务流程，提高办单、计费、提货效率；加强货物保管，做好货物交接交付；提高货运质量、减少货运货差等。

（4）根据不同货类装卸、仓储等服务的特性，分别建立服务质量体系，包括客户需求分析、服务质量目标、服务质量承诺、服务质量控制、服务质量测评、服务质量改进等。

（5）面向市场，实施精确化管理，充分做好客户工作。港口应面向市场，研究市场，了解市场需要，掌握客户心理，细分客户市场和客户需求，建立客户档案，分清重点客户、目标客户、潜在客户等客户类型。针对不同类型的客户进行差异化的跟进服务，形成本企业特色的优质服务。要制定客户满意度调查表，定期发送给客户，以便改进服务，满足客户需求，赢得客户信任。同时还要建立客户投诉处理机制，对客户投诉的问题给予及时解决和反馈。

（6）建立服务绩效考核制度和服务缺陷反馈改进长效机制。港口企业应引导公司全体员工关注客户感知，从服务工作的细节入手，主动查找服务工作中的缺陷，及时掌握客户的需求变化，并加以改进，从而提高客户的感知价值和满意度。应以客户感知为衡量标准，将客户满意度纳入年度服务绩效考核指标，并且将服务绩效考核指标按照工作职责进行科学分解，对服务全过程进行监督和考核。

资料来源：中国论文下载中心（www.studa.net）。

3.1.3 物流新产品开发

1. 新产品的含义和种类

市场营销学中的新产品不同于一般意义上的新产品，它是一个相对的概念，同时不一定是最新发明的产品，是相对于企业而言的新产品。市场营销学上的新产品可定义为企业向市场提供的本企业从未生产经营过的产品。

基于新产品的含义，新产品可以分为以下几类。

1）全新新产品

全新新产品是指利用全新的技术和原理生产出来的产品。

2）改进新产品

改进新产品是指在原有产品的技术和原理的基础上,采用相应的改进技术,使外观、性能有一定进步的新产品。

3）换代新产品

换代新产品是指采用新技术、新结构、新方法或新材料在原有技术基础上有较大突破的新产品。

4）模仿新产品

模仿新产品又称为企业新产品,是指市场上已经存在而企业没有生产过的产品,或其他地区已经存在而在本地是第一次生产的产品。

2. 新产品开发的程序

1）新产品构思

案　例

哥伦布是15世纪的著名航海家。他历经千辛万苦终于发现了新大陆。

对于他的这个重大发现,人们给予了很高的评价和很多荣誉。但也有人对此不以为然,认为这没有什么了不起,话中经常流露出讽刺。

一次,朋友在哥伦布家中作客,谈笑中又提起了他航海的事情,哥伦布听了,只是淡淡一笑,并不与大家争辩。

他起身来到厨房,拿出一个鸡蛋对大家说:"谁能把这个鸡蛋竖起来?"

大家一哄而上,这个试试,那个试试,结果都失败了。"看我的。"哥伦布轻轻地把鸡蛋一头敲破,鸡蛋就竖立起来了。

"你把鸡蛋敲破了,当然能够竖起来呀!"有人不服气地说。

"现在你们看到我把鸡蛋敲破了,才知道没有什么了不起,"哥伦布意味深长地说:"可是在这之前,你们怎么谁都没有想到呢?"

过去讽刺哥伦布的人,脸一下子变得通红。

点评:营销的创新与哥伦布发现新大陆一样,结果出来后人们会评头论足,但是在这之前却没有人想到这一点,没有人去突破。所以努力研究营销规律,创造新的方法,其余的让别人去说吧,你只要能打动你的目标客户就行。

资料来源:李祖武. 物流市场营销[M]. 北京:清华大学出版社,2008:103-104.

构思不是凭空瞎想,而是有创造性的思维活动。新产品的构思实际上包括了两个方面的思维活动。

第一,是根据得到的各种信息,发挥人的想象力,提出初步设想的线索。

第二,是考虑到市场需要什么样的产品及其发展趋势,提出具体产品设想方案。

新产品构思,可以来源于企业内外的各个方面,客户则是其中一个十分重要的来源。据美国六家大公司调查,成功的新产品设想,有60%~80%来自用户的建议。一种新产品的设想,要提出多种方案,但一个好的构思,必须同时兼备两个要素。

（1）构思要非常奇特,具有创造性的思维,就需要"异想天开"。富有想象力的构思,才会形成具有生命力的新产品。

（2）构思要尽可能接近于可行,包括具有技术上和经济上的可行性。根本不能实现的设想,只能是一种空想。

2) 新产品筛选

从各种新产品设想的方案中,挑选出一部分有价值的进行分析、论证,这一过程就叫筛选。筛选阶段的目的不是接受或拒绝这一设想,而是在于说明这一设想是否与企业的目标相一致,是否具有足够的现实性和合理性,以保证有必要进行可行性分析。筛选要努力避免以下两种偏差。

第一,不能把有开发前途的产品设想放弃,失去成功的机会。

第二,误选了没有开发价值的产品设想,以致仓促投产,导致失败。

3) 编制新产品计划书

这是在已经选定的新产品设想方案的基础上,具体确定产品开发的各项经济指标、技术性能,以及各种必要的参数。它包括产品开发的投资规模、利润分析及市场目标;产品设计的各项技术规范与原则要求;产品开发的方式和实施方案等。这是制定新产品开发计划的决策性工作,是关系全局的工作,需要企业的领导者与各有关方面的专业技术人员、管理人员通力合作共同完成。这一步工作做好了,就为新产品的实际开发铺平了道路。

4) 产品设计

这是从技术经济上把新产品从设想变成现实的一个重要阶段,是实现社会或用户对产品特定性能要求的创造性劳动。新产品的设计直接影响到产品的质量、功能、成本、效益,影响到产品的竞争力。以往的统计资料表明,产品的成功与否,质量好坏,60%~70%取决于产品的设计工作。因而,产品设计在新产品开发的程序中占有十分重要的地位。

5) 新产品试制

这是按照一定的技术模式实现产品的具体化或样品化的过程。它包括新产品试制的工艺准备、样品试制和小批量试制等几个方面的工作。新产品试制是为实现产品大批量投产的一种准备或实验性的工作。因而无论是工艺准备、技术设施、生产组织,都要考虑实行大批量生产的可能性,否则,产品试制出来了,也只能成为样品、展品,只会延误新产品的开发。

同时,新产品试制也是对设计方案可行性的检验,一定要避免设计是一回事,而试制出来的产品又是另一回事。不然就会与新产品开发的目标背道而驰,导致最终的失败。

6) 新产品评定

新产品试制出来以后,要从技术、经济上对产品进行全面的检验和鉴定,这是一次重要的评定工作。对产品的技术性能的试验和测试分析是不可缺少的,主要内容包括:系统模拟实验、主要零部件功能的试验以及环境适应性、可靠性与使用寿命的试验测试、操作、振动、噪音的试验测试等。

对产品经济效益的评定,主要是通过对产品功能、成本的分析,通过对产品投资和利润目标的分析,通过对产品社会效益的评价,来确定产品全面投产的价值和发展前途。对新产品的评价,实际上贯穿开发过程的始终。这一阶段的评定工作是非常重要的。它不仅有利于进一步完善产品的设计,消除可能存在的隐患,而且可以避免产品大批量投产后可能带来的巨大损失。

7) 新产品试销

试销实际上是在限定的市场范围内,对新产品的一次市场实验。通过试销,可以实地检查新产品正式投放市场以后,消费者是否愿意购买,在市场变化的条件下,新产品进入市场应该采取的决策和措施。一次必要和可行的试销,对新产品开发的作用表现在以下三方面。

(1) 可以比较可靠地测试或掌握新产品销路的各种数据资料,从而对新产品的经营目标作适当的修正。

(2) 可以根据不同地区进行不同销售因素组合的比较,根据市场变化趋势,选择最佳的组合模式或销售策略。

(3) 可以根据新产品的市场"试购率"和"再购率",对新产品正式投产的批量和发展规模作出进一步的决策等。

8) 商业性投产

这包括新产品的正式批量投产和销售工作。在决定产品的商业性投产以前,除了要对实现投产的生产技术条件、资源条件进行充分准备以外,还必须对新产品投放市场的时间、地区、销售渠道、销售对象、销售策略的配合以及销售服务进行全面规划和准备。这些是实现新产品商业性投产的必要条件。不具备这些必要的条件,商品性投产就不可能实现,新产品的开发就难以获得最后的成功。

3. 新产品开发的策略

新产品的开发是企业产品策略的重要组成部分。新产品开发的主要策略有以下几方面。

1) 领先策略

这种策略就是在激烈的产品竞争中采用新原理、新技术、新结构率先开发出全新产品,从而先入为主,领略市场上的无限风光。这类产品的开发多属于发明创造性质,采用这种策略,投资数额大,科学研究工作量大,新产品实验时间长。

2) 超越自我策略

这种策略的着眼点不在于眼前利益而在于长远利益。这种暂时放弃一部分眼前利益,最终以更新更优的产品去获取更大利润的经营策略,要求企业有长远的"利润观"理念,要注意培育潜在市场,具备超越自我的气魄和勇气,不仅如此,更需要有强大的技术作后盾。

3) 紧跟策略

采用这类策略的企业往往针对市场上已有的产品进行仿造或进行局部的改进和创新,但基本原理和结构是与已有产品相似的。这种企业跟随既定技术的先驱者,以求用较少的投资得到成熟的定型技术,然后利用其特有的市场或价格方面的优势,在竞争中对早期开发者的商业地位进行侵蚀。

4) 补缺策略

每一个企业都不可能完全满足市场的任何需求,所以在市场上总存在着未被满足的需求,这就为企业留下了一定的发展空间。这就要求企业详细地分析市场上现有产品及消费者的需求,从中发现尚未被占领的市场。

宅急便的产品开发策略

宅急便受理货物的内容种类繁多,包括地方特产、企业文件、各种零件、划拨商品等,凡是各式各样的小货物,都可通过宅急便来运送。旅客乘飞机可以委托将行李在登机前运送到机场;

居住在乡下的长者,可以寄送昆虫、金鱼等小动物给住在城市的儿孙辈。有一次日本长崎发生大水灾,严重影响水源问题,住在外地的亲朋好友就寄送饮用水给生活受困的受灾者。宅急便对礼品市场的扩展,也有相当的贡献。单是每年的情人节、母亲节,宅急便的需求量就进入巅峰状态,即使一盒巧克力,也可以利用宅急便来寄送。特别是在情人节,没有勇气将巧克力亲手交给心中的女孩时,宅急便就成为可爱的"恋爱之神"。宅急便也给企业活动带来了方便,有许多企业利用宅急便来传送紧急的文件,连百货公司也利用宅急便作为"送货到家"的运送渠道。当今非常流行的邮购等通信销售,若不是宅急便的普及,也不可能有如此快速的发展。从利用宅急便运送货的客户来分析,法人占60%,个人占40%,法人利用的比率很高,由此可见宅急便对企业界的魅力。

日本人现在去打高尔夫球时,已经很少有人亲自背着高尔夫球杆去球场。大多数是利用高尔夫宅急便,将球具送到高尔夫球场,自己则空手前往。在打完球回程时,也是由宅急便送回自己家中,做到能够身轻如燕地去游玩。1983年12月,滑雪宅急便开始登场,日本长野是这一季节的滑雪胜地,每年都从其他外县涌入1100万名滑雪客。仅运送滑雪橇和随身货物,如果平均每人2件的话,往返就会有4400万件的货源。滑雪宅急便保证做到在滑雪的前一天将货物送达,一开始就得到客户的好评,特别是深受体力单薄的女性客户的喜爱。1987年8月,大和又推出了冷藏宅急便。温度分为5度(冷藏)、零度(冰温)和零下18度(冷冻)3种,货物以蔬菜、水果、鱼、肉等生鲜食品为主。在全部宅急便之中,生鲜食品占40%。冷藏宅急便开发后,这一比例又急速升高,说明在日本生鲜食品的输送需求极其旺盛。此外,大和运输又开拓了书籍服务,读者直接向书籍服务公司订购后,可以利用宅急便的配送网络,尽早地把书籍送到读者手中。

问题:1. 宅急便的各式产品是如何开发出来的?每款产品有什么特色?
  2. 宅急便物流产品开发策略对物流企业的启示是什么?

资料来源:曲建科. 物流市场营销[M]. 北京:电子工业出版社,2007:154.

3.1.4 物流产品组合策略

1. 物流产品组合的含义

物流产品组合是指物流企业为了满足不同客户的需求,开发的服务种类及服务产品的组合,是物流企业经营的全部产品线、产品项目的组合。

案 例

港口企业的产品就是服务。港口服务质量是港口企业生存发展的保证,是企业提高竞争力的源泉。港口服务质量的好坏是决定港口市场营销成功与否的关键因素,是港口开拓市场、占领市场的基石。现在,港口间的竞争已逐渐由传统的价格竞争转变为服务质量的竞争,因此,必须以"服务领先"为目标不断强化服务意识,全面加强服务工作管理、增加服务资源投入,通过创新服务模式、深化服务内涵、提升服务价值、创建服务比较优势,实现港口服务水平的稳步提升。

资料来源:杜敏,中国论文下载中心(www.studa.net)。

产品线是指许多产品项目的集合,这些产品项目之所以组成一条产品线,是因为这些产品项目具有功能相似、用户相同、分销渠道同一、消费上相连等特点。如某物流企业提供运输和仓储两项服务,运输和仓储就是两条产品线。

产品项目,即产品大类中各种不同品种、规格、质量的特定产品,企业产品目录中列出的每一个具体的品种就是一个产品项目。如上述物流企业的运输服务还包括国际海运、国内陆路运输和配送服务分别就是各个产品项目。

物流产品组合一方面反映了物流企业的经营范围;另一方面又反映了物流企业市场开发的深度。

物流产品组合取决于三个因素:物流产品组合的宽度、深度和关联性。物流产品组合的宽度是指物流企业的产品线数;物流企业各条产品线所拥有的产品项目数称为产品组合深度;各产品线之间所使用设施、操作手段、操作规程、服务对象等的相似和相关程度称为关联性。

2. 物流产品组合策略

物流产品组合策略是指物流企业根据市场状况、自身资源条件和竞争态势对产品组合的宽度、深度和关联性进行不同组合的过程。物流企业的产品组合是随着物流企业的发展和环境的变化而不断调整和灵活选择的。具体表现为扩大产品组合策略、缩减产品组合策略和产品延伸策略。

1) 扩大产品组合策略

扩大产品组合策略包括拓展产品组合的宽度和加强产品组合的深度。拓展产品组合的宽度是在原产品组合中增加一个或几个产品线,扩大产品经营范围;加强产品组合的深度是在原有产品线中增加新的产品项目。

扩大产品组合的方式包括以下几种。

(1) 在维持原有的质量和价格的前提下,增加同一产品的款式和规格。

(2) 增加不同质量与不同价格的同类产品。

(3) 增加相互关联的产品。

(4) 增加与现有产品使用同一材料或相同生产技术的其他产品。

(5) 增加可获得较高利润而与现有产品完全无关的产品。

2) 缩减产品组合策略

缩减产品组合策略就是减少产品组合的宽度和深度,即从企业现有的产品组合中剔除某种产品线或产品项目。当市场繁荣时,较长、较宽的产品组合会为许多企业带来较多的盈利机会;但当市场不景气或原材料、能源供应紧张时,缩减产品组合使企业可集中力量发展获利多的产品线和产品项目,反而可能使企业总利润上升。

缩减产品组合有三种方式。

(1) 保持原有产品组合的宽度和深度,即不增加产品线和产品项目而只增加产量、降低成本。

(2) 缩减产品线,企业根据自身特长和市场的特殊需要,只生产经营某一个或几个产品线。

(3) 缩减产品项目,即在一个产品线内取消一些利润较低的产品,尽量生产利润较高的少数产品。

3) 产品延伸策略

任何企业的产品都有其特定的市场定位,如将产品定位在高档、中档或低档。但这种定位不是永远不变的,它要随着企业内外部环境的变化进行相应的调整。产品延伸策略就是指全部或部分地改变企业原有产品的市场定位,具体做法有向下延伸、向上延伸和双向延伸三种。

(1) 向下延伸是指企业原来生产高档产品,后来决定增加中低档产品。

(2) 向上延伸是指企业原来生产低档产品,后来决定增加中高档产品。

(3) 双向延伸是指企业产品原定位于中档产品市场,当其掌握了市场优势以后,决定向产品线的上下两个方面延伸:一方面增加高档产品;另一方面增加低档产品扩大市场范围。

3.1.5 物流产品品牌策略

1. 品牌与品牌相关概念

1) 品牌和品牌的构成

如今越来越多的企业意识到品牌的重要性,品牌意识已深入人心,那么究竟什么是品牌呢? 美国市场营销学会对品牌的定义是,品牌是一种名称、术语、标记、符号或者设计,或是它们的组合运用,其目的是借以识别一个销售者,或是一群销售者的产品或服务,并使它区别于其他竞争对手的产品或服务。

品牌由品牌名称和品牌标志两部分构成。品牌名称是指品牌中可以用语言称呼的部分。例如,可口可乐、诺基亚、CCTV、联想、海尔等都是著名的品牌名称。品牌标志是指品牌中可以识别,但不能用语言称呼的部分,表现为符号、图像、图案等,如图 3-3 所示。

图 3-3 著名物流企业品牌的标志

资料来源:李祖武. 物流市场营销[M]. 北京:清华大学出版社,2008:108.

2) 品牌的内容

品牌从本质上来说是传递一种信息,一个品牌能表达以下六层意思。

(1) 属性。一个品牌首先给人带来特定的属性。例如"海尔"表现出的质量可靠、服务上乘,"一流的产品,完善的服务"奠定了海尔成为中国家电第一品牌的成功基础。

(2) 利益。一个品牌绝不仅限于一组属性,消费者购买的是利益而不是购买属性。属性需要转换成功能和情感利益。"质量可靠"会减少消费者维修费用,给消费者带来节约维修成本的利益,"服务上乘"则节约了消费者的时间,精减成本,方便了消费者。

(3) 价值。品牌能提供一定的价值。"高标准、精细化、零缺陷"是"海尔"体现的服务价值。

(4) 文化。品牌可能附加和象征了一种文化,"海尔"体现了一种文化,即"高效率、高品质"。

(5) 个性。品牌还能代表一定的个性,"海尔"的广告词"真诚到永远",一想到"海尔"就会想到其广告词和其"品牌标记",两个永远快乐的小伙伴。

(6) 使用者。品牌还体现了购买或使用这种产品的是哪一类消费者,这一类消费者也代表一定的文化、个性,这对于公司细分市场、市场定位有很大帮助。

所以,品牌是个复杂的符号。一个品牌不单纯是一种名称、术语、标记、符号或设计,或它们的组合运用,更重要的是品牌所传递的价值、文化和个性,它们确定了品牌的基础。

2. 品牌策略

1) 品牌化决策

企业决定是否给产品起名字、设计标志的活动就是企业的品牌化决策。历史上,许多产品不用品牌。生产者和中间商把产品直接从桶、箱子和容器内取出来销售,无需供应商的任何辨认凭证。

中世纪的行会经过努力,要求手工业者把商标显示在他们的产品上,以保护他们自己并使消费者不受劣质产品的损害。在美术领域内,艺术家在他们的作品上附上标记,这就是最早的品牌标记的诞生。

今天,品牌的商业作用特别为企业所看重,品牌化迅猛发展,已经很少有产品不使用品牌了。像大豆、水果、蔬菜、大米和肉制品等过去从不使用品牌的商品,现在也被放在有特色的包装袋内冠以品牌出售,这样做的目的自然是为了获得品牌化的好处。

使用品牌策略对企业有如下好处:有利于订单处理和对产品的跟踪;保护产品的某些独特特征免被竞争者模仿;为吸引忠诚客户提供了机会;有助于市场细分;有助于树立产品和企业形象。

2)品牌使用者决策

企业决定使用本企业(制造商)的品牌,还是使用经销商的品牌,或两种品牌同时兼用,叫做品牌使用者决策。

一般情况下,品牌是制造商的产品标记,制造商决定产品的设计、质量、特色等。享有盛誉的制造商还将其商标租借给其他中小制造商,收取一定的特许使用费。

近年来,经销商的品牌日益增多。西方国家许多享有盛誉的百货公司、超级市场、服装商店等都使用自己的品牌,有些著名国家(如美国的沃尔玛)经销的90%商品都用自己的品牌。同时强有力的批发商中也有许多使用自己的品牌,增强对价格、供货时间等方面的控制能力。

在现代市场经济条件下,制造商品牌和经销商品牌之间经常展开激烈的竞争,也就是所谓品牌战。一般来说,制造商品牌和经销商品牌之间的竞争,本质上是制造商与经销商之间实力的较量。

在制造商具有良好的市场声誉,拥有较大市场份额的条件下,应多使用制造商品牌,无力经营自己品牌的经销商只能接受制造商品牌。相反,当经销商品牌在某一市场领域中拥有良好的品牌信誉及庞大的、完善的销售体系时,利用经销商品牌也是有利的。因此进行品牌使用者决策时,要结合具体情况,充分考虑制造商与经销商的实力对比,以求客观地作出决策。

3)品牌名称决策

企业决定所有的产品使用一个或几个品牌,还是不同产品分别使用不同的品牌,这就是品牌名称决策。

(1)个别品牌决策。即企业决定每个产品使用不同的品牌。采用个别品牌名称,为每种产品寻求不同的市场定位,有利于增加销售和对抗竞争对手,还可以分散风险,使企业的整个声誉不致因某种产品表现不佳而受到影响,例如,"宝洁"公司的洗衣粉使用了"汰渍"、"碧浪";肥皂使用了"舒肤佳";牙膏使用了"佳洁士"。

(2)统一品牌决策。即企业的所有产品都使用同一品牌。对于那些享有高声誉的著名企业,全部产品采用统一品牌名称策略可以充分利用其名牌效应,使企业所有产品畅销。同时企业宣传介绍新产品的费用开支也相对较低,有利于新产品进入市场。如美国通用电气公司的所有产品都用 GE 作为品牌名称。

(3)个别品牌与企业名称并用。即企业决定其不同类别的产品采取不同的品牌名称,且在品牌名称之前都加上企业的名称。企业多把此种策略用于新产品的开发。在新产品的品牌名称前加上企业名称,可以使新产品享受企业的声誉,而采用不同的品牌名称,又可使各种新产品显示出不同的特色。如海尔集团就推出了"探路者"彩电、"大力神"冷柜、"大王子"冰箱和"小神童"洗衣机。

3. 品牌建设

品牌建设是一项系统工程,涉及企业经营管理工作的各个方面,一般来说品牌建设应做好如下工作。

1) 确保产品或服务质量,做到持之以恒

确保本企业产品具有优于竞争对手的产品质量是品牌建设的核心工作。著名品牌都是以卓越超群的质量来占领市场的。谁的产品质量好,谁就能赢得用户,谁就能取得较好的经济效益。没有质量作保证、作基础,尽管可能会一时吸引消费者,获得短期利益,但是经不住市场的考验,最终损害品牌已取得的良好形象。

2) 发展规模经济,增强企业实力

企业要参与市场竞争,还要靠实力。实力是基础,有了实力,才能有雄厚的资本,才能有能力进行宣传,进而扩大企业和品牌的影响力,拓宽产品的销路。因此,品牌建设必须解决发展规模问题。只有规模扩大了,品牌的影响力才会增强。

3) 加强科学管理,培养优秀人才

管理出质量,管理出名牌,管理出效益等观点已成为企业的共识。要取得优质的产品、良好的性价比,一方面要采用先进技术,降低损耗,另一方面也要通过加强管理以降低成本。而技术和管理,都离不开人才。能否吸引人才、能否造就优秀人才、能否留住优秀人才是保证产品的高质量,以及保持企业强大竞争力的关键。

4) 注重形象宣传,提高企业信誉

品牌建设离不开各种宣传,不宣传品牌知名度就不高。不同品牌的产品在市场上会出现不同的反映:形象模糊的,问津者少;形象清晰良好的,最容易得到消费者的青睐。因此产品的形象,直接影响产品的销售。在现代品牌的知名度和美誉度已成为评价企业的重要指标。因此,企业要参与竞争,就要积极地宣传自己的品牌,树立品牌形象和提高企业信誉。

5) 坚持开发创新,增强品牌活力

追求高质量和好信誉是品牌建设永不放弃的原则,但品牌生命的延续却离不开产品的不断创新。产品性能要随着技术的进步而不断提高,产品功能要随消费需求的变化而不断改变。切实抓好产品的开发与创新,是建设品牌的关键一环。对此,企业要深入市场调查,把握市场脉搏,按照市场需求有组织、有计划地去开发新产品。

小 结

1. 物流产品的概念、层次及特征

物流产品是一种服务性产品,是人们有意识地将人力或机械作业力应用到人或物上而产生的结果,包括不依赖客观事物而产生的行为、表现或努力;物流企业提供的物流服务包括仓库管理、集运、物流信息系统、车队管理、运输谈判、选择承运商、订单旅行、产品回收、订单处理、客户备用零件、产品安装、装配、库存补充和进出口等。物流产品分为三个层次:核心产品、形式产品和附加产品;物流产品=物品+服务+信息;物流产品的特征表现在9个方面:服务关系合同化、服务方式个性化、服务功能专业化、服务管理系统化、服务信息网络化、不可触知、生产者与服务分不开、时间短与不可储备、质量缺乏稳定性。

2. 物流产品市场生命周期

物流产品市场生命周期指的是一项物流服务从投入市场直到完全退出市场所经历的时间。任何一项物流服务都会经历投入期、成长期、成熟期、衰退期的发展变化过程。

3. 物流新产品开发的程序及策略

物流新产品开发的程序为新产品构思、新产品筛选、编制新产品计划书、产品设计、新产品试制、新产品评定、新产品试销和商业性投产；物流新产品开发策略有领先策略、超越自我策略、紧跟策略和补缺策略。

4. 物流产品组合及品牌策略

物流产品组合策略有：扩大产品组合策略、缩减产品组合策略及产品延伸策略；物流产品品牌策略有品牌化决策、品牌使用者决策和品牌名称决策。

思考题

1. 物流产品的概念、层次及特征是什么？
2. 物流产品生命周期可分为哪几个阶段？
3. 物流产品组合策略及品牌策略是什么？
4. 物流新产品开发的程序和策略是什么？

中外运摩托罗拉提供的物流服务

中外运空运公司是中国外运集团所属的全资子公司，华北空运天津公司是华北地区具有较高声誉的大型国际、国内航空货运代理企业之一。下面是中外运空运公司为摩托罗拉公司提供第三方物流服务的案例。

摩托罗拉的物流服务要求和考核标准如下。

1. 摩托罗拉公司的服务要求

1) 要提供24小时的全天候准时服务

主要包括：保证摩托罗拉公司与中外运业务人员、天津机场和北京机场两个办事处及双方有关负责人通信联络24小时通畅；保证运输车辆24小时运转；保证天津与北京机场办事处24小时提货、交货。

2) 要求服务速度快

摩托罗拉公司对提货、操作、航班、派送都有明确的规定，时间以小时计算。

3) 要求服务的安全系数高

要求对运输的全过程负责，要保证航空公司及派送代理处理货物的各个环节都不出问题，一旦某个环节出了问题，将由服务商承担责任、赔偿损失，而且当过失达到一定程度时，将被取消做业务的资格。

4) 要求信息反馈快

要求公司的计算机与摩托罗拉公司联网，做到对货物的随时跟踪、查询，掌握货物运输全过程。

5）要求服务项目多

根据摩托罗拉公司货物流转的需要，通过发挥中外运系统的网络综合服务优势，提供包括出口运输、进口运输、国内空运、国内陆运、国际快递、国际海运和国内提供的派送等全方位的物流服务。

2. 摩托罗拉公司选择中国运输代理企业的基本做法

首先，通过多种方式对备选的运输代理企业的资信、网络、业务能力等进行周密的调查，并给初选的企业少量业务试运行，以实际考察这些企业服务的能力与质量。对不合格者，取消代理资格。

摩托罗拉公司对获得运输代理资格的企业进行严格的月季度考评。主要考核内容包括运输周期、信息反馈、单证资料、财务结算、货物安全和客户投诉。

中外运空运公司的主要做法有以下几方面。

1）制定科学规范的操作流程

摩托罗拉公司的货物具有科技含量高、货值高、产品更新换代快、运输风险大、货物周转及仓储要求零库存等特点。为满足摩托罗拉公司的服务要求，中外运空运公司从1996年开始，设计并不断完善业务操作规范，并纳入了公司的程序化管理。对所有业务操作都按照服务标准和管理程序进行，先后制定了出口、进口、国内空运、陆运、仓储、运输、信息查询、反馈等工作程序，每位员工、每个工作环节都按照设定的工作程序进行，使整个操作过程井然有序，提高了服务质量，减少了差错。

2）提供24小时的全天候服务

针对客户24小时服务的要求，实行全年365天的全天候工作制度。周六、周日（包括节假日）均视为正常工作日，厂家随时出货，随时有专人、专车提供服务。在通信方面，相关人员从总经理到业务员实行24小时的通信通畅，保证了对各种突发性情况的迅速处理。

3）提供门到门的延伸服务

普通货物运送的标准一般是从机场到机场，由货主自己提货，而快件服务的标准是从"门到门"、"库到库"，而且货物运输的全程在严密的监控之中，因此收费也较高。对摩托罗拉的普通货物虽然是按普货标准收费的，但提供的却是门到门、库到库的快件服务，这样既提高了摩托罗拉的货物运输及时性，又保证了安全。

4）提供创新服务

从货主的角度出发，推出新的、更周到的服务项目，最大限度地减少货损，维护货主信誉。为减少摩托罗拉公司的货物在运输中被盗的事情发生，在运输中间增加了打包、加固的环节；为防止货物被雨淋，又增加了一项塑料袋包装；为保证急货按时送到货主手中，还增加了手提货的运输方式，解决了客户的急、难问题，让客户感到在最需要的时候，中外运公司都能及时快速地帮助解决。

5）充分发挥中外运的网络优势

经过50年的建设，中外运在全国拥有了比较齐全的海、陆、空运输与仓储、码头设施，形成了遍布国内外的货运营销网络，这是中外运发展物流服务的最大优势。通过中外运网络，在国内为摩托罗拉公司提供服务的网点已达98个城市，实现了提货、发运、对方派送全过程的定点定人、信息跟踪反馈，满足了客户的要求。

6) 对客户实行全程负责制

作为摩托罗拉公司的主要货运代理之一,中外运对运输的每一个环节负全责。对于出现的问题,积极主动协助客户解决,并承担责任和赔偿损失,确保了货主的利益。

  思考:1. 如何理解物流企业的产品和服务?
     2. "持续的产品创新是企业保持活力的关键",从本案例中你得到什么启示?
     3. 分析像中外运这样的运输服务公司在进行服务创新时的关键要素。

资料来源:中国大物流网(www.all56.com)。

3.2 物流产品定价策略

学习目标

1. 了解物流产品价格的制定、物流产品定价的目标及影响物流产品定价的因素。
2. 理解物流产品定价的方法。
3. 掌握物流产品定价的策略。

案 例

巴黎证券交易所附近有一家小餐馆,每天每道菜的价格根据点菜人的数量来决定,这道菜点的客人多就高价,反之则低价。顾客有两种选择:一是在开始点菜时就确定一个平均价格,以免在结账时当了冤大头;二是存有一定的侥幸心理,等就餐完毕后再结账。正由于该种独特的定价方式使得顾客盈门,生意兴隆。

  问题:1. 物流企业如何采用与该餐馆相类似的价格策略?
     2. 物流企业如何采取与该餐馆完全相反的定价策略?
     3. 该案例对物流企业的启发。

资料来源:曲建科. 物流市场营销[M]. 北京:电子工业出版社,2007:159.

3.2.1 物流产品定价概述

1. 物流产品价格的制定

价格是市场组合因素中十分敏感而又难以控制的因素,直接关系着消费者对产品的接受程度,影响着市场需求和企业利润,涉及生产者、经营者、消费者等各个方面的利益。价格策略对物流系统及其提供的服务也具有重要作用。价格策略中对客户的数量折扣结构将影响客户的订货规模。适合的折扣优惠,将吸引大量客户加大订货量;仓库的作业将趋向于处理大宗货物;搬运和运输作业都将营销策略变得简单而高效,这在实行配送制时尤为突出。因此,只有从营销和物流两个角度综合考虑,才能制定出一个能够满足营销和物流综合需求的定价策略。

2. 物流产品定价的目标

在市场经济中,企业的最终目的是使企业能生存、发展和壮大。为达到这一最终目标,企业必须适应瞬息万变的市场变化,这就必然会使企业在不同的时间内、不同的市场情况下确定不同的工作重点,以及近期和远期的不同发展目标,并努力采取各种措施去实现这些目标。

价格是企业为实现其目标所须运用的最重要的手段之一。企业的发展目标不一样,则为实现不同的目标所制定的产品价格就会不一样。因而,企业产品定价须按照企业的目标市场战略及市场定位战略的要求来进行。也就是说,在产品定价和企业目标之间,产品定价应服从和服务于企业目标。通常,企业定价目标有以下几种。

1) 维持企业生存发展

对于物流企业来说,当行业竞争日趋激烈或其提供的产品和服务在市场上大量过剩时,物流企业的发展目标就应是保障本企业在激烈的竞争中不至于被淘汰,维持企业的生存发展。此时,物流企业对其产品不宜制定过高的价格,否则易使该企业产品在市场上失去竞争力而危及其生存发展。

2) 实现企业利润最大化

当行业市场处于初始发展阶段,市场竞争相对较小或其提供的产品供不应求,以及企业产品或劳务在市场处于绝对有利地位时,企业可实行相对其产品成本来讲较高的价格策略,以获取超额利润,实现或接近实现利润最大化。如我国现阶段能提供高效优质物流产品或劳务服务(相对于其他大多数物流企业来讲)的物流企业可据此制定其产品价格。

3) 扩大市场占有率

在市场经济条件下,谁拥有市场,谁就能生存、发展并获得可观的回报。因此,占领更大的市场是所有企业都渴望的。当企业以扩大市场占有率为发展目标时,其产品或劳务的价格就应围绕着如何通过产品价格的变化来实现其市场占有率的增加来确定。如企业可制定尽可能低的产品价格或紧紧盯住主要竞争对手的产品价格适时变更本企业产品价格等。

4) 提高产品与服务质量

企业也可以考虑以产品质量领先作为其目标,并在生产和市场营销过程中始终贯彻产品质量最优化的指导思想。在物流企业中,因其提供的产品多数为各种劳务(看不见的产品),不同物流企业提供的劳务质量的高低会直接影响消费者的消费决定。当然,此时就要求物流企业用高价格来弥补因提高产品或劳务的质量而发生的高成本。

5) 获取投资利润

任何企业对于其所投入的资金,都希望获得预期的报酬,而且最好是长期的预期报酬。因此,企业在定价时多在产品成本外加预期利润。一般说来,预期利润应高于银行存款的利息率,也有的企业仅按合理的报酬率收取服务费用。

报酬率的确定,应经过谨慎的研究、分析及计算,所定价格能为客户所接受。同时,采用此目标应具备一定的条件:第一,企业在所属行业中居于领导地位,否则无法应付同行业的竞争;第二,通常是独家产品、低单位价格产品或高质量和标准化产品。

3. 影响物流产品定价的因素

价格策略或定价策略是市场营销组合的重要组成部分,是最复杂也是最难以决定的一个因素。从市场营销学的角度来说,定价是一门科学,也是一门艺术。在物流产品营销市场上,一般情况下各种有形产品定价的概念和方法均适用于物流产品定价,但是,由于物流产品受其产品特征的影响,企业与客户之间的关系通常比较复杂,物流企业定价不单单是给产品一个价格标签,物流产品的定价策略有其不同的特点。影响物流产品定价的因素主要有营销目标、成本、需求、竞争和其他因素。

1）营销目标

现代经济条件下的企业在实际定价之前，都必须依据企业的整个市场营销目标，拟定定价策略。

2）成本要素

众所周知，物流企业不可能随心所欲地制定产品或劳务的价格，物流服务价格的制定受众多因素的影响，在制定价格的过程中须分析相关的成本因素。但是不管怎样，产品的最低价格不能长期低于生产产品或劳务的成本，若产品价格长期低于产品成本，企业将无法经营。因此，物流企业在制定价格时，必须有所依据地估算成本，再参照同类物流企业提供物流服务的社会必要劳动成本，以此决定该物流企业的服务价格。对于物流企业而言，物流成本可以分为两种类型，即固定成本和变动成本。

（1）固定成本。

固定成本指不随产出而变化的成本，在一定时期内表现为固定的量，如建筑物、物流设施、办公家具的折旧费、管理人员的工资、维修成本等。

（2）变动成本。

变动成本指随着物流产品产出的变化而变化的成本，如燃料费、搬运费、邮寄费等。在物流行业中，固定成本在总成本中所占的比重较大，比如航空运输业，其固定成本的比重高达60%，因为它们需要昂贵的设备和大量的人力资源；而变动成本在总成本中所占的比重往往很低，甚至接近于零，如铁路。

在产出水平一定的情况下，物流产品的总成本等于固定成本和变动成本之和。物流企业在制定定价策略时，必须考虑不同成本的变动趋势。经验曲线有助于市场营销人员认识物流行业的成本变动。经验曲线（又称学习曲线）是指随着累计产量的提高单位成本下降的趋势。在这里，经验意味着某些特定的技术改进，正是由于改进了操作方法，使用了先进的工艺设备，以及经营管理方法的科学化，才形成一定规模的经济，进而导致企业成本逐步下降。

3）需求因素

企业的产品价格不同，就会导致不同水平的需求。需求曲线描述了某一价格水平与相应的需求量之间的关系。它表明在既定时间内，在可能设定的不同价格水平上，市场会购买的产品数量。在通常情况下，需求量与价格之间呈负相关关系，也就是说，价格越高，需求量越少。

案 例

由于港口集装箱经营市场的派生性，集装箱港口的需求价格弹性主要由区域港口集装箱市场的市场需求规模决定。一方面，由于集装箱港口行业本身的垄断性及国家在一定程度的宏观指导，需求规模的大小对港口集装箱服务价格的变化敏感度并不大，即需求价格弹性小。这样，即使港口服务价格出现一定波动，区域港口集装箱总吞吐量不会发生大变化。因为在区域经济中，交通运输流量在一定时间内呈现一定稳定性，绝大部分货源不会在一夜之间而转走其他港，另一方面，当集装箱服务价格变化，即使总体上集装箱价格变化不大，但对于各集装箱港口而言，会出现港口间集装箱货流的重新分配。

基本情况是：哪个港口收费价格低，部分货物就自然向其分流，这也是大多数区域港口间集装箱运输竞争的主要手段之一，其很大程度上扰乱了区域集装箱港口的市场结构。

因此，从集装箱运输的需求价格弹性影响因素而言，由于市场服务的派生性，为保持各港口的良性发展及获得一定经济效益,港口集装箱经营应是一个行业集中度较高、带有一定自然垄断性的市场,同时又需要政府参与对基本服务价格的宏观调控。

资料来源:锦程物流网(www.jctrans.com)。

4) 竞争因素

市场竞争状况直接影响着企业定价策略的制定。在产品差异性较小、市场竞争激烈的情况下,企业制定价格的自主性也相应缩小。市场竞争所包含的内容很广,比如,在交通运输行业,企业之间的竞争不仅有不同品种之间的竞争,而且在不同运输工具之间、对客户的时间和金钱的利用方式之间都存在着竞争。总而言之,凡是物流产品之间区别很小而且竞争较激烈的市场,都可制定相当一致的价格。此外,在某些市场背景之下,传统和惯例可能影响到定价(如广告代理的佣金制度。)

5) 其他因素

当营销环境急剧变化时,物流企业制定定价策略还应考虑许多相关因素的影响,如国际国内的经济状况、通货膨胀、利率、汇率、政策法令等。对于物流企业而言,行业特征也是影响物流产品定价的重要因素,而且不同的物流产品和市场状况对行业特征造成的影响也不同。

3.2.2 物流产品定价方法

通常,企业制定价格是一项很复杂的工作。对于物流企业来讲,因其产品是向用户提供劳务服务,产品是无形的,因此,影响产品价格的因素相对于有形的产品(如汽车等)来讲,就会显得更复杂、更难以把握。应从熟悉物流企业的产品情况入手,并在此基础上全面分析产品的影响因素,灵活运用各种定价方法和技巧,才能更好地制定物流企业产品的价格。

1. 成本导向定价法

成本导向定价法是指企业依据提供物流服务的成本决定物流的价格。这里所讲的成本,指产品的总成本,包括固定成本和变动成本两个部分。

从经济学角度来讲,企业是以盈利为目的的经济组织,为了保持和提高企业的竞争能力,企业必须通过销售其产品来收回付出的成本,并在此基础上获得相应的利润回报。因此,制定相关产品的价格就必须考虑产品的成本和利润。这种方法的特点是简便、易用。但也是最不以消费者为导向的方法,由此制定出来的产品价格还需由消费者的反应来确定其定价的科学性、合理性。

成本导向定价法中最常用的有成本加成定价法和目标利润率定价法两种具体方法。

1) 成本加成定价法

这是成本导向定价法中应用最广泛的定价方法。所谓成本加成就是在单位成本上附加一定的加成金额作为企业盈利的定价方法。其计算公式为:

$$P = C(1+R)$$

式中　P——单位产品价格;

　　　C——单位产品成本;

　　　R——成本加成率或预期利润率。

成本加成定价法,在企业的产品生产成本小于或等于相同产品的社会必要生产成本时是合理的、有效的,而当企业的产品生产成本大于相同产品的社会必要生产成本时,采用此方法就有可能导致产品滞销。

2)目标利润率定价法

这是根据企业所要实现的目标利润来定价的一种方法。同成本加成法相比,成本加成法是以产品成本为出发点来制定产品价格的,而目标利润率定价法的要点是使产品的售价能保证企业达到预期的目标利润率。企业根据总成本和估计的总销售量,确定期望达到的目标收益率,然后推算价格。

目标利润率定价法的基本公式为:

单位产品价格＝(固定成本＋可变成本＋目标利润)/预计销量

目标利润定价法计算比较简单,实现一定的销售额后即可获得预期的利润。它的特点是有利于加强月管理的计划性,可较好地实现投资回收计划。但要注意估算好产品售价与期望售价之间的关系,尽量避免确定了价格而销量达不到预期目标的情况出现。

2. 需求导向定价法

需求导向定价是指按照客户对商品的认知和需求程度制定价格,而不是根据卖方的成本定价。这类定价方法的出发点是客户需求,认为企业生产产品就是为了满足客户的需要,所以产品的价格应以客户对商品价值的理解为依据来制定,若成本导向定价的逻辑关系是:

成本＋税金＋利润＝价格,

则需求导向定价的逻辑关系是:

价格－税金－利润＝成本。

需求导向定价方法一般是在服务未进行之前,在物流企业进行市场调研阶段,通过广收信息、资料,搞清客户对物流企业的要求及对价格水平反映的同时,逐步形成双方都愿意接受的价格水平。

虽然需求导向定价法是从客户的需求和欲望出发来确定产品价格的,但这并不意味着所提供的产品价格是最低的。

需求导向定价的主要方法包括理解价值定价法、区分需求定价法和习惯定价法三种。

1)理解价值定价法

理解价值定价法,即企业根据消费者对商品或劳务价值的认识而不是根据其成本来制定价格的定价方法。也就是根据消费者对产品价值的理解,即产品在消费者心中的价值来确定产品价格水平的一种方法。企业利用各种营销因素,从提供的服务质量、价格等方面,为企业树立一个良好形象,再根据客户对这个形象的理解定价。

理解价值定价法的关键,在于企业能正确地估计用户所能承受的价值。如果企业过高地估计认知价值,定价必然偏高,从而会影响销量;反之,如果过低地估计认知价格,则会定出偏低的价格,不能实现营销目的。而无论定价偏高还是偏低,都会给企业带来损失。因此,为避免出现这类问题,企业在定价前要认真做好营销调研工作,将自己的产品与竞争产品仔细比较,正确把握客户的感受价值,并据此进行定价。

美国沃尔弗林公司生产了一种软猪皮便鞋,名为"安静的小狗"。这种鞋定价要多少合适呢?他们打算定价在 5 美元上下,却不知道消费者是否认可。于是,就先进行试销,先把 100 双鞋无偿交给 100 名客户试穿。待 8 周后,公司派人登门收鞋,如有人想留下鞋子,就交 5 美元。

后来,多数客户留下了鞋子。得到这个消息,公司马上把价格定在7.5美元一双,并开始大张旗鼓地生产。这次销售获得了极大成功。

点评:有时候"明白"了客户的"认可"标准之后,你的定价才会更贴近市场,你的产品才会真正获得成功。

资料来源:李祖武. 物流市场营销[M]. 北京:清华大学出版社,2008:128.

2) 区分需求定价法

区分需求定价法,就是企业在不同季节、不同时间、不同地区,针对不同供应商的适时变化情况,对价格进行修改和调整的定价方法。例如,物流企业从事运作的区域,可以分线路、分车型、分业务量进行公路运输定价。

成本相同的同一产品,对于不同客户,既可照价目表出售,也可以通过讨价还价给予一定的折扣。不同季节、日期、时间可以规定不同的价格。实行这种区分需求定价要注意一些问题:如市场要能够细分并能掌握其需求的不同;要确实了解到细分市场的竞争者不可能以较低价格经销;差别价格不致引起客户反感。

3) 习惯定价法

习惯定价法是企业依照长期被客户接受的价格来定价的一种方法,又称便利定价法。是企业按照一种长期被客户接受、承认,并已成为习惯的价格来定价的一种方法。

在物价稳定的市场上,有许多产品或服务以习惯按某一价格购买,即使成本降低,也不能轻易减价,否则容易引起消费者对产品或服务质量的怀疑。反之,生产成本增加,也不能轻易涨价,只能靠薄利多销来弥补低价的损失,否则将影响其销路。例如,当每公里的运输价格确定后,即使燃料的价格发生变动,其运输价格也不应变动。

3. 竞争导向定价法

在目前的市场经济条件下,企业的生产能力往往过剩,导致许多产品在市场上出现积压。企业为了将自己的产品销售出去获取利润,经常会采取各种措施来提高自身企业产品的竞争能力,如降低成本、提高产品质量、提高服务水平等,以便在与对手的竞争中保持或提高其原有的市场份额。

通过制定合理的产品价格来提高竞争力也是企业常用的措施。因此,以竞争对手的价格作为依据来制定价格也是企业常用的定价方法,即所谓的竞争导向定价法。这种定价方法主要有三个特点。

第一,价格与商品成本和需求不发生直接关系。

第二,商品成本或市场需求变化了,但竞争者的价格未变,就应维持原价。

第三,成本或需求都没有变动,但竞争者的价格变动了,则相应的调整其商品价格。

竞争导向定价法主要包括:随行就市定价法、产品差别定价法和投标定价法三种。

1) 随行就市定价法

随行就市定价法是指企业某产品价格保持在市场平均价格水平上,利用这样的价格来获得平均报酬。随行就市定价法是一种防御性的定价方法。

这是以同行业的平均现行价格水平或"市场主导者"(指在相关产品市场上占有率最高的企业)的价格为标准来确定本企业价格的方法。这种定价方法以竞争对手的价格为依据,在下列情况下往往可考虑采取这种定价方法。

(1) 产品难以估算成本。

(2) 企业打算与同行业和平共处。

(3) 如果另行定价会很难了解消费者对本企业的价格的反应。

2) 产品差别定价法

产品差别定价法是指企业通过不同的营销努力，使同种同质的产品在消费者心目中树立起不同的产品形象，进而根据自身特点，选取低于或高于竞争者的价格作为本企业产品的价格。产品差别定价法是一种进攻性的定价方法，其运用条件有以下几点。

(1) 必须具备一定的实力，在某一行业或某一区域市场占有较大的市场份额，消费者能够将企业产品与企业本身联系起来。

(2) 在质量大体相同的条件下实行差别定价是有限制的，尤其对于定位为"质优价高"形象的企业来说，必须支付较大的广告、包装和售后服务方面的费用。

(3) 从长远来看，企业只有通过提高产品质量，才能真正赢得消费者的信任，才能在竞争中立于不败之地。

3) 投标定价法

投标定价法一般是由买方公开招标，卖方竞争投标，密封递价，买方按物美价廉的原则择优选取，到期当众开标，中标者与卖方签约成交。这种方法往往是在买方市场(即产品供大于求的市场)中，由买方掌握主动权来运用。运用此种方法和拍卖定价法时，企业对产品的定价权实际上在某种程度上转移到了买方。

从企业来讲，为了能够以合理、科学的价格中标，必须认真选择和确定投标价格。

(1) 要分析招投标条件和企业的主客观情况及能否适应招标项目的要求。

(2) 计算直接成本，拟订报价方案。

(3) 分析竞争对手的特点和可能的报价，估计中标概率。

(4) 计算每个方案的期望利润，并据此选择投标价格。

一般来说，期望利润与报价成正比，而与中标概率成反比。其计算公式为：

$$期望利润 = (报价 - 估计成本) \times 中标概率$$

3.2.3 物流产品定价策略

前述定价方法是依据成本、需求和竞争等因素决定产品或劳务基础价格的方法。基础价格是当时单位产品在生产地点或者经销地点的价格，尚未计入折扣、折让、运费等对商品或劳务价格的影响，但在市场经济条件下，随着企业的增多，竞争的加剧，现实中的产品或劳务市场往往是处于动态变化之中的。为了适应市场的这种变化，在物流市场营销实践中，企业还需考虑或利用灵活多变的定价策略，修正或调整商品或劳务的基础价格。

1. 新产品定价策略

新产品定价策略主要包括以下几种。

1) 取脂定价

取脂定价是将新产品的价格定在远远超过其成本的水平，以求在短期内获得高额利润的定价策略。如果新产品具有非常明显的"新、奇、特"等特征，采用这种定价策略可以使企业短期内获得巨大的市场利润回报。但是，采用这种策略会导致激烈的市场竞争，从而使价格下降，高额利润消失。

案　例

独一无二的产品才能卖出独一无二的价格。某地有一家商店进了少量中高档女外套,进价为每件580元。该商店的经营者见这种外套面料、做工都很好,色彩、款式也很新颖,在本地市场上还没出现过,于是定出每件1280元的高价,居然很快就销售完了。

点评:如果你推出的产品很受欢迎,而市场上只你一家,就可以卖出较高的价格。一旦市场上开始出现模仿者,你要保持高价,就必须不断推出更多的独特新产品。

资料来源:李祖武. 物流市场营销[M]. 北京:清华大学出版社,2008:132.

2) 渗透定价

与取脂定价相比,渗透定价通过将新产品价格定在略高于产品成本的水平,强调"薄利多销",采用渗透定价的新产品应该有足够的市场购买规模。

3) 满意定价

满意定价介于取脂定价和渗透定价之间,是指企业将新产品价格定在买卖双方都能获利的适中水平。

2. 折扣与折让策略

物流企业为了鼓励客户及早付清货款,大量购买、淡季购买,还可酌情降低其基本价格,这种价格调整叫价格折扣、折让。

案　例

日本美佳西采取了折扣销售法,具体方法是这样的:先发一公告,向客户介绍某商品的品质、性能等一般情况;再宣布此商品打折扣的销售天数及具体日期,最后说明折扣的办法,第一天打九折,第二天打八折,第三天、第四天打七折,第五天、第六天打六折,以此类推,到第十五天、十六天打一折。

这种折扣方法的实践结果是:第一天、第二天客户并不多,来的人多半是来打听虚实和看情况的。第三天、第四天渐渐多了起来,第五天、第六天打六折时,客户像潮水般地涌向柜台争购。以后连日爆满,没到折扣售货日期,这种商品早已售完。

点评:人们当然希望买到质量好又便宜的货,最好能买到一折价格出售的货,但是有谁能保证你想买时还有货呢?

资料来源:李祖武. 物流市场营销[M]. 北京:清华大学出版社,2008:132.

1) 现金折扣

现金折扣是对按约定日期或提前以现金付款的客户,根据其所购产品原价给予一定的优惠。例如,典型付款期限折扣按下式表达:"2/10,净30。"表示付款期限为30天,如客户在10天内付款,给予2%的折扣;超过10天付款,不给折扣;超过30天付款,通常要加收较高的利息。

2) 数量折扣

数量折扣是根据每次或某一时间段内的客户需要服务业务的数量或金额的大小,分别给予买家不同的价格待遇的定价技巧。通常它是以交易活动中最小数量的价格作为基础价格,凡超过数量起点的交易,卖方给予买方一定的价格折扣,数量越大,折扣越大,成交价格也越低。数量折扣可分为累计折扣和非累计折扣。

累计折扣就是规定在一定时间内购买总数达到一定数额时,按总量给予一定的折扣。采用这种技巧的目的在于鼓励客户集中向一个企业多次进货,从而使其成为企业长期或固定客户。

非累计数量折扣是指固定客户一次购买达到一定数量或购买多种产品达到一定金额的为一批量,并据此给予一定价格折扣。采用这种技巧能刺激客户大量购买,增加赢利,同时减少交易次数与时间,节约人力、物力等开支。

3) 季节折扣

季节折扣是指企业在淡季给予客户一定的价格折扣,以刺激客户需求。例如,客户对冷冻车的需求在冬天和夏天不一样,冬天可以给客户一定的折扣。

3. 心理定价策略

心理定价技巧主要是通过分析和研究客户的消费心理,利用客户不同的心理需求和对不同价格的感受,有意识地运用到产品或服务定价中去,以促进产品的销售。

1) 声望定价

企业利用客户仰慕企业的良好声望所产生的某种心理,在制定商品或服务的价格时故意把价格定得较高。一般来说,高端服务的定价适宜采用此法,因为客户有崇尚名牌的心理,往往以价格判断质量,认为高价格代表高质量。

2) 招徕定价法

企业利用客户的求廉心理,将某些服务价格定得较低(低于正常价格,甚至低于成本)以吸引消费者。例如,大客户对建立企业的市场形象和品牌是有利的,在充分竞争的环境下,大客户往往是物流公司争相合作的对象,所以提供给大客户的服务价格偏低,甚至不赢利。

4. 区域定价策略

一般说来,一个企业的产品不仅卖给当地客户,而且可能同时卖给外地甚至外国客户。卖给外地客户,对于物流企业而言,则要增加运输费用、装卸费用和仓储费用。

1) 运输费用

运输费用主要包括以下三点。

(1) 人工费用:如工资、福利费、奖金、津贴和补贴等。

(2) 运输费用:如营运工具的燃料费、轮胎费、折旧费、维修费等。

(3) 其他费用:如差旅费、事故损失费、相关税金等。

2) 装卸搬运费

装卸搬运费主要包括以下四点。

(1) 人工费用:人工工资、福利费、奖金、津贴等。

(2) 营运费用:如固定资产折旧费、维修费、能源消耗费、材料费等。

(3) 装卸搬运合理损耗费:如装卸搬运中发生的货物破损、散失等。

(4) 其他费用:如办公费、差旅费等。

3) 仓储费用

仓储费用主要包括以下四点。

(1) 仓储持有成本:如仓储设备折旧、维修费用,仓库职工工资等。

(2) 订货或生产准备成本:订货成本是指企业为了实现一次订货而进行的各种活动的费

用,包括处理订货的差旅费、办公费等支出;生产准备成本是指当库存的某些产品不由外部供应而是由企业自己生产时,企业为生产一批货物而进行准备的成本。

(3) 缺货成本:是指由于库存供应中断而造成的损失,包括原材料供应中断造成的停工损失、产品库存缺货造成的延迟发货损失和丧失销售机会的损失等。

(4) 在途库存持有成本:该成本只是在某些情况下,如产品在客户所在地交货时才考虑。

所谓区域定价策略,就是企业要决定对于提供给不同地区(包括当地和外地不同地区)客户的某种产品,在综合考虑上述费用增加的基础上,分别制定不同的价格。

5. 价格调整策略

价格调整策略就是根据交易对象、交易时间和地点等方面的不同,制定出两种或多种不同价格以适应消费者的不同需求,从而扩大销售,增加收益。

1) 价格调整策略的主要形式

(1) 按不同的客户差别定价。即企业按照不同的价格把同一种商品或服务卖给不同的客户。如物流企业可针对客户是新客户还是老客户,是长期固定客户还是一次性客户,在运输、仓储、包装、配送、装卸搬运、流通加工等的劳务服务收费上给予不同的价格。

(2) 定制化价格。这种定价方法是将客户群分为不同的细分市场,根据每一个细分市场对价格和服务质量层次的需求,分别制定出不同的服务组合和价格。

(3) 按产品部位差别定价。企业对于处在不同位置的产品或服务分别制定不同的价格,即使这些产品或服务的成本费用没有差别。例如,物流企业可根据不同商品在保管时环境条件导致的位置差别收取有区别的费用,以使位置等条件较差的仓库也能有货物存放并取得仓储费用收入。

2) 价格调整定价的适用条件

企业采取价格调整定价必须具备以下条件。

(1) 市场必须是可以细分的,而且各个市场部分须表现出不同的需求程度。例如,物流市场可细分为运输市场、装卸搬运市场、包装市场、配送市场、流通加工市场、客户服务市场等,而且这些市场还可以细分,如运输市场又可分为汽车、火车、轮船、飞机运输市场等。不同的物流企业可根据自身的实力及特点等,选择一个或多个细分市场作为目标市场来开展业务。

(2) 以较低价格购买某种产品的客户没有可能以较高价格把这种产品倒卖给别人。

(3) 竞争者没有可能在市场上以低价竞销。

案 例

美国有一家快递公司突然发现冒出了一个报超低价的竞争对手,老客户纷纷被新公司所吸引,并要求快递公司降价。快递公司经过计算,认为如按照竞争对手的价格降价的话,无法快捷准确地送货。于是,他们向客户说明了情况,表示低价收费无法提供令人满意的服务。客户反复考虑后,还是与新公司签订了合同。

老牌快递公司丢了不少业务,但他们不为一时的得失所动,静待变化。果然不出所料,新公司低于成本的收费使之难以兑现他们的承诺,送货经常出现问题,客户们又回头来与老牌快递公司进行合作了。

点评:"以利合,必以利分。"贪图眼前的利益组成的联合体,必将不能保证长期获利而解散。

资料来源:李祖武. 物流市场营销[M]. 北京:清华大学出版社,2008:132.

(4) 细分市场和控制市场的成本费用不得超过因实行价格歧视而得到的额外收入,这就是说,不能得不偿失。

(5) 价格歧视不会引起客户反感而放弃使用企业服务,影响销售。如在物流企业中,不能因采取客户差异定价后,导致新老客户收费不同,而使从新客户处获得的额外收入反而小于由此而导致的老客户流失所给企业带来的损失。

(6) 采取的价格歧视不能违反法律法规的规定。

小 结

1. 物流产品定价的目标

物流企业产品定价的目标有:维持企业生存发展、实现企业利润最大化、扩大市场占有率、提高产品与服务质量、获取投资利润。

2. 影响物流产品定价的因素

影响物流产品定价的因素有:营销目标、成本要素、需求因素、竞争因素和其他因素。

3. 物流产品定价的方法

物流产品定价的方法有:成本导向定价法、需求导向定价法和竞争导向定价法。成本导向定价法最常用的有成本加成定价法和目标利润率定价法;需求导向定价法主要包括理解价值定价法、区分需求定价法和习惯定价法;竞争导向定价法主要包括随行就市定价法、产品差别定价法和投标定价法。

4. 物流产品定价策略

物流产品定价策略有新产品定价策略、折扣与折让策略、心理定价策略、区域定价策略和价格调整策略。

思 考 题

1. 物流产品定价的目标及影响物流产品定价的因素是什么?
2. 物流产品定价的方法有哪几种?
3. 物流产品定价的策略是什么?

案 例

好事多的低价策略

好事多一直认为会员到好事多不是来采购奇特的东西,不是来寻求低价,而是想获得价值。因此,好事多20多年来一直朝着为客户提供卓越的价值的方向前进。什么是价值? 好事多认为,价值=商品/价格,好事多要做的就是将最好的商品/服务以最低的价格提供给会员,这也是好事多公司的使命。

低价是好事多一贯坚持的经营理念。在好事多,毛利范围在1%～14%,整个连锁仓储店的平均毛利只有9%～12%。好事多的计算机系统不允许将任何东西的价格标高14%,但也不会低于1%。假设好事多购买了一批Calvin Klein牛仔裤,在一家典型的货色齐全的商店这种牛仔裤会以每条45美元到50美元的价格出售。但是好事多却只能以每条28美元到30美元的价格出售,尽管以每条33美元的价格,即20%的利润率出售是很容易的。这种规定从来没有被打破过,也永远不会被打破。

而沃尔玛的山姆会员店则显得中规中矩,它以比别的对手低的价格提供商品,赚取合理的利润。简单概括就是:薄利多销,天天平价。通过比别的商店低的价格来吸引更多的客户,而且商店的每个普通员工,只要看到其他地方的商品更便宜,都有权给沃尔玛的任何产品降价。

在价格的利用上,好事多的原则是要让会员感觉到实实在在的价值。好事多让会员以超低价格买到基本的生活用品,将节约下来的钱用来买那些昂贵的奢侈品以炫耀自己。正是在这种心理的作用下,好事多成为很多会员心目中一个让人激动的购物去处,会员在这里可以体会到最大的价值。另外,好事多通过提供几款在别的超市很容易碰到的商品,并定以低价,可以使客户在好事多购物的时候很容易作出比较,这些可比点可以加深客户对好事多高价值的印象,使其感受到真正的价格实惠。

山姆会员店在价格的利用上不像别的商家那样强调心理技巧,表现得更加朴实,没有什么华丽的东西,即商品总是以最低的价格销售,强调天天低价。不是一种或若干种商品以低价销售,而是所有商品都是以最低价销售;不是在一时或一段时间内以低价销售,而是常年都以最低价格销售。

在商品上,好事多强调名牌,以提供最高品质的全国品牌和地区性品牌、100%的满意保证和低于传统的批发商或零售渠道的价格而著称。在好事多的商店里有很多著名的品牌。

如果某一类商品找不到很出名的品牌,好事多就会以其自有品牌Kirkland Signature推出这类商品,当找到合适的品牌时再用其取代自有品牌。好事多的商品的类别很全,几乎所有的商品都包括,甚至包括棺材。但是同类商品却很少,通常只提供那些非常畅销的高档次的品牌,所以给消费者的选择空间很小。

而山姆会员店的商品不仅类别很全而且同类商品也很多,因此它的商品数量大大多于好事多,消费者有更大的选择空间。但在商品的档次上,山姆会员店的商品比好事多低很多,大多数都是低价位、一般档次的商品。

在商品的摆放上,好事多显得很没有次序,消费者要得到自己想要的商品,可能要花不少的时间来寻找,这样消费者可能在寻找的过程中购买其他的商品。另外,这种方式可以为消费者提供一种神秘、刺激的感觉,特别是当消费者找到那些非常便宜、超值的商品时。

山姆会员店则不一样,你可以通过指示牌迅速地找到自己想要的商品,而不用花费很多时间。

山姆会员店的天天低价对那些收入不是很高的人群来说是非常适合的,但好事多的最低价格+最好的商品策略却颇能迎合那些较高收入的消费人群的要求。随着生活水平的提高,人们自然会提高消费商品的档次,此时好事多可能就是最好的选择了,因为好事多被称为是高收入人群最理想的购物场所。还有现代消费者特别是年轻的消费者越来越强调品牌,而好事多提供的那些名牌产品,对他们有巨大的吸引力。可以说随着经济的不断发展,好事多的增长空间可能会比山姆会员店更加巨大,这不可能不令沃尔玛害怕。

思考:1. 通过案例分析物流企业定价时应考虑哪些因素?
2. 物流企业应怎样制定定价策略才能使企业立于不败之地?

资料来源:牛鱼龙. 美国物流经典案例[M]. 重庆:重庆大学出版社,2008.

3.3 物流分销渠道策略

学习目标

1. 掌握物流分销渠道的概念、类型。
2. 了解物流分销渠道的系统、设计步骤和管理。

案　例

中远国际货运有限公司（中货）

中国商品走向世界，有一个令人尊敬并值得骄傲的推动力量——中远国际货运有限公司（以下简称中货），一家占有国内货运市场十分之一份额的货运巨无霸。中货以立足中国、服务全球为经营大格局，年出口量达 10000 箱，TEU 以上的网点近 50 个，为中远集装箱船队提供了强有力的资源支持和最可靠的服务保障。中货目前有 311 家网点，这些网点分布于全国 29 个省区的 100 多个城市，基本覆盖了全国重要的货运流通地区，包括新疆、青海、西藏这样的内陆省份的城市都有分布。中货在网点建设上的一系列措施，使网络优势得到了充分发挥，中货在 2004 年、2008 年实现了两位数的增长。

资料来源：黄福华，李坚飞．物流营销[M]．大连：东北财经大学出版社，2009：189．

3.3.1 物流分销渠道的概述

1. 物流分销渠道的概念

物流分销渠道是指某种货物和劳务从生产者向消费者转移时取得这种货物和劳务的所有权或帮助转移其所有权的所有企业和个人。它主要包括商人中间商、代理中间商，以及处于渠道起点和终点的生产者和消费者。在商品经济条件下，产品必须通过交换，发生价值形式的运动，使产品从一个所有者转移到另一个所有者，直至消费者手中，这称为商流。同时，伴随着商流，还有产品实体的空间移动，称之为物流。商流与物流相结合，使产品从生产者到达消费者手中，便是分销渠道或分配途径。

2. 物流分销渠道类型

一般而言，物流市场营销以直销的形式最为普遍，而且渠道也最短。但也有一些物流企业采用一个或者多个中介机构的销售渠道。因此，直销并不是唯一的分销渠道。

按流通环节的多少，可将分销渠道划分为直接渠道与间接渠道，间接渠道又分为短渠道与长渠道。

1) 直接渠道与间接渠道

直接渠道是指物流企业直接将服务产品销售给客户，无须中间商参与。这是最适合物流服务产品的配送形式。当物流企业选择直销渠道时，往往是为了获得某些特殊的营销优势。这些优势表现在以下几个方面。

(1) 可以对物流服务的过程保持较好的控制。若经由中介机构处理,往往可能造成失控的局面。

(2) 可以为客户提供个性化的服务。针对每一个客户的不同需求,提供有针对性的解决方案,这对于物流企业来说尤其重要。

(3) 可以及时、直接地回馈客户当前的需求及以后的需求变化,并且了解竞争对手的相关信息。

(4) 可以减少佣金折扣,便于企业控制服务价格。直接渠道是工业品分销的主要类型。例如大型设备、专用工具及技术复杂需要提供专门服务的产品,都采用直接分销;消费品中有部分也采用直接分销方式,如鲜活商品等。

现代物流企业采用直接销售渠道,主要是通过推销人员、广告、电话等拓展业务,目前由于互联网的迅速发展,物流企业又都纷纷利用这一先进的媒介推广服务。例如,美国的联邦快递公司(FedEx)在1995年开通网站,可以使客户实时提交业务、跟踪运输情况、得知抵达时间等。

间接渠道是物流企业通过一些中间商来向客户销售物流服务的渠道类型。采用间接渠道关键的是要选择物流中间商即代理商。代理商是指接受物流企业或客户的委托从事物流服务购销代理业务的中间商。代理商只在物流企业与客户间起媒介作用,通过提供服务来促进交易并从中赚取佣金。尽管作用有限,但是对于物流企业而言,采用代理商方式仍然可以获得如下好处。

(1) 比直接销售投资更少,减少企业的投资风险。

(2) 代理商可以满足某一地区或某一细分市场的客户的特殊要求。

(3) 有利于物流企业扩大市场覆盖面,提高市场占有率。

(4) 可以延伸信息触角,拓宽信息来源。

间接分销渠道是消费品分销的主要类型,工业品中有许多产品,如化妆品等采用间接分销类型。

直接渠道与间接渠道的区别在于有无中间商。

2) 长渠道和短渠道

分销渠道的长短一般是按通过物流环节的多少来划分,具体包括以下四层。

(1) 零级渠道即由制造商→消费者。

(2) 一级渠道即由制造商→零售商→消费者。

(3) 二级渠道即由制造商→批发商→零售商→消费者,多见于消费品分销;或者是制造商→代理商→零售商→消费者,多见于消费品分销。

(4) 三级渠道即制造商→代理商→批发商→零售商→消费者。

可见零级渠道最短,三级渠道最长。

3) 宽渠道与窄渠道

渠道宽窄取决于渠道的每个环节中使用同类型中间数目的多少。企业使用的同类中间商多,产品在市场上的分销面广,称为宽渠道。例如一般的日用消费品(毛巾、牙刷、开水瓶等),由多家批发商经销,又转卖给更多的零售商,能大量接触消费者,大批量地销售产品。企业使用的同类中间商少,分销渠道窄,成为窄渠道。它一般适用于专业性强的产品,或贵重耐用消费品,由一家中间商统包,几家经销。它使生产企业容易控制分销,但市场分销面受到限制。

4）单渠道和多渠道

当企业的全部产品都由自己直接所设门市部销售,或全部交给批发商经销,称之为单渠道。多渠道则可能是在本地区采用直接渠道,在外地则采用间接渠道;在有些地区独家经销,在另一些地区多家分销;对消费品市场用长渠道,对生产资料市场则采用短渠道。

广东邮政物流配送服务有限公司（简称 YCC）快货是邮政全程全网的典型体现,线路完善服务好,但成本相对较高。珠海邮政物流分公司认识到,在现阶段邮政运输能力有限的情况下,要想使物流业务快速、健康地发展,唯有整合社会资源,降低运营成本,才能提高竞争力,做大业务规模。为此,该公司利用社会运输资源,发挥邮政品牌优势,积极开发运营成本相对较低、成交额较大的航空、汽运、海运等货代业务。

由于货代业务是利用社会资源运作,对外部的依赖性较强,合作线路的选择就显得尤为重要,原来的营销结构很难适应业务发展的需要。为确保业务的顺利发展和邮政物流品牌的塑造,该公司将营销结构扁平化,成立航空和海运、汽运项目组,采用专职营销为主,兼职营销为辅,利用社会资源参与营销,做到市场"专"、竞争对手"专"、线路组织"专"。半年来,该公司先后开发了丽珠、飞利浦、卡索等大客户的货代业务,每月创造业务收入 10 万元,推动了珠海邮政区域物流的发展。

资料来源:锦程物流网（www.jctrans.com）。

3. 物流分销渠道系统

物流企业分销渠道系统是渠道成员之间形成的相互联系的统一体系,这一体系的形成是物流运作一体化的产物。目前物流企业的分销渠道系统大体有以下几种结构。20 世纪 80 年代以来,分销渠道系统突破了由生产者、批发商、零售商和消费者组成的传统模式和类型,有了新的发展,例如垂直渠道系统、水平渠道系统、多渠道营销系统等。

1）垂直渠道系统

垂直渠道系统是指由物流企业、物流节点、物流中间商所组成的一种统一的联合体。这一联合体的成员或者属于同一家物流公司;或者由一个有实力的成员将代理权或承运权授予其他成员;或者某一成员有足够的实力促成其他成员共同合作,由这一物流企业统一支配、集中管理。垂直渠道系统有利于控制渠道各方的行动,消除渠道成员为追求各自利益而造成的冲突,进而提高成员的各方效益。

该垂直分销系统的特点是专业化管理、集中计划,销售系统中的各成员为了共同的利益目标,都采用不同程度的一体化经营或联合经营。它主要有以下三种形式。

（1）公司式垂直营销系统。

公司式垂直营销系统是指一家物流企业拥有属于自己的渠道成员,并进行统一管理和控制的营销渠道系统。在这个系统中,有专门的正规组织对销售过程中各个渠道成员之间可能产生的一切合作与冲突进行有效的控制。目前,世界大型物流公司大多采取总公司与分公司的垂直营销系统,由总部集权式运作,业务实行垂直管理。

例如,中国储运总公司在推行现代企业制度的过程中,建立了以资产为纽带的母子公司体制,理顺了产权关系,其所属的 64 个仓库遍布全国各大经济中心和港口,形成了覆盖全国、紧密相连的庞大网络,成为其跻身物流服务市场的强大基础。由于同属一个资本系统,公司式的营销系统中渠道各成员的结合最为紧密,物流企业对分销的控制程度也最高。

(2) 管理式垂直系统。

管理式垂直营销系统是指不通过共同所有权或契约,而是以渠道中规模大、实力强的物流企业来统一协调物流服务销售过程中渠道成员各方利益的营销系统。例如,中国汽车运输总公司或者南方航空公司等实力强大的物流企业可以获得其中间商在产品促销和价格政策方面的合作。又如宝洁公司与其零售商共同商定商品陈列、货架位置、促销和定位。

(3) 契约式垂直系统。

契约式垂直营销系统是指为了取得单独经营时所不能得到的经济利益或销售效果,物流企业与其渠道成员之间以契约形式结合形成的营销系统。这种系统的紧密程度要逊于公司式垂直营销系统。拥有"中国十大优秀国际货运公司"称号的锦城物流公司依靠与海外的公司建立代理合作关系,积极拓展海外业务。目前,锦城海运业务的海外代理有40多家,在综合国际物流方面与天地快递(简称 TNT)、鑫飞鸿物流(速递)(以下简称 U-LINK)等国际知名公司建立了合作关系。

契约式垂直系统主要分为以下三种形式。

(1) 特许经营组织,其形式有以下三种。

一是制造商倡办的零售特许经营或代理商特许经营。零售特许经营多见于消费品行业,代理商特许经营多见于生产资料行业。丰田公司对经销自己产品的代理商、经销商给予买断权和卖断权,即丰田公司与某个经销商签订销售合同后,赋予经销商销售本公司产品的权力而不再与其他经销商签约,同时也规定该经销商只能销售丰田品牌的汽车,实行专卖,避免了经营相同品牌汽车的经销商为抢客户而竞相压价,以致损害公司名誉。

二是制造商倡办的批发商特许经营系统。这种方式大多出现在饮食业,例如可口可乐公司、百事可乐公司与某些瓶装厂商签订合同,授予其在某一地区分装的特许权,和向零售商发运可口可乐等的特许权。

三是服务企业倡办的零售商特许经营系统。多出现于快餐业(如肯德基快餐)、汽车出租业。

(2) 批发商倡办的连锁店。

(3) 零售商合作社,它既从事零售,也从事批发,甚至于从事生产业务。

2) 横向营销系统

横向营销系统是通过本行业中各物流企业之间物流运作管理的合作,开拓新的营销机会,以提高物流效率,获得整体上的规模效益。例如,上海集装箱船务有限公司是由中运集团和长航集团共同组成的,它的成立使长江中下游干线与上海始发的国际干线相连,为中运集团加强其在国际航运市场上的竞争力起到了较大的作用。

横向营销系统可以较好地集中各有关企业在分销方面的相对优势,从而更好地开展分销活动。例如,各企业都有各自的分销网络,联合起来就可同时扩大各企业的市场覆盖面;或者各企业有各自不同的分销技术优势,联合起来这些技术就可得以共享;建立共有的分销渠道还能在一定程度上减少各企业在分销渠道方面的投资,并且由于协同作用而降低了各自的经营风险,提高了分销活动的整体效益。

3）网络化营销系统

网络化物流营销系统是垂直营销系统与横向营销系统的综合体。如运输公司不但可以通过汽车站点网络为其组织货源，而且可以由代理公司或自己直接面对客户提供运输服务。当某一企业物流系统的某个环节同时又是其他物流系统的组成部分时，以物流为联系的企业关系就会形成一个网络关系，即为物流网络。这是一个开放的系统，企业可自由加入或退出，尤其在业务最忙的季节最有可能利用到这个系统。

物流企业通过建立网站体系，将各物流企业、配送中心、仓库及车队连接起来，将整个供应链的客户和供应商集结到物流网络中来，充分发挥各物流公司的有效资源作用，化个别企业的服务行为为联盟整体的服务行为，向客户提供低成本、连贯性的服务。物流网络能发挥规模经济作用的条件就是物流运作的标准化、模块化。

先成全别人再成全自己

一天，美国波音公司的董事长接到意大利某航空公司的电话，该航空公司有一架飞机在地中海失事，正需要一架新客机弥补该航线运营。按照惯例，从客户下订单到交货一般需要 2 年时间。公司董事长接到电话后立即组织有关部门开会，进行方案调整和论证，在不影响其他订单交货的前提下，只用了 1 个月就向客户交了货。几个月后公司收到了来自该公司的 9 架大型客机价值 5.8 亿美元的订单，而本来该订单是预计与其他飞机制造商合作的。波音公司没花费任何营销成本，没参加任何招投标会，没费一点口舌就得到了这样大的一份订单，充分体现了物流营销："先成全别人再成全自己"的哲理。

资料来源：曲建科. 物流市场营销[M]. 北京：电子工业出版社，2007：192.

3.3.2 物流分销渠道设计的步骤

营销渠道设计是指为实现销售渠道目标，对各种备选渠道结构进行评估和选择，从而开发新型的营销渠道或改进现有营销渠道的过程。它包括在公司创立之时设计全新的渠道以及改变或再设计已存在的渠道。

斯特恩等学者总结出"用户导向分销系统"的设计模式，将渠道战略设计过程分为当前环境分析、制定短期的渠道对策、渠道系统优化设计、限制条件与鸿沟分析和渠道战略方案决策 5 个阶段，共有如下 14 个步骤。

(1) 审视公司的渠道现状。
(2) 了解目前的渠道系统。
(3) 收集渠道信息。
(4) 分析竞争者渠道。
(5) 评估渠道的近期机会。
(6) 制订近期进攻计划。
(7) 终端用户需求定量分析。
(8) 最终用户需求定量分析。
(9) 行业模拟分析。

(10) 设计理想的渠道系统。
(11) 设计管理限制。
(12) 鸿沟分析。
(13) 制订战略性选择方案。
(14) 最佳渠道系统决策。

案例

国内快递业上门取件的模式导致客户的交寄等候时间过长。各快递公司显然意识到这一点,在运输网络初步形成之后,如何争夺更多的渠道与客户贴得更近,将成为企业能否争取更多客户的关键之一。

1. 民营快递与便利店合作

据了解,2006 年情人节和中秋节的时候,广州喜市多公司已经尝试通过宅急送快运公司来为客户快递一些玫瑰花和月饼等,于是双方"碰出"合作的灵感。广州喜市多公司副总经理陈建群 2006 年 11 月 10 日在接受记者电话采访时表示,目前双方的谈判还没有突破性的进展,在短时间内,双方的合作仍会集中在节庆礼品的快递方面。至于谈判是否涉及收件业务,目前还在观望。而宅急送快运公司则表示,不排除今后通过与便利店的合作,在社区树立更好的品牌形象。

2. 渠道争夺各出奇招

不过,有业内人士认为,去便利店的客户并没有太多的寄件需求,所以便利店不会是快递公司争夺的主要对象。陈建群则认为,便利店开展快递业务在美国是很普遍的事情,而在中国台湾的便利店,大部分都和 DHL、UPS 合作,开展收件服务等。

虽然便利店对快递企业的吸引力如何还有待验证,但事实上,快递企业对国内渠道的投入和争夺正在进一步加强。

据悉,美国快递巨头 UPS 不久前就刚刚宣布,在上海写字楼密集的社区开设两个 UPS 快递便利店,附近客户除了可以随时将快件投递在该便利店之外,UPS 的工作人员也可在半小时之内步行到社区内取件,节省了客户的等候时间。UPS 表示,未来会将这一模式复制到国内其他城市。

3. 通过结盟扩充潜在网点

另一方面,美国另一快递巨头联邦快速通过收购美国最大的文印装订业巨头金考公司,使得其在全球的投递网点激增。据了解,中国的金考公司目前正进行工商登记变更等手续。分析人士表示,这些必要的手续完成后,联邦快递将迅速通过金考公司在国内主要城市的分店网点涉足中国零售市场。

而民营快递也不甘示弱。记者了解到,宅急送快运公司与瑞典家居巨头宜家在国内也有合作关系。业内人士则指出,种种迹象表明,一场激烈的渠道争夺战已经在快递企业中拉开。

资料来源:锦程物流网(www.jctrans.com)。

3.3.3 物流企业分销渠道的管理

物流企业进行分析并选择了渠道模式后,就要对渠道实施管理。渠道管理工作包括对中间商的选择、激励和评价。

1. 中间商的选择

1)选择中间商的条件

中间商选择是否得当会直接影响物流企业的营销效果,因此,物流企业应根据自身的情况,慎重决定对中间商的选择。物流企业在对中间商进行选择时应考虑以下条件。

(1)中间商的销售能力。该中间商是否是一支训练有素的销售队伍,其市场渗透能力有多强,销售地区多广,还有哪些其他经营项目,能为客户提供哪些服务。

(2)中间商的财务能力。中间商的财务能力包括其财力大小、资金融通情况、付款信誉等。

(3)中间商的经营管理能力。中间商的经营管理能力体现在其行政管理和业务管理水平上。

(4)中间商的信誉。调查该中间商在社会上是否得到信任和尊敬,此外,还应该考虑中间商的地理位置、服务水平、运输和储存条件。

要了解中间商的上述情况,企业就必须搜集大量有关信息。如果必要的话,企业还可以派人对选中的中间商进行实地调查。

2)确定中间商的数目

物流企业决定采用中间商来共同完成物流活动,就涉及销售渠道选择的具体策略问题,即决定渠道的宽度。销售渠道是指在销售渠道的不同层次中使用中间商数目的多少。这主要取决于物流企业产品自身的特点、市场容量的大小和需求面的宽度。物流企业决定在每一渠道层次中使用中间商数目的多少,由此可以形成以下3种可供选择的销售渠道策略。

(1)密集销售策略,也称广泛销售策略,是一种宽渠道销售策略,是指物流企业在同一渠道环节层次上,尽可能通过中间商来完成物流服务活动。这种策略能够与潜在客户广泛接触,广告的效果好,容易组织更多的货源,但渠道不易控制,与中间商的关系也较松散。

(2)选择销售策略,是指物流企业在某一地区有选择地确定几个具有一定规模和丰富经验的中间商,从事销售活动。采用这种策略有助于物流企业加强对渠道的控制,保持与中间商的良好合作关系,减少中间商之间的盲目竞争,提高渠道运转效率。但中间商也会对物流企业提出一定的条件和要求。鉴于物流企业的特点,选择销售策略为较多的物流企业所采用。

(3)独家销售策略,也称集中销售策略,是一种窄渠道策略,主要是指物流企业在一定的市场区域内仅选用一家经验丰富、信誉很好的中间商为本企业推销产品和组织货源。双方一般都签订合同,规定双方的权限、利润分配比例、销售费用和广告宣传费用的分担比例等;规定在特定的区域内不准许物流企业再找其他中间商推销其产品,也不准许所选定的中间商再推销其他企业生产的同类竞争性产品。

TNT利用特许加盟拓展渠道

国外四大物流巨头UPS、DHL、FedEx、TNT纷纷抢滩中国,但国内的网点建设一直是他们的心头之痛,是和国内物流企业合资或直接收购具备成熟网络的物流企业,还是通过特许加盟来扩大公司的网点布局,TNT选择了后者。

在上交会现场,TNT的展台前人满为患,TNT首次在中国推出特许加盟计划。

TNT对加盟者提出了严格的要求。例如,加盟者必须有良好的个人或公司信誉,能保证运营的充足资金,具备一定的经营管理能力和客户开拓能力,最好能有相关行业运作的经验。其中投资预算分为:加盟金人民币10万元,保证金人民币10万元,特许使用费为营业额的6%,如果包括TNT计算机系统和初期购置车辆预算,整个投资预计人民币50～100万元。符合以上条件的加盟者,TNT会有特许加盟部人员对其进行详细的评估,如果一切顺利的话,在1～3个月的评估期后,就可以签订加盟合同,正式成为世界五百强企业TNT中国网络中的成员了。

此后,加盟者可以获得5年TNT品牌的授权,TNT快递的经营和运作模式,TNT全球跟踪查询系统,TNT国际和国内运输网络的互相支持,市场营销活动的指导和大客户的协助开拓,其中最重要的是可以参与TNT大学的培训机会,包括运营、销售、客户服务、计算机系统、财务管理等一系列的培训与指导。

资料来源:曲建科.物流市场营销[M].北京:电子工业出版社,2007.

2. 激励销售渠道成员

中间商选定之后,还需要进行日常的监督和激励,使之不断提高业务经营水平。必须指出,由于中间商与物流企业所处的地区不同,考虑问题的角度不同,因而必然会产生矛盾。如何处理好产销矛盾,是一个经常存在的问题。

物流企业处理好和中间商的关系非常重要,通常根据不同情况可采取以下3种方案。

(1) 与中间商建立合作关系。物流企业一方面给中间商高利润、特殊优惠、合作推销折让等,以激励他们的推销热情和推销工作;另一方面对表现不佳或工作消极的中间商则降低利润率,推迟装运或中止合作关系。但这些方法及其缺点在于,物流企业在不了解中间商的需要、他们的长处和短处以及存在问题的情况下,而试图以各种手段去激励他们的工作,一般很难收到预期的效果。

(2) 与中间商建立一种合伙关系,达成一种协议。物流企业明确自己应该为中间商做什么,也让中间商明确自己的责任,如市场覆盖面和市场潜量,以及应该提供的咨询服务和市场信息。企业根据协议的执行情况对中间商支付报酬。

(3) 经销规划。这是一种最先进的办法,它是一种把物流企业和中间商的需要融为一体的、有计划的、有专门管理的纵向营销系统。物流企业在其市场营销部门中设立一个分部,专门负责规划与中间商的关系,其任务主要是了解中间商的需要和问题,并作出经营规划以帮助中间商实现最佳经营,双方可共同规划营销工作,如共同确定销售目标、存货水平、陈列计划、培训计划以及广告和营销推广方案等。

3. 评价销售渠道成员

物流企业还须制定一定的标准来评价渠道成员的优势。评价的内容包括:该中间商经营时间长短、增长纪录、偿还纪录、偿还能力、意愿及声望、销售密度及覆盖程度、平均存货水平、对企业促销及训练方案的合作、中间商客户服务货物范围等。

4. 销售渠道冲突

销售渠道中渠道成员之间利益的暂时性矛盾称为冲突。一般而言,渠道冲突主要有垂直渠道冲突和水平渠道冲突两种。

1) 垂直渠道冲突

这种冲突是指同一营销系统内不同渠道层次的企业之间的利益冲突,又称为纵向冲突。它表现为中间商同时销售了竞争者的同类产品而引发的冲突。由于物流企业的产品是无形的,与有形产品不一样,所以物流企业的代理商完全可以同时代理几家同类物流企业。这种现象是普遍和正常的,由此而引发的冲突可以说是客观存在的。

对这类冲突,物流企业应强化系统内的职能管理,加强渠道成员间的信任,加强信息的传递和反馈。

2) 水平渠道冲突

这种冲突是指同一营销系统内同一层次的各企业之间的冲突,又称为横向冲突。如果同一层次上选择众多中间商分销,则可能造成中间商之间互相抢生意的情况。对这种冲突,物流企业一般通过各种命令、规则来消除。

小　结

1. 物流分销渠道的概念

物流分销渠道是指某种货物或劳务从生产者向消费者移动时,取得这种货物和劳务的所有权或帮助转移其所有权的所有企业和个人。

它主要包括商人中间商、代理中间商,以及处于渠道起点和终点的生产者和消费者。

2. 物流分销渠道的类型

物流分销渠道的类型有:直接渠道与间接渠道;长渠道和短渠道;宽渠道与窄渠道;单渠道和多渠道。

3. 物流分销渠道系统

物流分销渠道系统包括垂直渠道系统、横向营销系统和网络化营销系统。垂直渠道系统又包括公司式垂直营销系统、管理式垂直系统和契约式垂直系统。

4. 物流分销渠道设计步骤

物流分销渠道设计步骤包括:审视公司渠道现状;了解目前的渠道系统;收集渠道信息;分析竞争者渠道;评估渠道的近期机会;制订近期进攻计划;终端用户需求定量分析;最终用户需求定量分析;行业模拟分析;设计理想的渠道系统;设计管理限制;鸿沟分析;制订战略性选择方案;最佳渠道系统决策。

5. 物流分销渠道的管理

物流分销渠道的管理包括中间商的选择、激励销售渠道成员、评价销售渠道成员和销售渠道冲突。

思　考　题

1. 物流分销渠道的概念是什么?
2. 物流分销渠道的类型有哪几种?各有什么特征?

案　例

联想与戴尔的渠道之争

我国 IT 行业的领导型企业——联想集团——在过去的三年中遭遇了"成长的烦恼"。尽管其各项指标的增长速度均高于行业内绝大多数企业,但却没能完成 2000 年规划制定的 2003 年营业规模达到 600 亿元的目标。而与此同时,同为 IT 领导者的戴尔在 PC 业务上的增幅超过了40%，超过联想2倍多。联想如何抵御戴尔直销渠道的冲击，是摆在联想面前的一个大课题。

联想的渠道是经过10多年的持续努力，才达到目前的规模和质量的。其渠道成长主要经历了4个层次。

(1) 在1994年以前，联想渠道处于第一层次，渠道能力只是简单的铺货和回款，渠道处于粗放型、低功能的初级状态。

(2) 1994—1998年，联想渠道达到第二层次。在这个阶段，联想放弃直销，专注于分销。以"大联想"的理念，不断优化渠道结构，致力于渠道扁平化，密切了联想与经销商之间的业务纽带和互利关系，形成"利益共同体"，避免了恶性渠道冲突。

(3) 1998—2001年，联想渠道达到第三层。这个阶段的最大特点是"渠道信息化水平"大幅提升。联想开始与二级代理进行信息交换，开始对客户需求有了更加细分的认识，同时联想开始广泛地为各级经销商直接提供技术、培训和市场推广等方面的支持。

(4) 2002年以来，联想的渠道发展进入了第四层次。渠道一体化的内涵更加丰富，为了挖掘更大的客户价值，联想努力提高渠道的技术含量，使渠道由"硬"变"软"，为客户提供更多的系统集成和增值业务方面的服务，踏上了增值服务之路。

戴尔直销模式的冲击。世界上最著名的直销模式是戴尔公司的直销。戴尔公司的成功得益于其直销模式。其黄金三原则是"压榨库存、倾听客户意见和直接销售"。戴尔直销模式的精华在于"按需定制"，在明确客户需求后迅速作出回应，并向客户直接发货。戴尔成本上的竞争力来自于3个方面：第一，没有经销商这个中间商环节；第二，戴尔全球化的供应链管理；第三，戴尔的精细化管理。所以，戴尔在价格上非常有竞争力，与之相比，联想在这一点上是望尘莫及的。戴尔直销模式的另一个厉害之处是：戴尔直接和每个客户打交道，所以掌握了所有客户的资料，从而使戴尔能够最大限度地细化消费者需求，捕捉任何微小的变动，并把对消费者的理解体现在产品战略上，从而始终保持对市场的敏感和快速反应。

戴尔模式的局限性和联想的渠道变革方向。通过分析戴尔直销模式，我们可以发现它与联想分销渠道管理"四层次"模型中的第四层次非常相近，如果把第四层次中的厂家和各级代理当做一个整体来看，那么戴尔直销与联想第四层次的分销几乎是一样的。也就是说，在分销状态下，只要厂家与经销商之间实现"一体化"，分销模式就与直销模式非常接近。下面再从更多细分方面比较戴尔直销与联想的第四层次分销的利弊（如表3-1所示）。

表3-1　戴尔直销与联想的第四层次分销的利弊比较

对比参量	直销模式	分销模式
渠道冲突	无	有
渠道覆盖面积	无	根据需要可以广而深
产品展示	无	有大量终端展示产品
零散客户	依赖品牌忠诚度高的客户	能够进行充分的人员推销
客户开发	只能依靠本公司的力量	能够利用经销商的客户关系
广告	只能依靠平面广告	广告内容和形式更加灵活
了解客户需求	非常好	比较好
库存	非常小	比较大

续表

对比参量	直销模式	分销模式
售后服务	受距离限制非常大	非常方便
技术支持	覆盖面小	全线支持

戴尔直销模式存在两个主要缺陷:第一个缺陷是服务能力差,像IBM、惠普等都在学习戴尔的直销模式,但是越像戴尔,服务能力越差;第二个缺陷是戴尔的客户开发比较单调。由于与客户接触的渠道非常单调,戴尔直销在中国出现了"异化",戴尔在商用电脑市场默许了部分的分销。与此同时,视戴尔为心腹大患的联想公司也在丰富自己的销售模式:在1994年完全放弃直销之后,又重新尝试直销。2002年3月,联想正式宣布将开始加大在内地市场进行计算机直销的比重。在联想的规划中,计算机直销业务主要还是以商用市场为主。这里出现了一个令人感兴趣的现象:直销的戴尔与分销的联想在个人电脑市场上都坚持了自己的特色,但是在商用电脑市场,直销的戴尔默许了部分的分销,而分销的联想却在试图提高直销的比例。两个有特色的企业在商用电脑市场上都是直销、分销并存,似乎出现了一种"殊途同归"的现象。这中间是否包含某种规律性,还有待进一步观察。

思考:分析联想与戴尔销售渠道各自的利与弊。

资料来源:董千里. 物流市场营销学[M]. 北京:电子工业出版社,2005.

3.4 物流企业促销策略

学习目标

1. 了解物流企业促销的含义、目标及组合策略。
2. 掌握物流企业的主要促销策略。

FedEx赞助中国羽毛球队征战世界赛场

每次中国羽毛球队出征比赛时,人们都会在队员比赛服胸前见到"联邦快递"的字样,随着中国羽毛球队在世界各地征战,取得一个个骄人战绩的同时,也有更多的观众记住了"联邦快递",记住了"FedEx"。而这正是FedEx(联邦快递)实施的体育营销策略,FedEx借助中国羽毛球队的影响力,通过赞助体育比赛的形式,提高了公司的知名度。

联邦快递隶属于美国联邦快递集团(FedEx Corp.),是集团快递运输业务的中坚力量。联邦快递集团为遍及全球的客户和企业提供涵盖运输、电子商务和商业运作等一系列的全面服务。作为一个久负盛名的企业品牌,联邦快递集团通过相互竞争和协调管理的运营模式,提供了一套综合的商务应用解决方案,使其年收入高达320亿美元。联邦快递是全球最具规模的快递运输公司,为全球超过220个国家及地区提供快捷、可靠的快递服务。联邦快递设有环球航空及陆运网络,通常只需一至两个工作日,就能迅速运送时限紧迫的货件,而且确保准时送达。

资料来源:黄福华,李坚飞. 物流营销[M]. 大连:东北财经大学出版社,2009:221.

3.4.1 物流企业促销概述

1. 促销与物流企业促销的含义

1) 促销

促销即促进销售,是指通过人员和非人员的方式,把企业的产品及服务信息传递给客户,激发客户的购买欲望,影响和促进客户购买行为的全部活动的总和。促销活动的实质是企业与消费者或用户之间的信息沟通。

2) 物流企业促销

物流企业促销是现代物流企业通过一系列活动,一方面向客户提供产品的运输、仓储、配送等服务;另一方面向客户提供更为重要的增值服务和信息服务等。物流企业促销就是把物流企业向客户提供物流服务的方式、内容、信息等通过一种或几种有效途径传递给客户以达到吸引客户、提高企业业务量、增加利润的企业经营活动。

2. 物流企业促销的目标

物流企业促销的目标在于通过传达、说服和提醒等方法销售物流服务产品,提供本企业在物流服务市场上的市场占有率。因此,确定物流企业的促销目标,具有很重要的意义。

1) 物流企业促销的基本目标

(1) 建立对该物流产品及物流公司的认识和兴趣。

(2) 使服务内容和物流企业本身与竞争者产生差异。

(3) 沟通并描述所提供产品或服务的种种利益。

(4) 建立并维持物流企业的整体形象和信誉。

(5) 说服客户购买或使用该项物流产品。

2) 物流企业促销的具体目标

(1) 客户目标,有以下几点:①增进对新的物流产品和现有物流产品的认识,鼓励使用各种物流服务;②鼓励非用户参加服务展示或使用现有服务;③说服现有客户继续购买物流服务,促进与客户发展战略伙伴关系;④加强物流产品的区别;⑤加强物流服务广告的效果以吸引消费者注意;⑥获得关于物流服务价格、技术发展趋势等市场研究信息。

(2) 中间商目标,有以下几点:①说服中间商提供新的服务;②说服现有中间商努力销售更多的服务;③防止中间商在销售场所与客户谈判价格。

大展宏图的目标

上海航空公司(以下简称上航)的目标是建成一个"国内最好、客户首选、具有国际水平的航空公司",成为枢纽型、国际化的航空大集团。上海建设亚太航空枢纽,为上航的发展提供了机遇。

成为枢纽型、国际化的航空大集团是上航在"十一五"期间的战略规划。上航提出了主营突出、两翼齐飞的思路,主营是指航空主业,两翼是指上海国际货运航空有限公司(以下简称上货航)和中国联合航空有限公司(以下简称中联航)。还有一个相关集团,主要在物流和旅游方面。成为以上海为中心,辐射全国的枢纽航空公司是上航的最终目标。

上航将航空货运列为新的增长点,上货航在2006年第一季度成立。此时,航空货运正处在一个发展机遇期,充分利用国际资源发展航空货运正是好机会。

中国出口加工业已具备相当规模,这些始发的货运大部分集中在长江三角洲和珠江三角洲地区,而长江三角洲的量更大,其目的地都在欧美。上航开辟有大阪、首尔、泰国、中国香港、法兰克福等货运航点,2006年开通美国航线。

到2010年,上航将拥有10架全货机,航线网络布局更加完善和密集。在航空物流领域,上航还将涉足国际国内货代、货运地面服务、快件服务、特殊货运服务、仓储配送、第三方物流等。通过中联航来拓展北方市场,进一步完善上航的航空网络。两翼齐飞,将使上航飞得更高、更快。

资料来源:牛鱼龙. 中国物流百强案例[M]. 重庆:重庆大学出版社,2007.

3. 物流企业的促销组合策略

1) 促销组合策略的含义

促销组合策略就是物流企业把人员推销、广告宣传、营销推广和公共关系四种方式进行合理选择,有机搭配,使其综合地发挥作用,以取得最佳的促销效果,实现促销目标。在物流企业的市场营销活动中,进行促销的组合是十分重要的。

2) 促销组合策略的方式

促销组合策略是物流企业在对各种促销方式的选择及组合中侧重使用某种促销方式,一般有以下三种倾向。

(1) 推式策略。

推式策略是物流企业利用推销人员与中间商促销,把产品推向客户的策略,如图3-4所示。这种策略需要利用大量的人员推销产品,它适用于物流企业和中间商对产品前景看法一致的情况。推式策略推销周期短、资金回收快、风险小。但前提条件是需要与中间商达成共识并待到其配合。

图 3-4 推式策略

资料来源:李祖武. 物流市场营销[M]. 北京:清华大学出版社,2008:165.

物流企业采用推式策略常用的方式主要有:人员推销、营业推广等。浙江省慈溪市邮政局从2001年开始实施"户籍工程",到2003年已经建成居民楼房的单户信报箱3万多只,总投资超过100万元,信报箱的功能由单一的接收信件和报刊,扩展到接收牛奶等小件日用品。"户籍工程"的推出不仅为邮政局赢得了来自社会的赞誉,而且使其物流配送业务打开了广泛市场。

(2) 拉式策略。

拉式策略是企业针对客户展开广告攻势,把服务产品的信息介绍给目标市场的客户并使客户产生购买的欲望,形成市场需求,然后由中间商到企业要求经销本企业提供的产品,如图3-5所示。

图 3-5 拉式策略

资料来源:李祖武.物流市场营销[M].北京:清华大学出版社,2008:165.

物流企业采用拉式策略常用的方式主要有:价格促销、广告、代销、试销等。慈溪市邮政局在推广自己业务的同时,利用多种广告媒体选择了185客户服务中心,使185个品牌在慈溪市区家喻户晓,每天受理的电话有八成以上涉及物流配送业务。

（3）推拉式结合策略。

通常情况下,物流企业可以把上述两种策略结合起来运用,在向中间商进行大力促销的同时,通过广告刺激市场需求,在推式促销的同时进行拉式促销,用双向的努力把服务产品推向市场,这比单独地利用推式策略或拉式策略更为有效。

案　例

FedEx 公司的促销策略

FedEx 公司 2003 年 4 月承担并完成了将两只大熊猫由中国运往美国田纳西州的孟菲斯动物园的运输任务,从而树立起了自己的"熊猫大使"的形象。

同年 6 月又协助香港红十字会运送抗击"非典"物资,协助中国政府抗击"非典",采用"以情促销"策略打动了中国人,树立起了良好的企业形象。

问题:FedEx 公司运用了哪些促销策略? 起到了什么效果?

资料来源:曲建科.物流市场营销[M].北京:电子工业出版社,2007:201.

3.4.2 物流企业主要促销策略

1. 物流人员推销

（1）物流企业人员推销的含义。

物流企业人员推销是指物流企业派出推销人员或委派专职推销机构向目标市场的客户及潜在客户推销物流服务产品的经营活动。对于企业而言,由于物流服务产品的专业性和特定性的特点,推销具有其他营销方式所不可替代的作用,成为物流企业生产经营活动的重要内容和主要环节,也成为物流促销组合中最不可少的促销方式。

（2）物流企业人员推销的特点。

① 沟通的双向性。推销人员通过与客户联系,接触洽谈,一方面向客户传递有关物流企业及其提供服务的信息;另一方面也可以及时了解客户对物流服务的要求,推销人员与客户之间存在双向的信息沟通。

② 方式的灵活性。推销人员与客户保持直接的联系,可以根据各类客户对物流服务的不

同需求设计不同的推销策略,并在推销过程中随时加以调整。在与客户进行交流的同时还可以及时发现和挖掘客户的潜在需求,通过努力扩大对客户的服务范围,尽量满足客户的需求。

③ 对象的针对性。推销人员在每次推销之前,可以选择有较大购买潜力的客户,有针对性地进行推销,并可事先对未来客户作一番调查研究,拟订具体的推销方案、推销目标和推销策略等,强化推销效果,提高推销的成功率。

④ 过程的情感性。推销人员在推销过程中与客户面对面地接触,双方可以在单纯的买卖关系基础上交流情感,增进了解,产生信赖,从而建立深厚的友谊。推销人员与客户之间感情的建立,有利于企业与客户之间建立长期的业务关系,保持企业的市场份额。

⑤ 角色的双重性。推销人员在向客户推销本企业的产品时是推销员,同时,他还能及时听取和观察客户对企业及服务的态度,搜集市场情况,了解市场动态,并迅速给予反馈,使企业的经营更适合客户的需求。

⑥ 团队的协作性。物流企业产品的专业性和定制性的特点要求推销人员最好以团队为单位开展业务,一个物流营销团队应该包括市场人员、物流策划专家、物流运作管理人员、成本核算分析人员及信息系统支持人员等。

(3) 物流企业人员推销的程序。

物流企业人员推销的程序如图 3-6 所示。

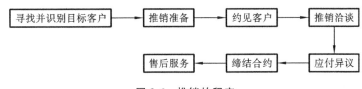

图 3-6 推销的程序

资料来源:李祖武. 物流市场营销[M]. 北京:清华大学出版社,2008:165.

① 寻找并识别目标客户。推销过程的第一步是找出有潜在购买力的客户,即由市场人员首先进行市场调查,寻找和识别目标客户。寻找目标客户的方法有许多,既可以向现有客户了解;也可以通过参加社交活动,查阅工商名录、电话簿等发掘潜在客户;还可以利用朋友介绍或通过社会团体与推销员之间协作等方式间接寻找。寻找到潜在客户以后,再通过察看他们的经济实力、交易额、特殊需求、地理位置及发展前景等找出适合发展业务的潜在客户。优秀的推销人员,首先表现在他的寻找和选择客户的能力上。

物流企业如何寻找客户来源

1. 进入目标客户的供应链系统

供应链管理强调核心企业与最杰出的企业建立战略合作关系,委托这些企业完成一部分业务工作,自己则集中精力和各种资源,通过重新设计业务流程,做好本企业能创造特殊价值、比竞争对手更擅长的关键性业务工作,这样不仅可以大大提高本企业的竞争能力,而且能使供应链上的其他企业都能受益。

在供应链思想的指导下,物流外包成为许多企业供应链管理的重要内容。因此,无论从理论上还是在实践中,我们都已经看到,物流企业若能进入客户的供应链系统,对其提高竞争能力、获得较稳定的发展机会将大有益处。当然,物流企业必须能够为客户提供及时、安全、经济的服务,使客户的生产或销售目标顺利实现,这样才有可能获得成为合作伙伴的机会。

2. 采用"一对一"的方式对客户实施"紧逼盯人"

传统物流企业实施"一对一"营销,要对需要战略支持的客户和对需要战术支援的客户,确定不同的服务内容,制订不同的服务计划,包括采取不同的价格策略。在实施"一对一"的营销过程中,物流企业可以与用户企业共同商定服务标准和开发物流解决方案。这样会比较具有针对性,易于取得客户满意的效果。

3. 提升自身素质,留住客户

从目前的情况来看,我国传统物流企业与外资及一些先进的物流企业相比,在订单处理能力、信息反馈能力、项目策划和推动能力、流程管理能力四个方面存在较大的差距。这也就是说,传统物流企业只有在这四个方面提高水平才有可能提高竞争能力。

资料来源:锦程物流网(www.jctrans.com)。

② 推销准备。在接洽一个潜在客户前,推销团队必须做好推销前的准备工作。首先应搜集该客户的有关资料,包括客户的经营范围、经济实力,可能对物流服务产生需要的业务项目,拥有购买服务的人员等,在此基础上制定出相应的推销方案,以便使推销活动更积极主动,效率更高。

③ 约见客户。在做好充分准备以后,推销人员就要按计划约见客户,与客户进行初步意向性洽谈,向客户介绍自己公司,并了解对方的物流运作模式与双方合作的可能性。在接触客户时推销人员应注重理解、保持自信,争取给对方留下良好的第一印象。初步洽谈以后由物流策划专家来分析客户企业目前的物流状况,并与团队其他人员一起为客户制定出优化的解决方案。

④ 推销洽谈。推销团队根据初步的解决方案与客户进行正式的推销洽谈,这一步要运用各种推销技巧说服客户购买。但关键是针对客户企业所需服务的特点,耐心地介绍本企业富有特色的服务方案及其能够为客户带来的好处,在介绍时如果能借助有关的服务宣传册、配套图片、幻灯片等,效果会更好。

⑤ 应付异议。在进行推销洽谈的过程中,客户几乎总会对企业提供服务的某些方面产生疑虑甚至异议。推销人员应及时发现客户的疑问,采取主动的方式向客户提供尽可能多的信息,根据客户的具体情况对物流解决方案进行调整,并对客户进行解释,为客户排除疑虑。

⑥ 缔结合约。推销人员成功地消除了客户的疑虑后应抓住时机,促成客户达成购买行为。就物流服务的推销而言,都是涉及金额比较大的项目,所以推销人员在与客户达成口头协议后为防止发生变故应尽快与客户签订服务合同,以合同确定彼此的权利义务。合同也成为日后物流企业提供服务及收取费用的依据。

⑦ 售后服务。双方达成交易并不意味着推销过程的终止。跟踪售后服务能加深客户对企业和服务的依赖,促使客户重复购买。同时也可获得各种反馈信息,为企业决策提供依据,为建立长期的合作奠定坚实的基础。

2. 物流广告

1) 物流广告的含义

物流企业广告是指物流企业通过各种传播媒介,以付费的形式将本企业的产品和服务等信息传递给客户的一种以促进销售为目的的非人员推销方式。

广告的妙用

有一次,一位先生对一个商人说:"上个星期,我的伞在伦敦的一所教堂里被人偷走了,因为这把伞是朋友作为礼物送给我的,所以我花了两把伞的价钱登报寻找,还是没找回来。"

"您的广告是怎样写的?"商人问。

"广告在这儿。"那位先生一边说一边从口袋里掏出一张从报纸上剪下来的纸片。商人接过来念到:"上星期日傍晚于教堂遗失黑色绸伞一把,如有仁人君子拾得,烦请送至布罗德街10号,当以10先令酬谢。"

商人拿出一张纸,在上面写道:"上星期日傍晚,有人曾见某君从市教堂取走雨伞一把,取伞者如不愿招惹麻烦,还是将伞速送回罗德街10号为妙。此君为谁,尽人皆知。"

广告见报的第二天一早,失主打开房门便大吃一惊。原来门前早已横七竖八地堆了十一二把伞。失主自己的那把黑色绸伞也在其中,好几把还拴了字条,说是没留心拿错了,恳请失主切勿将此事声张出去等。

点评:几个字的改动就把失主变成了全能的上帝,把盗伞者推向了暴露的边缘。作为一则优秀的广告来说,就是要引人注目,眼球效应是最重要的。

资料来源:李祖武. 物流市场营销[M]. 北京:清华大学出版社,2008:172.

2) 广告媒体及其选择

(1) 依照不同媒体划分的广告种类。广告媒体是指传递广告的工具。在我国,依照不同媒体划分的广告主要有以下几种:①视听广告:通过电台、电影、幻灯、广播等媒体传递的广告称为视听广告;②印刷广告:通过报纸、期刊、印刷品等媒体传递的广告称为印刷广告;③户外广告:通过在街头、建筑物、车站、码头、体育场(馆)、展览馆、旅游点等公共场所,按规定允许设置或张贴路牌、霓虹灯、招贴等形式的广告称为户外广告;④交通广告:在车、船、飞机内设置或张贴的广告称为交通广告;⑤售点广告:在商店、商品橱窗内设置的广告称为售点广告;⑥邮寄广告(直邮广告):通过邮政直接投递企业介绍、产品说明书等函件称为邮寄广告。

(2) POP广告(Point of Purchase Advertising),即销售点广告或售点广告,是销售点所做的多种形式的广告总称。凡是在商店建筑物内外制作的,起到促进销售作用的广告物或其他提供有关商品情报、服务、指示、引导的标志,都可以成为POP广告。POP广告是在销售现场最接近销售者的广告,它起着无声销售员的作用。其包括以下几种方式:①壁面广告,以海报、装饰旗、垂幕吊旗等为主的POP广告;②货架广告;③地面广告,如陈列架、展示台等;④悬吊式广告,如彩条、吊牌等;⑤标志广告,分为指示性标志和销售区域标志两种形式;⑥柜台式广告;⑦附在商品上的广告;⑧价目卡;⑨包装广告。

3) 物流企业广告策略

物流企业广告策略包括确定广告目标、选择广告媒体、决定广告预算、进行广告效果评价等内容。这些内容相互关联,共同构成企业广告的整体策略。

(1) 确定广告目标。广告目标是企业对广告活动进行有效地决策、指导和监督及对广告活动效果进行评价的依据。物流企业要实施广告决策,首先应确定广告活动的目标。物流企业广告主题的确定一定要突出自身的服务产品的个性特征,以吸引目标客户的注意力,促进销售。

例如,专注于特定行业的物流企业,在广告的策划中可以强调其行业服务特征;或者,对于某些特定线路或特定区域有竞争优势的物流企业,在广告策划上可以突出其竞争优势等。广告目标按目的的不同可分为创造品牌广告目标、保牌广告目标、竞争广告目标。

① 创造品牌广告目标。物流企业以此为广告目标,目的在于开发新产品和开拓新市场。它通过对物流服务的性能、特点和增值作用的宣传介绍,提高客户对服务产品的认知程度。其中着重要求提高新产品的知名度、理解度和客户对厂牌标记的记忆度。

② 保牌广告目标。物流企业以此为广告目标,目的在于巩固已有的市场阵地,并在此基础上深入开发潜在市场和刺激购买需求。它主要通过连续广告的形式,加深对已有商品的认识。广告力求保持客户对广告产品的好感、偏好和信心。

③ 竞争广告目标。这类广告的目的,在于加强产品的宣传竞争,提高市场能力。广告重点是宣传本产品的优异之处,使客户认知本产品能给他们带来什么好处,以增强偏好度并指明选购。

(2) 选择广告媒体。

物流相关媒体

1. 网站类

中国物流与采购网	www.cflp.org.cn
中国物流网	www.china-logisticsnet.com
中国物流网络	www.chinalogistics.com.cn
中国物流电子商务网	www.elogistics.com.cn
中国物流装备网	www.56zb.com
中国物流产品网	www.56products.com
中国物流在线	www.chinatdonline.com
航运商务网	www.21shipping.com
锦程物流网	www.jctrans.com
海环国际物流网	www.sealink-usa.com
中国国际物流网	www.chinafreight-gormarder.com
中国仓储物流网	www.ec56.com
中国物流资源网	www.56source.com
中国航贸网	www.snet.com.cn
商业物流网	www.B2B56.com
中国物流基地联盟网	www.base56.com.cn
中国物流信息网	www.like56.net
中海物流网	www.logistics-china.com
中国开创物流网	www.china56net.com
全国物流信息网	www.56888.com
航运在线	www.sol.com.cn

| 中华航运网 | www.chinese shipping.com.cn |
| 新系统物流 | www.cpl.com.tw |

2. 报纸类

《国际经贸消息》、《物资信息报》、《中国交通报》、《中国商报》、《国际商报》、《中国包装报》、《中国船舶报》、《中国电子报》、《中国国门报》、《中国经济导报》、《中国邮政报》。

3. 期刊类

《中国物流与采购》、《物流技术与应用》、《现代物流》、《物流技术》、《中国远洋航务公告》、《中国航务周刊》、《中外物流快讯》、《电子商务技术》、《市场与电脑》、《国际贸易》、《集装箱化》、《起重运输机械》、《信息与电脑》、《中国交通信息产业》、《公路交通与计算机》、《水路运输文摘》、《交通标准化》、《包装工程》、《港口装卸》、《航运交易公报》、《华东公路》、《机器人技术与应用》、《交通世界》、《物流世界》、《全国商情》、《商业经理人》、《商场现代化》、《条码与信息系统》、《中国流通经济》、《综合运输》、《中国公路学报》、《军队物资》、《铁道物资科学管理》、《中国公路》。

资料来源：李祖武．物流市场营销[M]．北京：清华大学出版社，2008：175-176．

(3) 编制广告预算。广告预算是物流企业根据广告计划，在一定时间内，对开展广告活动所需费用的估算，是企业进行广告宣传活动、投入资金的使用计划。目前，常用的编制广告预算的方法主要有量力而行法、销售额百分比法、目标任务法、竞争对比法等。

(4) 广告效果评价。物流企业制定广告决策的最后一个步骤是评价广告效果。它是完整的广告活动中不可缺少的重要内容。

① 广告效果分类。

广告效果是广告信息通过媒体传播之后所产生的影响。对其评估一般包括两个方面的内容。

ⅰ．广告传播效果，即物流企业广告对于客户知晓、认知和偏好的影响。它是以客户对物流企业认知程度的变化情况或客户接受广告的反应等间接促销因素为根据确定的效果。

ⅱ．广告销售效果，指物流广告推出后对企业产品销售的影响。一般来说，广告的销售效果要比传播效果更难评估。因为，除了广告因素外，产品的特色、价格竞争等因素均影响销售额。因素越少越容易被控制，广告对销售效果的影响就越容易测量。采用邮寄广告时促销效果最容易评估，而品牌广告或企业形象广告的促销效果最难评估。

② 广告效果评价方法。

广告效果评价方法主要有以下两种。

ⅰ．广告本身效果评估。对广告本身效果评估可以从两个方面进行：一是对沟通过程进行评估，二是对沟通效果进行评估。对沟通过程进行评估是指对广告接受者的反映进行评估，通常可以采用测试评估法和试验评估法。对沟通效果的评估是指广告发出后，客户能否有效地取得物流企业的基本物流服务信息，并测试其对物流企业及服务的认知程度。一般可以采用跟踪研究法。

ⅱ．销售效果评价。销售效果评价即考核和评估物流企业做广告后其业务的增长情况，对这项内容的考核和评价是比较难的，目前常用的方法有历史比较法和实验法两种。

3. 物流营业推广

1) 物流营业推广的含义

物流营业推广是指在短期内能够迅速刺激物流需要，吸引客户，增加物流需求量的各种促销形式。物流营业推广在物流服务中的各个阶段都是有效的,可以用来吸引注意,产生兴趣,诱发欲望,刺激购买。物流营销推广和广告宣传、人员推销、公共关系一起构成销售促进系统。

当促销做法是降价时,也被看成是价格政策的组成部分。物流营业推广和其他宣传形式结合使用时成效更好,特别是加上广告的效果更佳。在广告活动中,使用刺激措施可以改变潜在购买者对消费者物流服务的兴趣和态度。

1 元钱机票

2006 年 11 月 29 日,春秋航空公司在上海—济南航线上首次推出"比坐公交车还便宜"的 1 元机票,自 11 月 30 日起至 12 月 11 日止,仅限网上购票。一时间,春秋航空公司济南营业部的人气火爆,不断有客户来来往往。

一直宣扬走低成本之路的春秋航空,自 2005 年 7 月开航以来就以低价撼市,所谓 99 系列票价吸引市场注意。其中,济南、烟台、温州和青岛最低 99 元;南昌、厦门、天津最低 199 元;珠海、桂林最低 299 元。春秋航空目前已开通 14 条航线,各航线总平均票价定位于 5 折左右,低于同航线其他航空公司价格的 36%。

当然,低票价的背后是"降低"服务标准:省之于旅客,让利于旅客。正是在这样的思路指导下,一切"多余"的服务都在取消之列:限制免费行李数量,将最高免费行李额从一般的 20 kg 降至 15 kg,餐食自行解决,仅免费提供 1 瓶 300 mL 的矿泉水;没有廊桥和摆渡车,使用较远的机位,旅客需徒步上下飞机,重复使用塑料登机牌等。

点评:用低价策略吸引市场关注,这是中国企业新品上市时惯用的一种竞争手法。春秋航空公司的"1 元钱机票"、"99 系列"不仅让旅客得到实惠,为新航线培育了市场,而且给航空"价格同盟"带来了冲击,目前各家航空公司被迫推出 3 折和 4 折机票,与春秋航空公司的"搅局"不无关系。

资料来源:市场部网(www.shichangbu.com)

做好营业推广的关键工作是策划。所谓营业推广策划就是根据企业的要求,对营业推广的组织、目标、策划内容、时机把握以及营业推广中的其他问题进行全面、细致的安排和规划,制订出有影响力的、有效的行动方案,并将方案付诸实施,以达到激励士气、销售产品的目的。

2) 营业推广的形式

(1) 针对消费者的营业推广形式:①产品陈列和现场表演,其做法是在商品销售点或经销点占据有利位置,进行橱窗陈列、货架陈列、流动陈列和现场表演等,展示商品的性能,消除客户顾虑;②赠送样品,通过让客户试看、试用、试听等方式,使客户在试用商品的过程中了解效果、传递信息、产生兴趣和引起欲望,扩大销售;③廉价包装,企业采用简单包装,把大包装拆成小包装等直接或间接降低包装费用的方式吸引经济型客户;④有奖销售,采用返奖券或号码中奖等方式吸引客户购买;⑤优惠券,企业向潜在客户或现场购买者发放优惠购物券,客户可以凭购物券到指定的地点以较低的价格购买商品;⑥知识讲座,向消费者传播与企业产品或服务有关的专业知识,激起消费者对企业产品或服务的了解;⑦售后保证,主要是强调以优质售后服务为目标来吸引消费者的活动,增强他们对企业产品或服务的好感。

元旦,某高校俱乐部前,一位老妇守着两筐大苹果叫卖,因为天寒,问者寥寥。一位教授见此情形上前与这位老妇商量几句,然后走到附近商店买来节日扎花用的红彩带,并与老妇一起将苹果两个一扎,接着高叫道"情侣苹果呦!两元一对!"经过的情侣们甚觉新鲜,用红彩带扎在一起的一对苹果看起来很有情趣,因而买者甚众。不一会儿,全卖光了,老妇感激不尽,赚得颇丰。

点评:产品不变,通过一个简单的创意就促进了产品的销售,充分体现了促销的作用。

资料来源:李祖武.物流市场营销[M].北京:清华大学出版社,2008:179.

(2) 针对中间商的营业推广方式有以下几种。

① 产品交易会和展示会。企业定期或不定期地组织和举办各种形式的产品交易会和展示会,并以此来洽谈业务,增加交易。

② 让利销售。企业通过交易折扣、返利或返点、广告津贴、采购费用津贴等方式,让利给中间商,调动其销售积极性,其中交易折扣有现金折扣、数量折扣、季节折扣等形式。

③ 销售竞赛。企业为了激励中间商,在一定时期内扩大销售而开展的各类竞赛活动,主要有销量竞赛、销售技术竞赛等。

④ 服务促销。企业通过给中间商提供更多的服务支持调动其积极性,如开展业务会议、提供市场营销方案、发行内部刊物、培训销售人员、采购支持、退货保证等。

(3) 物流企业进行营业推广时应考虑的因素。

① 明确营业推广的目标。物流企业应根据目标市场和企业的整体营销策略来确定企业推广的目标,依据推广的目标制订周密的计划。

② 选择营业推广的对象。各种营业推广的手段针对不同的客户、中间商、推销人员所起的作用是不同的。因此,企业在进行营业推广时,应根据已确定的目标,因时、因地制宜地选择推广对象。

③ 确定营业推广的途径。物流企业应根据业务的覆盖面及营业推广的预算费用,选择既能节约推广费用,又能收到最佳效果的营业推广手段。

④ 掌握营业推广的时机。营业推广的时机很重要,如果时机选择得好,能起到事半功倍的效果。物流企业应综合考虑产品的生产周期、市场的竞争情况、客户及中间商的营业状况等因素制订营业推广的实施方案。

⑤ 定好营业推广的期限。营业推广期限的选择必须符合企业市场营销的整体策略,并与其他经营活动相协调。时间太短会使一部分客户来不及购买;时间太长,又会使人产生变相降价的印象,从而影响企业的声誉。因此,推广期限的选择必须恰到好处。

⑥ 算好营业推广的费用。营业推广是企业促销的一种重要方式,通过营业推广可以使企业的营业额增加,但同时也增加了销售成本。企业应权衡推销费用与企业收益的得失,把握好费用和收益的比值,确定营业推广的规模和程度。

4. 物流公共关系

1) 公共关系的含义

公共关系(Public Relation)是指某一组织为改善与社会公众的关系,促进公众对组织的认识、理解及支持,达到树立良好组织形象,促进商品销售的一系列促销活动。公共关系本义是工商企业必须与其周围的各种内部、外部公众建立良好的关系。它是一种状态,任何一个企业或个人都处于某种公共关系之中;它又是一种活动,当一个工商企业或个人有意识地、自觉地采取措施去改善自己的公共关系状态时就是在从事公共关系活动。

2) 公共关系促销的特点

(1) 传递信息的全面化。企业开展公共关系活动,通过媒介把有关企业的信息有计划地传递给公众,是为了树立企业的良好形象,取得公众的信赖与支持。因此,它所传递的信息是大量而全面的,既传递企业技术、设备、财务等方面的信息,又传递企业职工福利、企业前途及社会责任、企业素质、人才培养等方面的信息。总之,公共关系能够把一个企业形象完整地呈现在公众面前。

(2) 公众影响的多元化。一个企业周围的公众是多元的,公众中不仅包括客户(用户),而且包括供应厂商、社区、媒介、政府和企业内部职工等。在公众面前,企业必须做到两点,一是积极顺应公众的意见;二是努力影响公众的意见,从而树立企业在公众中的正面形象。

(3) 塑造形象的成效化。从心理学的角度看,人们的感情普遍存在一种由此及彼的扩展和迁移的特性。如果人们对某人感情很深,则对与此人相关的其他方面也会产生相应的情感。公共关系正是把握人们的这种心理,通过集中力量塑造企业形象,使公众热爱企业。这样,不仅能够促进产品销售,而且能够起到鼓励和吸引投资、吸引优秀人才等多方面的效果。

3) 物流公共关系的主要方法

(1) 利用新闻媒介扩大企业宣传。物流企业应争取尽可能多的机会与新闻单位建立联系,通过新闻媒介向社会公众介绍企业及其产品。一方面可以节约广告支出;另一方面由于新闻媒介具有较高的权威性,覆盖面广,企业借助于新闻媒介的宣传效果要远远好于广告。这方面的工作内容主要包括撰写新闻稿件、编撰企业各类刊物、简讯和年度报告,向各界有关团体及个人散发企业的材料,参加各种社会活动等。

(2) 支持公益活动。物流企业通过赞助,如体育、文化教育、社会福利等社会公益事业,使公众感到企业不但是一个经济实体,而且也能肩负社会责任,为社会的公益事业作出贡献。这样必然能扩大和提高企业在社会公众中的声誉和地位。

(3) 组织专题公众活动。物流企业可以通过组织或举办新闻发布会、展览会、联谊会、庆典、开放参观等专题公众活动,介绍、展示企业情况,沟通感情,增进了解,扩大宣传,树立形象。

(4) 加强内部员工的联系。物流企业可以组织内部员工进行一些文娱活动、体育活动、旅游或演讲等,还可以组织各种座谈会来交流思想,协调各部门及员工之间的关系。通过开展活动来培养员工的集体意识,增强企业的凝聚力。

(5) 与地方政府建立良好的关系。物流业是一个新兴产业,目前各地政府都非常重视物流业的发展,积极进行本地物流业发展的战略规划,给予物流企业以资金、政策等方面的支持。在这种情况下,作为物流企业应努力与当地政府建立良好的关系,争取得到政府在各个方面的扶持,包括资金扶持、场地优惠政策、重点地方企业的客户开发及其他优惠政策扶持等。

(6) 积极参与有关的物流社会团体和会议。物流企业可以加入有关的物流协会,如中国物流与采购联合会等,成为其会员,参加联合会组织的各种活动,借以扩大本企业在业内的影响;还可以参加与物流有关的各种会议,如物流年会、物流展览会、交流会、研讨会等,以便提升自身的知名度与企业形象。

4) 物流企业的公关活动

(1) 与新闻界沟通。首先,要建立与当地及所属行业主要媒体新闻界的联系;其次,经常向新闻界通报企业的动态,特别要及时传递企业的信息事件;再次,经常邀请新闻界的朋友到物流企业光临指导;最后,争取让新闻界多发表和刊登针对自己企业正面宣传的软文广告。

(2) 产品和服务宣传。产品和服务宣传包括为宣传企业的某种物流服务项目所进行的一切宣传活动,一般包括配合物流企业新航线、新项目和新业务上市所进行的各种促销宣传活动。

(3) 公司内宣传。公司内宣传包括企业简报、企业报刊、内部资料、通报、企业内网公告等。

(4) 企业外宣传。企业外宣传,如××港通过与中央电视台联合举办激情广场,组织2万人参与,吸引众多媒体报道,起到了良好的宣传效果。

联邦快递助阵中国羽毛球队迎战"2007中国大师赛"

新一季国际羽坛超级系列赛又将打响! 联邦快递作为中国羽毛球队首席合作伙伴将再次与这支世界顶级队伍携手出师7月10日至15日在成都举办的国际六星级羽毛球大赛2008年奥运会积分赛——"2007中国羽毛球大师赛",并预祝中国队的健儿们再创佳绩!

中国羽毛球队是一支长期保持世界顶尖水平的胜利之师,也是一支凝聚力超强、战斗力超强的威武之师。他们不断挑战新高,奋力拼搏,为国家赢得了至高的荣誉! 而联邦快递则以客户利益为重,坚守"使命必达"的承诺,致力为客户提供快速、准确、灵活、可靠的服务,更于今年5月28日宣布国内业务的又一个里程碑——为中国部分地区客户提供次早达、次日达的高端服务,表明了联邦快递致力于长期发展中国市场的坚定决心!

这两支来自于不同领域的强大团队在为各自所追求的最高荣誉而不懈努力的同时,还为中国体育事业的发展共尽一份力量。为了进一步推广羽毛球运动,联邦快递将配合本届中国大师赛,组织一系列推广活动。此外,还将组织联邦快递的拉拉队到比赛现场为中国羽毛球队的健儿们呐喊助威! 在此,我们也诚挚地邀请您共同观赏选手们的精彩球技,让我们一同为中国队欢呼,为羽毛球运动鼓掌!

资料来源:联邦快递(www.fedex.com.cn)。

(5) 游说。物流企业向政府游说,积极宣传企业动态和处境,争取获得政府的政策支持。游说政府有助于加快整个物流行业的立法进程。积极参与各种物流标准的规划和建设,积极参加物流协会,并在其中起主导作用。

(6) 咨询。物流企业应该经常针对社会普遍关注的热点问题开展公众咨询活动,加深公众的理解和支持。物流企业还应该针对货主批评、关注的问题开展咨询,如举行研讨会、咨询会等为他们排忧解难。物流企业还应该更多地举办和参与有意义的、针对中间商等目标的咨询活动,扩大自身影响力,利用一切机会开展促销活动。

5) 物流企业公共关系的实施步骤

(1) 调查研究。企业通过调研,一方面了解公众对企业实施政策的意见和反应,并反馈给高层管理者,促使企业的决策有的放矢;另一方面,将企业领导者的意图及企业决策传递给公众,使公众加强对企业的认识。

(2) 确定目标。一般来说,企业公关的目标是促使公众了解企业形象,改变公众对企业的态度。具体地说,公关目标是通过企业传播信息,转变公众态度,即唤起企业需求。必须注意,不同企业或企业在不同发展时期,其公关的具体目标是不同的。

(3) 交流信息。企业通过大众传播媒体及交流信息的方式传播信息。可见,公关过程就是信息交流过程。

(4) 评估公共关系结果。评价的指标可以包括:第一,曝光频率,衡量公共关系效果的最简易的方法是计算出现在媒体上的曝光次数。企业同时希望报上有字,广播有声,电视有影;第二,反响,分析由公共关系活动而引起公众对产品的知名度、理解、态度方面的变化,调查这些变化前后的水平;第三,如统计方便,销售额和利润的影响是最令人满意的一种衡量方法。

小 结

1. 物流企业促销的含义

物流企业促销是现代物流企业通过一系列活动,一方面向客户提供产品运输、仓储、配送等服务;另一方面向客户提供更为重要的增值服务和信息服务等。物流企业促销就是把物流企业向客户提供物流服务的方式、内容、信息等通过一种或几种有效途径传递给客户以达到吸引客户、提高企业业务量、增加利润的企业经营活动。

2. 物流企业促销的目标

物流企业促销的目标包括基本目标和具体目标。基本目标包括建立对该物流产品及物流公司的认识和兴趣;使服务内容和物流企业本身与竞争者产生差异;沟通并描述所提供产品或服务的种种利益;建立并维持物流企业的整体形象和信誉;说服客户购买或使用该项物流产品。物流企业促销的具体目标包括客户目标和中间商目标。

3. 物流企业促销的组合策略

物流企业促销的组合策略方式包括推式策略、拉式策略和推拉式结合策略。

4. 物流企业主要促销策略

物流企业主要促销策略有物流人员推销、物流广告、物流营业推广和物流公共关系。

思 考 题

1. 物流企业促销的组合策略有哪几种?
2. 物流企业主要促销策略有哪几种?各有什么特点或程序?

案 例

DHL实施本土化战略 借助媒体扩大影响

中外运敦豪国际航空快递有限公司(以下简称中外运敦豪)成立于1986年,由DHL(敦豪集团)和中国对外贸易运输集团总公司各注资一半成立。合资公司成功地把DHL作为国际航空快递业的领导者的丰富经验和中国外运集团总公司在中国外贸运输市场的经营优势结合在一起,为中国各主要城市提供国际和国内的文件、包裹和货物的快递和物流服务。中外运敦豪成立20年来,已经在中国建立了最大的快递服务网络,在全国各主要城市开设有72家分公司,服务覆盖全国318个城市,拥有超过6 900名训练有素的员工。

2006年4月,德国邮政董事会主席崇文礼博士借中国行,与中国对外贸易运输集团董事长苗耕书先生一起正式发布"DHL中国优先"战略,通过加大投资,进一步提升DHL在中国的作业能力,大大巩固DHL在中国市场的领导地位。同年4月,中外运敦豪在中国国际呼叫中心与客户关系管理大会上赢得"2006中国最佳呼叫中心"称号;5月,在2006年亚洲货运与供应链大奖的评选中,DHL再次荣获"最佳快递运营商"大奖,这是DHL连续20年获得这一殊荣;8月,正式发布基于DHL先进技术平台的信息化发件工具DHL Connect和综合性快递管理解决方案DHLXML-PI,在中国市场率先推出了包含多种技术工具、多功能、多角度、面向全线客户管理需求的综合性、信息化快件管理解决方案,实现了其广受客户欢迎的信息化快递管理工具的全面整合和升级;11月,在第五届中国货运业大奖颁奖典礼上,DHL获得中国航务周刊的三项大奖:最佳快递公司国际快递金奖、最佳快递公司国内快递银奖和最佳货运航空公司银奖;全国客户服务部及作业部在亚太区客户/作业神秘客户调查中继续蝉联第一。同月,在荷兰CRF集团"2007年中国杰出雇主"评选活动中,中外运敦豪荣获"上海地区杰出雇主"奖;同月,在东方区上海康桥服务中心举行DHL亚太区第100个获得科技资产保护协会A级认证服务设施的庆祝仪式。

这些成绩的取得,说明了DHL在对客户服务的过程中,坚持实施本土化战略。尽快适应当地的文化氛围和消费习惯,按照当地消费者心理设计解决方案,赢得当地消费者的青睐;另外,DHL还通过参与各类社会评选活动,扩大自身的社会知名度,提升自己的社会公众形象。

DHL在中国市场上,也注重利用社会事件实施公共关系促销:2005年11月26日,江西九江地区发生了5.7级地震,中外运敦豪于11月28日早晨,把300个生活用品急救包运抵灾区,并立即发动全国56个分公司6 000名员工捐款,共捐人民币逾20多万元,用于三桥村小学重建;2006年9月10日,公司高级管理层再捐资3万余元,为学生添置新桌椅及其他体育设施;2006年7月,中外运敦豪在湖南发生水灾后,启动灾区应急援助方案,利用其本身的快递服务网络,24小时之内将世界宣明会筹集的300多个救生包无偿运抵灾区,为湖南民众提供及时、有效的帮助;2006年9月2日,中外运敦豪协助世界宣明会,装箱和运送197个足球箱子到云南、贵州、广西等偏远地区,圆满完成了2006年"足球箱子"助学活动。迄今为止,中外运敦豪已连续4次支持"足球箱子"活动,共运送了近500箱用品至偏远地区,为数千名孩子带来健康和快乐。在这些公益活动中,公司充分利用自身现有资源,同时与媒体展开互动,及时向外界传递活动的具体情况,通过媒体的力量展示公司的社会责任感,从而赢得更多客户的认同和信赖。

思考:1. DHL在实施本土化战略中主要采取了哪些措施?

2. DHL在选择公共关系促销载体时,主要选择的对象具备什么样的特点?

3. 如何评价DHL在实施公共关系促销之后产生的影响?

资料来源:黄福华,李坚飞. 物流营销[M]. 大连:东北财经大学出版社,2009:243-245.

第4章 物流服务营销

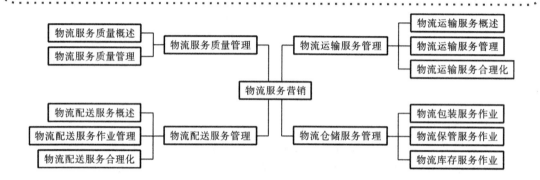

4.1 物流运输服务管理

学习目标

1. 了解运输的概念、分类、功能及其在物流中的作用。
2. 了解运输服务管理的概念、原理及内容,掌握运输服务管理的基本原则。
3. 掌握运输合理化的概念、影响因素及措施。

案 例

2007年一季度,我国社会物流总费用为9 337亿元,同比增长15.3%。从社会物流总费用的构成看,运输费用为5 292亿元,占社会物流总费用的比重为56.7%;保管费用为2 950亿元,占社会物流总费用的比重为31.6%;管理费用1 096亿元,占社会物流总费用的比重为11.7%。

资料来源:沈建男. 基于物流成本现状的控制策略分析[J]. 物流工程与管理,2009,31(10):49.

思考:上述材料反映了什么问题?

4.1.1 物流运输服务概述

1. 概念

运输是指对人或货物的输送,是借助运输工具和运输基础设施让人或物在空间产生的位置移动。理解运输的概念,我们必须明确以下三个要点:首先,运输承担物流改变空间状态的主要任务,如将钢材从 A 省运往 B 省;其次,运输不仅存在于生产领域,也存在于流通领域;第三,运输是物流系统最主要的支柱,是物流最基本的组成部分。

2. 运输的分类(方式)

根据运输工具及其设施设备的不同,可将运输服务分为六大类,换而言之,也就是运输服务的六种方式。

1) 公路运输

公路运输是最主要的运输方式,通过利用汽车或其他车辆在公路上进行客货运输,具有投资少、建设期短、灵活性强、能实行"门到门"的运输特点,可以作为其他运输方式的衔接手段。但与其他运输相比,公路运输存在载运量小等不利因素,不适宜大宗货物和长距离运输。

2) 铁路运输

铁路运输是使用铁路列车运送货物和旅客的一种运输方式,具有运距长、运量大、速度快、成本较低的特点,适合于大批量商品长距离的陆上运输,与其他类型车辆配合,几乎能承运任何商品。在客运方面,尤其是寒、暑运等节假日运输上,铁路运输一直起着举足轻重的作用。铁路运输的主要缺点是灵活性差,只能在固定路线上行驶,并且必须与其他运输方式相配合和衔接。

3) 水路运输

水路运输是使用船舶运输客货的运输方式,可以实现大吨位、大容量、长距离的运输,在干线运输中起主力作用。水路运输成本很低,但运输速度很慢,而且易受季节、气候、水位等很多外部自然因素的影响。

4) 航空运输

航空运输是用飞机或其他航空器进行运输的一种形式,具有速度快、机动性大、舒适、安全等特点,适宜运送急需物资、鲜活商品、精密仪器和贵重物品,是国际货物运输的常用形式之一。航空运输与水路运输、铁路运输相比,运量很小,同时也是目前市场上成本最高的运输形式。

5) 管道运输

管道运输近年来发展较迅速,是利用管道输送气体、液体和粉状固体的一种新型运输方式。这种运输方式具有以下特征:运具与线路合二为一,运量很大,成本低廉,受气候影响小,安全性比较高,适用于一些流体的能源物资的运输,如石油、天然气等。管道运输的最大不足是适用范围窄,此外,运输速度也较慢。

6) 联合运输

联合运输是指在运输过程中使用两种或两种以上运输方式,遵照统一的规章或协议,使用同一运输凭证或通过代办中转业务。联合运输归纳起来,具有三大特点:一是组织运输的全程性;二是运程凭证的通用性;三是托运手续的简易性。联合运输极大简化了运输手续,减少了托运人的事务,强化了运输企业的合作意识,充分利用了各运输方式的优点,其实质是各种运输形式开展协作的有效形式。无论是国内市场,还是国际市场,联合运输方式普遍存在。

选择何种运输方式,不仅取决于货物的特征、数量,还取决于运距、托运人的要求,甚至外部自然条件等。因此,应在综合考虑上述因素的基础上,选择经济性、迅速性、安全性和便利性均好的运输方式。

3. 运输的功能

运输是物流服务的主要组成部分,它通常是指较远距离的物品的整体移动。在完成物品的移动过程中,运输展示了它的两大功能。

一是货物移动功能。从运输的概念中可看出,货物移动是运输最基本的功能。运输的目的就是在规定的时间内改变货物的空间位置,通过这种改变创造价值,产生时间效应和空间效应。

二是短暂货物库存功能。对货物短时储存是运输的一种随附的功能。在运输途中,可将运输工具视为临时仓库,所有在途货物都可视为库存产品,只不过此时的储存是免费的,而产品处于移动而非闲置状态。遇到货物需要中转而装卸货非常麻烦时,我们可以充分利用运输的这一功能。

4. 运输在物流中的作用

1)运输是物流的核心职能

迄今为止,许多人仍容易陷入一个误区,即将运输等同于物流。姑且不论其对错,一个毋庸置疑的事实就是——运输就是物流的核心职能。物流就是在约定的时间内,通过改变物品的空间位置,使其产生更大价值。离开了运输,物流也丧失了其存在的根基,成了无源之水、无本之木。

2)运输是"第三利润源泉"的主要源泉

过去,人们常常寄望于劳动资料和劳动者来获得利润,并将二者分称为"第一利润源泉"和"第二利润源泉"。然而,随着技术的不断进步和竞争的日益激烈,第一、二利润来源上升的空间似乎愈来愈少了。而"黑大陆说"和"冰山论"却无不显示,以往被忽视的物流在商品成本中所占的比重是非常大的。曾有人笑言,"喝啤酒"等于"喝物流",因为一瓶啤酒本身的成本不高,而物流成本导致了啤酒的市场价格远高于啤酒本身。厂家和商家都意识到节约物流成本能帮助他们获得更多利润,物流于是成为了"第三利润源泉"。根据综合分析社会物流成本的结果,运输费用所占比例高达60%。显然,运输费用是物流成本中一笔很大的开支,其节约的潜力不可限量。因而,运输自然成了"第三利润源泉"的主要源泉。

3)运输是实现物流高效率和合理化的关键

物流是一个系统,运输、包装、装卸、仓储、配送等都是这个系统中的一环,而运输是最主要的环节。合理的运输不仅可以消除运输中的浪费,充分发挥运输工具的效能,节约运力、劳动力和其他社会资源,还可以提高商品的运输质量,用最少的环节、以最快的速度、取最短的里程到达目的地,从而加速货物流通,及时供应市场,降低物资部门的流通费用,取得良好的社会效益和经济效益。而运输路线设计得不合理、运输方式选择得不当、运载设施设备利用得不充分、运输过程中的掉以轻心等,都会降低运输效率,提高运输成本,影响整个物流系统的效率和合理性。

4.1.2 物流运输服务管理

1. 运输服务管理的概念

运输服务管理,就是按照运输的规律和原则,对整个运输过程所涉及的物品发送和接运及物品中转等,对人力、运力、财力和运输设备,进行合理组织、平衡调整和监督实施,达到提高效率、降低成本的目的。

2. 运输服务管理的基本原理

(1) 规模经济　规模经济是指通过做大规模,降低单位产出成本,以获得更高经济效益。运输规模经济的存在,是因为随着装运规模的增长,分摊到单位货物中的固定费用逐步下降。规模经济使得货物的批量运输显得合理。

(2) 距离经济　距离经济的合理性类似于规模经济,是指每单位距离的运输成本随运输距离的增加而减少。距离越长,可使固定费用分摊后的值越少。

3. 运输服务管理的基本原则

运输是物流的中心环节,在物品空间位移的过程中,运输服务管理应始终贯彻"及时、准确、经济、安全"的原则,保证货物能多、快、好、省地抵达目的地。

及时,是指根据客户的要求,在规定的时间内将货物送达指定地点,满足产、供、销的需求,确保不延误市场时机。

准确,就是在运输过程中,要防止各种差错发生,把货物准确无误地交给接运人。如果货物在运输过程中需要经过多次中转,往往容易导致运输差错事故率提高。因此,在运输设计中应尽量减少中转次数、强化发运人和接运人的责任心,这非常有必要。

安全,主要是保证货物的完整无缺,是从货物质量这一角度来看的。运输过程中,一方面要仔细谨慎,防止因外力引发货物破损,甚至灭失现象的发生;另一方面,要防止货物因物理、化学或生物等自然原因所引起的商品霉烂、变质的现象,尤其要关注化学危险品,鲜活、易腐商品等。总之,加强运输安全十分重要。

经济,就是能省则省,以最经济的方法调运货物,节约人力、物力和财力,以期达到降低运输成本、提高运输效益的目的。具体表现为两方面:一是降低运输费用,包括选择最合理的运输路线和采用最合理的运输方式;二是提高各种运输设施设备的利用率。

4. 运输服务管理的内容

1) 运输计划管理

凡事预则立,运输计划是对运输业务的一种预见性安排,加强计划管理,有助于运输业务的顺利开展及完成。运输计划可根据不同标准进行如下分类。

(1) 按照运输方式划分为:铁路运输计划,公路运输计划,水路运输计划,航空运输计划,联运运输计划,集装箱运输计划。

(2) 按照编制时间分为:年度运输计划,月度运输计划及旬度运输计划。

2) 运输业务管理

运输业务管理是企业对物品运输过程的管理,包括物品的发运、接运、中转和安全管理。

发运业务是企业根据交通部门的有关规定,按照运输计划,将货物从起运地运往目的地的第一个环节。发运前要协调各方行动,充分做好准备工作,如落实货源、组织配装,检查包装标记、安排搬运及办理托运等。尤其要注意发货时间、备货与调车的一致,保证按时调车、装车和发运。

接运业务是指将到达的货物在办理了交接手续后,及时、完好无缺地接运到指定地点的工作。接运关系到运输时间的长短、货物质量,以及物品能否及时入库或使用、出售等问题。

中转业务是指货物从起运地到目的地之间不能一次到达,必须经过两次以上(包含两次)运输而发生的作业。中转作业起着承前启后的作用,对于提高运输服务质量有非常重要的意义。中转管理尤其要避免货物破损、混乱不清的现象。

安全管理也是运输管理的一项重要内容。在运输过程中,货物经历发运、接运、中转等多个环节和多次装卸搬运,易发生各种事故。相关企业及交通运输部门必须加强安全管理,建立健全各种安全管理制度,强化安全责任意识,减少货损、货差。如有事故应及时处理,划清事故责任。

3) 运输服务水平的监督、评价与研究

运输服务水平的监督、评价与研究是运输服务管理的一项重要内容,应贯穿于运输业务的始终。通过监督、评价与研究,一方面可以时刻了解业务的进展及客户要求,并根据反馈回来的信息,及时纠正偏差;另一方面则可以准确掌握市场动态,做出合适的调整与改进。

4.1.3 物流运输服务合理化

1. 运输合理化的含义

物流运输合理化是指从整个物流系统出发,选择合理的运输方式,优化运输路线,充分利用各种运输设施设备,以最短的路径、最少的环节、最快的速度和最少的劳动与资源消耗,组织好运输活动。

2. 运输合理化的意义

(1) 运输合理化能节约运输费用,降低物流成本。

(2) 运输合理化能缩短运输时间,加快物流速度。

(3) 运输合理化能缓解运力紧张的状况,节约运力和资源。

(4) 运输合理化能加速再生产进程,促进国民经济持续、稳定、协调发展。众所周知,供给与需求保持平衡才能保证国民经济良性运行。

3. 影响运输合理化的因素

在生产生活中,我们常常会听到有人抱怨物流运输的不合理。什么是不合理运输呢?它是指在现有条件下,能达到的运输水平而未达到,从而导致运力浪费、运输成本增加、运输时间延长等问题出现。

运输的不合理绝大部分源自于主观因素,也就是运输组织的不当。具体而言,主要表现为以下现象:返程或启程、对流运输、迂回运输、重复运输、倒流运输、过远运输、运力选择不当及托运方式选择不当等。

分析上述情形,可以发现,判断运输是否合理主要取决于以下五大因素。

(1) 运输距离　在运输过程中,运距长短是衡量运输合理与否的最基本的因素,它不仅影响着运输的成本,而且直接影响着运输的时间效应。

(2) 运输环节　运输环节的增减,必然导致运输附属活动发生同步变化,如装卸、包装等,进而影响运输的各项技术经济指标。在综合考虑各方面条件的情况下,一般要求尽量减少运输环节。

(3) 运输时间　运输时间在全部物流时间中占了相当大部分。缩短运输时间,不仅有助于促进商品的流通,还有助于加速运输工具的周转,充分发挥运力效能,提高运输线路的通过能力。

(4) 运输费用　运输费用也就是运输成本,通常其在物流成本中所占的比重超出50%,它直接影响物流企业的利润,是企业的重点关注对象。一般而言,运输费用与企业利润成反比,费用越高,利润越低,反之亦然。

(5) 运输方式　各种运输方式都有其优、劣势,在选择运输方式时,不仅应考虑货物的数量及特征,还应综合考虑上述四大因素及外部自然条件等,尽可能做出合理选择。

4. 运输合理化的具体措施

运输在物流过程中具有举足轻重的特殊地位,是物流过程中各项业务的中心活动,同时也是物流成本生成的最大源泉。实现运输合理化,有助于降低物流成本,有助于充分利用社会资源,提高社会经济效益。确保运输合理化已势在必行,我们可采用以下措施。

(1) 减少运输工具的空载率,力图实现实载率最大化。实载率有两个含义:一是单车实际载重与运距之乘积和标定载重与行驶里程之乘积的比率,在安排单车、单船运输时它是判断装载合理与否的重要指标;二是车船的统计指标,即在一定时期内实际完成的货物周转量(吨公里)占载重吨位与行驶公里乘积的百分比。提高实载率,可以充分利用运输工具的额定能力,如配载、挂车等方式,进而减少空驶和不满载行驶现象,节约运力,获得运输的合理化。

(2) 减少能源投入。在运输基础设施设备固定的情况下,应尽可能投入较少的劳动力、能源动力和其他社会资源,来按质按量完成运输任务,这也是降低成本的核心。如铁路运输中,在机车能力允许的情况下,多加挂车皮;公路运输中,可实行汽车挂车运输,以增加运输能力;水路运输中,可利用竹、木本身的浮力实施拖排和拖带法;内河运输中,则可将驳船编成队,由机动船顶推前进等。

(3) 开展中短距离铁路公路分流的运输。这种运输合理化主要表现为两方面:一是通过公路分流,在一定程度上缓解相对比较紧张的铁路运输,提高该区段的运输通过能力;二是充分利用公路运输速度快、机动灵活、且能"从门到门"的优势,实现铁路运输难以达到的运输服务水平。总之,实施这一措施,就是要求在公路运输的经济里程范围内应尽量利用公路运输。

(4) 尽量发展直达运输。直达运输就是指能越过仓库或交通中转环节,把货物从产地或起运地直接运到销地或用户手中。直达运输要求运输网络合理化配置,它有利于建立稳定的产销关系和运输系统,有利于提高运输计划的可控性,其最大优势在于减少了中间环节的成本耗费,在一次运输批量或需求量达到整车时表现得尤为突出。鉴于上述优点,直达运输近年来的比重逐步增加。但另一方面,直达运输是否合理也受限于外部条件,如需求量或批量大到一定程度,直达是合理的,反之则不合理。

(5) "四就"直拨运输。"四就"直拨是指就厂、就站(码头)、就库、就车(船)将货物分送给用户,无须再入库。其实质是减少中转运输环节,力求以最少的中转次数完成运输任务。"四就"直拨要求管理机构必须预先筹划好整个过程。

(6) 配载运输。配载运输是指为充分利用运输工具的载重量和容积、采用合理的方法安排货物的装载,以求实现运输合理化的方式。配载运输往往适用于轻重商品的混合配载运输上,通常是在不增加运力的情况下,以重型货物运输为主,同时搭载一些轻货物,其效果非常显著。如海运钢材、水泥等重质货物,在上面捎运木材、毛竹等。

(7) 发展特殊运输技术和运输工具。对于一些特殊货物的运输,往往要求采用特殊的运输技术或工具,以期实现运输的合理化。如:可以利用专用散装及灌装车有效解决粉状、液状物资在运输中损耗大、安全性能差的问题;利用袋鼠式车皮、大型拖挂车解决大型设备整体运输的问题等。

(8) 通过流通加工,使运输合理化。不少产品由于其本身形态及特性问题,不利于装运或导致运输成本过高,如果根据产品特性进行适当加工,就能有效解决上述问题,实现合理运输。

如水产品及肉类预先冷冻,可提高车辆装载率并能减少运输损耗;而将轻泡产品预先捆紧包装成规定的尺寸,装车就容易,且能提高装载率,降低物流成本。

(9)发展社会化的运输体系。运输社会化是指发展运输的大生产优势,实行专业化分工,打破物流企业自成运输体系的状况,这是运输合理化非常重要的措施。实行运输社会化,可以通过加强企业间的合作,统一安排运输工具,统一配载,避免迂回、倒流、空驶、运力选择不当等诸多不合理现象,从而实现组织效益和规模效益。

小 结

1. 运输是指对人或货物的输送,是借助运输工具和运输基础设施让人或物在空间产生的位置移动。根据运输工具及其设施设备的不同,可将运输服务分为公路、铁路、水路、航空、管道、联合运输六大类。运输主要有货物位移和短暂货物储存两大功能。运输是物流的核心职能,是"第三利润源泉"的主要源泉,也是实现物流高效率和合理化的关键。

2. 运输服务管理,就是按照运输的规律和原则,对整个运输过程所涉及的物品发运和接运及物品中转等,对人力、运力、财力和运输设备,进行合理组织、平衡调整和监督实施,达到提高效率,降低成本的目的。运输服务管理的基本原理是规模经济和距离经济。及时、准确、经济、安全是运输服务管理的基本原则。运输服务管理的内容包括运输计划管理,运输业务管理,运输服务水平的监督、评价与研究。

3. 运输合理化是指从整个物流系统出发,选择合理的运输方式,优化运输路线,充分利用各种运输设施设备,以最短的路径、最少的环节、最快的速度和最少的劳动与资源消耗,组织好运输活动。影响运输合理化的因素有运输距离、运输环节、运输时间、运输费用和运输方式。运输合理化已势在必行,可采取多种措施促进运输合理化。

思 考 题

1. 什么是运输?有哪些类型及功能?
2. 运输在物流中有何作用?
3. 什么是运输服务管理?运输服务管理的基本原则是什么?
4. 简述运输服务管理的基本内容。
5. 什么是运输合理化?运输合理化有什么意义?
6. 影响运输合理化的因素有哪些?
7. 如何实现运输合理化?

宅急便的由来

日本的大和运输株式会社(Yamato Transportation)成立于1919年,是日本第二古老的货车运输公司。1973年日本陷入第一次石油危机的大混乱中,企业委托的货物非常少,对此,当时大和运输的社长小仓提出了"小宗化"的经营方向,认为这是提高收益的关键。1976年2月,大和运输开办了"宅急便"业务。1976年,宅急便共受理了170万件货物,到1988年,宅急便受理货物已达34 877万件,超过了邮局小包的23 500万件。该年,在宅配便的业界中,宅急便的市场占有率已达40％,位居日本运输第一位的日本通运的"信天翁便"只占28％。到1995年,宅急便受理货物的件数多达57 000万,营业额为6 000亿日元。宅急便的员工人数由原先的300人增加到57 797人,拥有车辆由2 000辆增加到25 000辆。在日本,大和运输的宅急便已是无人不知、无人不晓,在马路上到处可见宅急便来回穿梭。一通电话,翌日送达。

宅急便类似目前的快递业务,但其服务的内容更广。在运送货物时,讲究三个"S",即速度(Speed)、安全(Safety)、服务(Service)。大和在这三者之中,最优先考虑的是速度。因为有了速度,才能抢先顺应时代的需求,在激烈的竞争中取胜。而在速度中,宅急便又特别重视"发货"的速度。宅急便的配送,除去夜间配送以外,基本是一天2回,也即2次循环。凡时间距离在15小时以内的货物,保证在翌日送达。

宅急便的受理店多达20多万家(包括大和本身的近2 000家分店),是以米店、杂货店等地方上分布面广的重要的零售店设立的。1989年之后,由于与7-11和罗森等大型便利店的合作,已调整为24小时全天候受理货物。大和对这些受理店,每受理一件货物,支付100日元的受理手续费。如果客户亲自将货物送到受理店,这位客户就可以从所应付的运费当中扣除100日元。

利用夜间进行从出发地到目的地的运输,是宅急便得以在速度上取得优势的重要措施,从而做到了当日下午进行集货,夜间进行异地运输,翌日上午即可送货上门,得以保证在15～18小时内完成整个服务过程。宅急便还采取了车辆分离的办法,采用拖车运输。牵引车把拖车甲运到B以后,把车摘下来放在B,再挂上B点的拖车乙开向A。这样,车辆的周转率是最高的。

此外,宅急便又采取了设立中转站的办法。这种中转方法不是货车和货物的中转,而是司机进行交换的开车方式。如从东京到大阪的长途运输,距离为600公里,需要司机2个人,再从大阪返回时还需要这么长的时间,司机也非常累,这样一来一往就需要4个人。如果在中间设置一个中转站,东京和大阪同时发车,从东京来的,在中转站开上大阪的车返回就不要2个人,只要1个人就可以了,总共只需要2个人,从而减少了2个人的费用。

思考:宅急便是如何在市场上立足发展的?它采用了哪些方式降低物流运输成本?

4.2 物流包储服务管理

> **学习目标**
>
> 1. 掌握包装的概念、影响因素及包装合理化的措施,了解包装的分类。
> 2. 掌握物流保管服务的概念、功能、原则,了解物流保管服务作业的流程。
> 3. 掌握库存服务、库存成本的概念及库存管理方法,了解库存类型。
> 4. 掌握库存合理化的概念、内容及零库存的概念,了解零库存的实现方式。

> **案 例**

服装换季时节,虽然街头各类服装专卖场"甩卖"声一片,但其实对国内众多服装企业而言,他们的日子并不好过,因为他们都不得不面对因换季而产生的巨大的"库存"问题。"不少服装企业即使现在停产,靠卖其库存也能维持一两年",一业内人士这样来描述国内服装企业库存问题的严重程度。

"由于休闲服饰对时尚流行较为敏锐,因此更新淘汰很快,一不小心就会带来大量库存。"业内人士说。在全国知名的休闲服装生产基地中山沙溪,一个知名的休闲服饰厂家,2001年销售额为1亿元,而其仓库库存也达到了1亿元以上,几乎和销售持平。在这样的背景之下,厂家往往出于处理库存、回笼资金的考虑而进行拼命甩卖,否则一不卖力,一年到头赚到的就是一堆衣服。

问题:上述材料反映了什么问题?

资料来源:宋方,蒋长兵,黄顺泉. 现代物流案例教学与实例[M]. 北京:中国物资出版社,2007:112.

仓储是仓库储藏和保管的简称,一般是指从接受储存物品开始,经过储存保管作业,直至把物品完好地发放出去的全部活动过程。仓储在物流系统中起着缓冲、调节和平衡的作用,是物流的基本功能之一。传统的仓储服务主要是指存货管理,现代物流赋予了仓储管理更多内容。本节将主要介绍与仓储管理密切相关的包装、保管、库存三项物流服务作业。

4.2.1 物流包装服务作业

1. 包装的概念及分类

包装是为了在流通过程中保护商品、方便储运和促进销售,而按照一定的技术方法使用容器、材料及辅助物等将物品包封并予以适当的装饰和标志工作的总和。换而言之,包装是包装物和包装操作的总称。

包装具有保护商品、方便物流、促进销售及方便消费等几大功能。现代商品的品种、性能和用途都是多种多样的,为了充分发挥包装的功能,必须对商品包装进行科学合理的分类。按照一定的分类标准,可以划分为以下不同类别。

(1) 按商品包装功能分为商业包装和工业包装等。商业包装,也称消费者包装或零售包装。主要是根据消费者的需要,作为商品的一部分或为方便携带所作的包装。工业包装,也称运输包装,主要指以保护运输和保管过程中的货物为主要目的的包装。

(2) 按照包装技术或方法分为防火包装、防潮包装、防锈包装、缓冲包装、防虫包装、防鼠包装、通风包装、压缩包装、真空包装及耐寒包装等。

(3) 按照包装的结构分为件装、内装和外装等。件装是指为每件物品所作的包装;外装通常指适宜物品运输、存储的包装;内装介于件装和外装之间,主要是一些保护性包装。

(4) 按包装商品分为食品包装、药品包装、蔬菜包装、机械包装、危险品包装等。

(5) 按内容状态分为液体包装、粉末包装、颗粒包装等。

(6) 按照包装材料的类别分为纸和纸制品包装、塑料制品包装、木包装、金属包装、玻璃包装、陶瓷包装、草编包装及棉纺制品包装等。

2. 影响包装设计的因素

一般来说,在选择与设计包装时,主要受到如下因素的影响。

(1) 被包装商品的体积、重量及其在物理与化学方面的特性。由于商品形态各异,性质不同,在设计包装时,必须根据其本身的特点和国际通用标准,设计出适合商品自身特有的包装。

(2) 应考虑包装的保护性。被包装商品在流通、保管过程中,可能受到各种外来物的破坏,如外力的冲击、震动,虫害,气象环境、生态环境及物理环境的影响等。因此,在设计时应尽量做到有的放矢。

(3) 消费者的方便性。包装设计应尽量站在客户的角度考虑,方便客户的使用。

(4) 包装的经济性。设计包装应尽量考虑其经济性,做到够用、适用就好,一般而言,生产性产品侧重考虑其保护性,消费性产品则不仅考虑其保护性,还必须注意其外观的魅力,以吸引客户。

3. 包装作业

包装作业是指将物品盛入包装容器中,按统一规定的标准进行合理包扎的操作过程。物品在储运过程中,都须要予以整理、加固或进行包装、拼装、改装、换装、回收等工作。

分装是指由于业务需要,将整件包装中的商品拆开,化整为零,按一定的规格数量进行包装。分装时,必须根据商品的性质,选择合适的场所,准备必要的机具设备。

拼装是指把不同品种、规格、牌号的商品合装在一个包装物内。拼装应注意以下内容:性质不同且相互之间有不良作用的物品不能拼装;不同运价等级的物品不能拼装;拼装的商品不能过大或是体积过重。

加固换装是指物流过程中某储运环节发现商品的包装破损,不能再保障运输和储存时,应及时进行加固处理或改换新包装的包装作业。

4. 包装合理化

包装是物流的起点,包装合理化是物流合理化的重要内容。理解包装合理化,应从两个角度考量:一是包装材料、包装技术、包装方式的组合与运用是否合理;二是结合整体物流效益的角度来衡量包装效益。任何包装不足、包装过剩或包装在物流成本中比例过大等现象,都是不合理的。

实现包装合理化,可以通过如下途径。

(1) 包装标准化 所谓包装标准化既指包装尺寸应与托盘、集装箱、车辆、搬运机械、货架等物流设施设备及机具相匹配,也指商品包装标准应符合各权威机构所发布的统一的规定。这样有助于提高包装效率,保证包装质量。

(2) 包装作业机械化 实现包装作业的机械化,可以提高包装作业效率,减少人工包装作业强度,减少出错率。

(3) 包装成本低廉化 即包装过程中要注重合理利用资源和节约包装成本,提高包装作业效率。

(4) 包装单位大型化 包装的长宽比例要符合模数化的要求,以便最大限度地利用运输、搬运工具和仓储空间。

(5) 包装绿色化 绿色包装是指无害少污染、符合环保要求的各类包装物品,主要包括纸包装、可降解塑包装、生物包装和可食性包装等,它们将是包装发展的主流。

4.2.2 物流保管服务作业

1. 概念及功能

物流保管是指对物品的保存与管理,是在保证物品的品质和数量的前提下,依据一定的管理规则,在一定的时间内把物品存放在一定的场所的活动。物流保管服务则是指为调整物品的需求和供给,而对物品实行保存与管理的一种服务活动。物流保管服务是物流服务的传统内容,也是物流系统的重要组成部分。

物流保管服务的功能主要表现为以下三方面:储藏功能,这是物流保管服务的传统功能,对生产企业而言,相当于其后勤,能保证生产的顺利进行;保值功能,物流企业对保管物品的物理性能实行管理,维持物品的价值;调节功能,这是物流保管服务最突出的功能,通过改变流通中商品的供应量,来调节社会供给与需求,使之维持平衡。

2. 物流保管服务的原则

企业在提供保管服务时应遵循以下原则。

(1) 细致谨慎原则　细致谨慎原则一直贯穿于保管服务作业的整个流程。无论是验收入库,还是维护保养阶段,或是发放阶段,甚至在发放之后的盘点工作中,都要求企业工作人员必须细致谨慎,全面掌握货物的相关信息,仔细核对各种单据。

(2) 安全原则　在保管服务过程中,保证商品数量与质量安全始终是放在第一位的。保管服务的实现是以商品数量与质量安全为载体来体现的。

(3) 科学管理原则　科学管理原则既体现在能合理有序地安排保管服务作业流程,也表现为存储规范化,能对商品进行分区分类分批管理,实行专仓专储,对货位进行有效编号,确保商品和仓库的安全,加速商品的流转速度。

(4) 先进先出原则　先进先出原则是指先入库的商品应先发放,这是为了防止被保管物品因为存放期限过长,而发生变质、损耗、老化等现象,这也是为了实现保管的保值功能。

(5) 充分利用空间原则　充分利用空间原则,是指保管服务过程中,在方便商品的出入库与维护保养的基础上,充分利用仓库的空间,有效提高仓库的负荷能力。

(6) 高效化原则　高效化原则,要求保管服务作业能快速、迅速、及时、准确地满足消费者需求,这样有助于提高物流效率。

(7) 成本原则　由于各种商品的属性不同,物流企业必须针对不同商品采取不同措施进行保管,以保证商品的价值及其服务水平,物流企业因此须付出相应的成本。在保管服务的过程中,必须注意对这种成本的控制。

3. 物流保管服务的作业流程

物流保管服务作业是属于物流仓库管理的内容,其作业流程主要包括四个环节:商品的验收入库、商品的保管养护工作、商品的发放和清仓盘点工作。

1) 商品的验收入库

商品的验收入库,是商品进入仓库的第一个环节,是指仓库工作人员按照一定的手续和程序,对入库商品进行接货、验收、办理入库等一系列动作。商品验收入库是进行保管服务的基础,应符合准备充分、保质保量、手续简便、及时准确等要求。验收入库应做好以下工作。

(1) 入库前的准备工作　入库前的准备工作包括:及时了解入库商品的品种、数量和时间等信息;接到入库通知后,要有针对性地了解入库商品的性质、特点、保管方法和有关注意事项,以便确定入库商品的存放地点、存放方式和所需工具、器械等,并为保管养护工作做好充分准备。

(2) 接货　接货可采用库内接货,到供货单位提货,或者到车站码头提货等,但不管是采用哪一种提货方式,都必须做到手续清楚、准确及时、责任分明,要当场核对商品的品种、规格、数量,查看包装及封印的完好度,做好接货记录。

(3) 验收入库　验收入库,首先应认真审核正式入库凭证所列项目是否正确,印鉴是否齐全,随车清单、磅码单和运单所列品种、数量等与正式入库凭证是否一致。严格根据正式入库凭证所列项目,逐项与实物核对,搞好数量验收、品种验收和包装验收。验收入库的操作要求是:物资验收及时、准确,按规定程序和期限进行验收,核对整件,实物验收。

(4) 记账、立卡、建档　商品入库后应做好记账、立卡、建档等工作。记账是指在财务部门建立的账目之外,仓库也要建立保管明细账,详细反映商品进出的结存情况,列出商品的品种名称、规格、数量、批次,库存商品所用到的货位号和档案编号,要经常核对明细账,保证账、卡、物一致;立卡,是指在存放商品的位置上挂上一个用来表明该商品名称、规格、编号、进出数量和结存数量的标签;建档,是指为存放的商品建立档案,通常一物一档,档案资料包括:商品出厂时的各种凭证、技术资料,入库前的运输资料,验收记录、技术检验证明、磅码单,物资保管期间的变动情况及其他资料。

(5) 验收中发生问题的处理　在验收过程中,常发生一些异常情况,应做出适当处理。对于货已到而正式入库凭证未到的商品,不能验收入库。可先点清件数,临时存放,并签发回单。待正式入库凭证到达后,再按入库验收程序正式验收入库。如发现品种、规格不符,件数或重量溢短,包装破损、潮霉、水渍、污染和其他问题时,要在运单上批注,并详细地作出验收记录,由仓库保管员和承运单位有关人员共同签字以分清责任;当发生严重质量问题和/或严重短货时,应及时报告主管领导和客户,请其研究处理。

2) 商品的保管养护

商品的保管养护工作是物流保管业务的中心环节,它是指对验收入库的商品,根据其性能、体积、包装等不同要求,结合储存地点的自然条件,在发放前进行科学管理和维护保养的工作。保管养护工作应符合"数量准确、质量不变、摆放科学,方便发货,确保安全,降低损耗"的基本要求,并做好以下四方面的工作。

(1) 摆放方便安全。方便,是指在保管服务过程中,既方便商品的入库,又有利于发放;安全,则是指在商品存储过程中,既要保证商品的质量,又不会因为商品本身而影响外部环境,导致事故发生。商品入库验收后,应根据商品的性能、特点和保管要求,安排适宜的储存场所。

(2) 科学管理,实行商品存储规范化。科学管理、存储规范化,主要体现在对商品进行分区分类分批管理,专仓专储,对货位进行编号。分区分类分批管理、专仓专储,是指根据商品的材质、性能、规格、形状、批号等,结合仓库的自身条件,把库房、料场等分为若干保管区,合理规划各类物资摆放的固定区域。货位编号则是对库房、料场、货架等商品存放场地,按照地点、位置排列顺序统一编号,作出明显标志。进行科学管理,实行存储规范化,才能有助于保证商品安全,加速商品流转,提高管理水平。

(3) 做好商品的维护保养工作。商品的维护保养工作直接体现了物流保管服务水平。维护保养工作应根据商品性能、特点,采取不同措施,分门别类地对各种商品进行维护保养,以保证商品在出库时质量没有异变。维护保养工作应贯彻执行"预防为主,防治结合"的方针,积极采取各种措施,认真做好防尘、防潮、防腐、防震、防水、防爆等工作。

(4) 建立商品养护档案。建立商品养护档案,经常记录商品质量变化的情况和变化的原因,既可以提高保管服务水平,又能为研究各类商品的科学保管养护方法积累系统的资料。

3) 商品的发放

商品的发放,也就是商品的出库,这是被保管商品再次进入流通中的环节。商品发放工作应达到的基本要求是:迅速、准确、安全、节约。在商品发放过程中,应注意以下要点。

(1) 做好发货前的准备工作,以保证及时准确地发放。

(2) 严格根据出库凭证发放。认真审查正式出库凭证填写的项目是否齐全,有无印鉴,所列提货单位名称、商品名称、规格、重量、数量、唛头、合同号等是否正确。

(3) 发放阶段。根据正式出库凭证所列项目,与备好的商品相对照,逐项复核,检查有无差错。发货应坚持先进先出的原则。

(4) 商品发放后,应在当日内根据正式出库凭证销卡、销账,并点清货垛结余数与账、卡核对,做到账、货、卡三相符;同时要将有关凭证单据,在一个工作日内登入台账。

4) 清仓盘点

清仓盘点,就是摸清仓库的物资数量、质量、规格和用途,做到账物相符,有据可查。

清仓盘点根据盘点的频率,可分为经常盘点和定期盘点。经常盘点是仓库保管人员通过每日物资的收发情况,及时检查库存物资的账、卡、物是否相符,每月对发生变动的物资进行复查或轮番抽查。定期盘点,是由物资供应部门、财会部门组织有关管理人员、员工参加的清仓盘点小组,按制度规定的时间对仓库所有物资进行全面清点。在清仓盘点中,如发现盘盈盘亏现象,要立即汇报情况,查出原因,追究责任;对清查处理的超储、积压、呆滞物资,要予以及时处理。通过清仓处理,可以及时发现问题,帮助物资供应部门总结经验教训,提高物流管理水平。

清仓盘点的主要内容包括:核查物资的账面数与实际数是否一致;核查各类物资有无超储积压、短缺、变质、损坏情况;核查各类物资在收发方面有无差错;检查仓库设备、储存容器、安全设施是否有损坏。

4.2.3 物流库存服务作业

1. 库存服务概述

库存是指企业在生产经营中为满足现在和将来的需求而储存的物资,这种物资也称为存货。库存与保管不同,前者是从物流管理的角度出发,强调合理化和经济性,后者是从物流作业的角度出发强调效率化。

根据库存功能的不同,可将库存分为五大类。

(1) 波动库存,是指由于生产与销售的数量与时机不能被准确地预测而持有的库存,这种库存可以稳定存货,以满足需求中的随机变化而不需改变生产水平。

(2) 预期库存,是指为迎接一个高峰销售季节、一次市场营销推销计划或一个工厂关闭期而预先建立起来的库存。

(3) 在途库存,也称中转库存,是指正在转移、等待转移或已经装在运输工具上的存货。

(4) 投机库存,是指为了避免物价上涨造成损失,或者意图通过从商品价格上涨中获得利益而建立的库存,这种库存具有投机性质。

(5) 呆滞库存,是指那些已经有一段时间没有需求的物资。呆滞库存可能在任何地方、任何时间都是过时的,也可能只是在某一个库存点是过时的。

库存管理就是指在满足客户服务要求的前提下,通过对企业的库存水平进行控制,力求尽可能地降低库存成本、提高物流系统的效率,以强化企业的竞争力。库存管理的根本任务和目标就是要在库存成本的合理范围内达到满意的客户服务水平。显然,物流库存管理不仅具备了保管的相关功能,更突出了它调节供需矛盾、稳定市场、创造商品时间效用及降低物流成本的三大功能。

2. 库存成本

库存是物流成本的主要生成部分,库存管理是降低物流成本的主要途径。了解库存成本,对合理管理库存具有重要意义。库存成本由购入成本、订购(订货)成本、储存成本和缺货成本组成。

(1) 购入成本　包括单位购入价格或单位生产成本。单位成本始终应以进入库存时的成本来计算。外购物品还应加上运费来计算成本。

(2) 订货成本　是指向外部供应商发出采购订单的成本,通常和订购或生产准备次数直接相关,而与订货量无直接关系。订购成本包括提出请购单、分析卖主、填写采购订货单、来料验收、跟踪订货,以及为完成交易所必须的文牍业务等各项费用。

(3) 存储费用/储存成本　也称持有成本,主要包括资本成本、税金、保险、搬运、储藏、损耗、陈旧和变质等项费用。

(4) 缺货成本　又称亏空成本,是由于中断供应所产生的。缺货将导致延期交货,企业当前利润和未来利润受损失,造成客户的生产损失和完工日期的延误。这种成本比较难计量。

3. 库存管理方法

为了更好地对库存进行管理,提高库存服务水平,使库存成本合理化,需要对库存管理中一些常用的方法进行探讨。

1) ABC 方法

ABC 分类管理方法就是把物资按品种和占用资金的大小分类,再针对重要程度的不同对各类物资分别管理。特别重要的库存物品为 A 类,一般重要的库存物品为 B 类,不重要的库存物品为 C 类,共三个等级。然后针对不同等级分别进行管理和控制(如表 4-1 所示)。ABC 分类管理法是实行库存合理化的基础,在此基础上可以进一步解决各类的结构关系、储存量、重点管理和技术措施等合理化问题。而且,通过在 ABC 分析的基础上实施重点管理,可以决定各种物资的合理库存储备数量及经济地保有合理储备的办法,乃至实施零库存。

表 4-1　ABC 管理法的管理重点

分类结果	管理重点	订货方式
A	压缩库存至最低水平,投入较大力量精心管理	精确计算每一种物品的订货量,采用定期订货方式
B	按经营方针来调节库存水平和服务水平	定量订货
C	集中大量地订货,增加库存,不需费太多精力	订货点订货法

资料来源:田源,李伊松,易华. 物流运作管理[M]. 北京:清华大学出版社,2007:137.

2) CVA 方法

CVA 方法也称关键因素分析法,是对 ABC 法的一种有益补充。当企业利用 ABC 法对库存进行分类与管理时,可能出现 C 类物资中有价值很低,但却是生产过程中不可或缺的产品,而在 ABC 分类法中被忽视,这时可采用 CVA 分析法加以弥补。CVA 是根据库存物资的重要性将其分为最高优先级、高优先级、中优先级和低优先级四个级别,再分级制定不同的库存管理策略。其中,级别越高的物资,缺货成本越大,要求的现货供应比率也越高。为此,应加大安全库存量避免缺货。

3) 定期观测法

定期观测法又称为定期控制或订货间隔期法,是一种以固定检查和订货间隔期为基础的库存管理法。定期观测法不存在固定订货点,但有固定的订货间隔期 T,每次订货的数量不固定,需要根据某种规则补充到库存目标量 S 中。目标库存量 S 和订货间隔期 T 都是事先设定的主要参数,其中 S 的确定主要是考虑为库存设定一个控制限额。当实际库存量大于 S 时,不订货;小于 S 时,则需要订货。

4) EOQ 方法

EOQ 是经济订购批量的意思,也是指库存总成本最小时的订货量。EOQ 方法就是要在库存量下降到预定的最低库存量(订货点)时,按规定数量进行订货补充的一种库存管理方式。下面以理想状态下,物资最佳订货批量模型来说明经济订购批量的确定方法。

假定每次订货的订货量相同,订货提前期固定,需求率固定不变,在不允许缺货,也没有数量折扣等因素影响的情况下,库存物资的年度总费用(TC)=采购成本(DP)+订货成本(DC/Q)+库存保管费用($QK/2$)。若使 TC 最小,将上式对 Q 求导后令其等于零,得到经济订购批量的计算公式为:

$$EOQ = \sqrt{2CD/K} \text{ 或 } \sqrt{2CD/PF}$$

式中 D——某库存物品的年需求量(件/年);

         Q——每次订货批量;

         P——单位采购成本(元/次);

         K, PF——单位库存平均年度库存保管费用(元/件·年);

         C——单位订货成本(元/次);

         F——单件库存保管费用与单件库存平均成本之比。

4. 库存合理化

库存是人们顺利从事生产与流通活动的必要环节,但是库存的设置也会冲减流通利润或物流效益。如果计划不周或设置不当,库存的副作用会更大。所以,使库存趋于合理化,一直是人们努力追求的目标。合理的库存应与生产和流通相适应,并且成为生产和流通运行的必要条件。从投入和产出比例关系的角度来看,库存合理化是指以最经济的方法和手段从事库存活动,并发挥其作用的一种库存状态及运行趋势。具体而言,库存合理化应包含以下内容。

(1) 合理的库存设备配置   事实上,库存设备配置不论是数量过少,还是过剩,或是技术水平落后,都会影响库存作用的有效发挥。库存的"硬件"配置应以能够有效实现库存职能、满足生产和消费者需要为基准,做到适当、合理地配置。

(2) 科学的组织管理   库存组织管理科学化表现为:①库存对象数量保持在合理的限度之内;②货物储存时间短,周转速度快;③货物储存结构合理,能充分满足生产和消费的需要。

(3) 适当的库存结构   合理的库存结构,一方面是指库存在地理位置、整体布局和库存方式上都应有利于生产的发展;另一方面是指在总量和存储时间上,库存货物的品种和规格的比例关系基本上是协调的。库存结构合理,有利于社会化大生产,有利于利用机械化和现代化的方式进行生产,更有利于提高物流服务水平。

5. 零库存

零库存是一种特殊的库存概念,具有两层含义:一是库存对象物的数量趋于零或等于零;二是指库存设施、设备的数量及库存劳动耗费同时趋于零或等于零。零库存不等于不要储备和没有储备,只是指某些企业不单独设立仓库和不库存物资,并不等于取消其他形式的储存。

从经济意义上而言,零库存实际上是社会库存结构的合理调整和库存集中化的表现,有助于提高生产效率,节约社会资源。

零库存的具体实现形式有以下几类。

(1) 委托保管方式:接受用户委托,由受托方代存代管物资,所有权仍属于用户,但用户不再持有库存。

(2) 协作分包方式:这是制造企业的一种产业结构形式。这种结构形式可以以若干分包企业的柔性生产准时供应,使主企业的供应库存为零;同时主企业的集中销售库存使若干分包企业及销售企业的销售库存为零。

(3) 轮动式:轮动方式又称为同步方式,是在对系统进行周密设计的前提下,使各个环节速度完全协调,从而基本取消,甚至是工位之间暂时停滞的一种零库存。

(4) 准时供应系统:准时供应系统是依靠有效的衔接和计划达到工位之间与生产之间的协调,从而实现零库存。

(5) 看板方式:是在企业的各工序之间、生产企业与供应者之间,采用固定格式的卡片为凭证,由下一个环节根据自己的节奏,逆生产流程方向,向上一个环节制定供应(品种、数量),从而协调关系,做到准时同步。看板方式是一种简单有效的方式,最初在丰田公司采用。

(6) 水龙头方式:水龙头方式是一种像拧开自来水管的水龙头就可以取水而无须自己持有库存的零库存形式。使用这种供应形式实现零库存的物资,主要是工具及标准件。

(7) 无库存储备:无库存的储备是仍然保持储备,但不采取库存形式,以此达到零库存。主要适用于一些战略物资。

(8) 配送方式:这是综合运用上述若干方式,依靠专业流通组织准时而均衡供货,从而使用户实现零库存。

小　结

1. 包装是为了在流通过程中保护商品、方便储运和促进销售,而按照一定的技术方法使用容器、材料及辅助物等将物品包封并予以适当的装饰和标志工作的总和。换而言之,包装是包装物和包装操作的总称。

包装设计受到商品性能、包装的保护性、消费者的方便性及包装的经济性四大因素的影响。包装合理化是物流合理化的重要内容,可通过包装标准化、作业机械化、成本低廉化、单位大型化及包装绿色化等措施来促进包装合理化。

2. 物流保管服务则是指为调整物品的需求和供给,而对物品实行保存与管理的一种服务活动。物流保管服务具有储存、保持和调节供需的功能。提供物流保管服务时应遵循相应原则。物流保管服务作业主要包括商品的验收入库、商品的保管养护工作、商品的发放和清仓盘点工作四个环节。

3. 库存是指企业在生产经营中为满足现在和将来的需求而储存的物资,库存根据功能的不同可分为五大类。库存成本是物流成本的主要来源之一,由购入成本、订购(订货)成本、储存成本和缺货成本组成。对库存进行管理,就是为了提高库存服务水平,使库存成本合理化。库存管理方法有 ABC 方法、CVA 方法、定期观测法及 EOQ 方法等。库存合理化是指以最经济的方法和手段从事库存活动,并发挥作用的一种库存状态及运行趋势。具体而言,库存合理化应包含合理的库存设备配置、科学的组织管理及适当的库存结构三个方面内容。零库存是一种特殊的库存概念,可通过八大方式实现。

但实践过程中会经常出现配送不合理的形式,可采取多种措施尽量促进配送合理化。

思 考 题

1. 什么是包装？包装设计受到哪些因素的影响？
2. 包装合理化的措施有哪些？
3. 什么是物流保管服务？有何功能？物流保管服务的作业流程是怎样的？
4. 从事物流保管服务应坚持哪些原则？
5. 什么是库存？有哪些类型？
6. 什么是库存管理？库存管理又哪些方法？
7. 什么是库存合理化？库存合理化包括哪些内容？
8. 什么是零库存？零库存是怎样实现的？

案 例

湖州安泰物流中心是湖州地区规模较大、综合设施较完善的专业货运市场之一,具有交易、信息、仓储、停车、配送等综合性配套服务功能。建筑面积50 413平方米,其中经营办公用房12 033平方米,仓储面积11 811平方米,停车场8 000平方米,总投资7 000万元。

过去,安泰物流的主要业务是利用自有的良好的仓储设施和办公基地,提供仓储和办公场所的租赁服务,租金的收取是其主要收入之一;同时,利用自有车辆和网络资源向货主提供专线运输服务,运输费用的收取也是主要收入之一。在服务主导经济潮流的今天,没有技术含量,低水平的基础服务已经没有多少利润可图,有时甚至入不敷出。深入企业调查,发现物流中心近几年均处于年亏损十几万的状态之中。

为摆脱这种尴尬境地,安泰物流中心充分利用了自己的资源优势,谋求高层次的增值服务,把仓储和专线运输合二为一,为了增强兼具配送功能的仓库流通性,安泰物流中心在原有仓储的基础上加大了代仓储设备的投入力度,并将成本较低的条码技术和托盘技术先行引入;存量大并且具有高层货架体系的仓储及其设备(如巷道堆垛机等)后期引入。现代仓储技术和设备的引入,满足了其不断扩大经营范围的要求,提高了物资的综合利用率,促进了物流合理化,实现了配送仓储的自动化、快捷化、网络化,提高了物流活动的效率,增加了物流的整体效益,以高的服务质量满足客户。

目前安泰物流中心内已吸引近40家物流及工商企业进驻。企业主要经营的业务包括:自营货物的运输及配载;基地内仓储、配送服务;货运专线和中转等。并为中石油、苏宁电器、张裕葡萄酒等知名企业提供仓储管理、配送服务。制造商或大批发商通过干线运输等方式大批量地把货品存放在安泰物流的仓库里,然后根据终端店面的销售需求,用小车小批量配送到零售店或消费地。这样,一方面,使这些知名企业能够从繁杂的物流作业中脱离出来,集中精力发展自己擅长的主业;另一方面,可以使安泰物流不断摆脱低廉的利润极薄的基础服务,向高利润空间、高附加值的增值服务迈进,同时使企业的名气能够上一个台阶。

发展到一定阶段后,安泰物流企业甚至可以向客户提供物流策略和解决方案,搭建完善、实用的信息服务平台等服务,用专业化服务满足个性化需求。第三方物流企业通过提供这种全方位服务的方式,加强了与客户企业的业务联系,增强相互依赖性,发展战略伙伴关系,消除客户企业的疑虑。

资料来源:马秀丽.基于配送的第三方物流仓储服务——以湖州安泰物流中心为例[J].商场现代化,2008-12(559):89.

讨论:安泰物流中心是如何取得现有成绩的?

4.3 物流配送服务管理

学习目标

1. 掌握配送的概念及分类,了解配送在物流中的作用。
2. 掌握配送作业所包括的环节。
3. 了解实践中配送不合理的现象。
4. 掌握配送合理化的途径。

案 例

日本人现在去打高尔夫球时,已经很少有人亲自背着高尔夫球杆去球场。大多数是利用高尔夫宅急便,将球具送到高尔夫球场,自己则空手前往。在打完球回程时,也是由宅急便送回自己家中,做到能够身轻如燕地去游玩。1983年12月,滑雪宅急便开始登场,日本长野是这一季节的滑雪胜地,每年都从其他外县涌入1 100万名滑雪客。只要运送滑雪橇和随身货物,如果平均每人2件的话,往返就会有4 400万件的货源。滑雪宅急便保证做到在滑雪的前一天将货物送达,一开始就得到客户的好评,特别是深受身材单薄的女性客户们的喜爱。1987年8月,大和运输又推出了冷藏宅急便。温度分为5 ℃(冷藏)、0 ℃(冰温)和-18 ℃(冷冻)3种,货物以蔬菜、水果、鱼、肉等生鲜食品为主。在全体宅急便之中,生鲜食品占40%。冷藏便开发后,这一比例又急速升高,说明在日本生鲜食品的输送需求极其旺盛。此外,大和运输又开拓了书籍服务,读者直接向书籍服务公司订购后,可以利用它急便的配送网络,尽早地把书籍送到读者手中。

思考:试结合材料分析宅急便如何改变了人们的生活?

4.3.1 物流配送服务概述

配送是从发送、送货等业务活动中发展而来的,过去常被视为售后服务和促销手段。今天,配送已成为现代物流管理的重要环节,往往集装卸、包装、保管、运输于一体,几乎囊括了所有的物流功能要素,是物流的缩影或是在某个小范围内的物流全部活动的体现。配送不再是一种附属活动,而成为独立的商业形式。配送中心的选择及配送体系的构筑,已攸关企业的成败。

1. 基本概念

1) 配送

配送这一概念最初是从日本直接引入我国的。从字面理解这一概念,就是既"配"又"送",

配与送有机结合。"配"即配货,把不同的商品按照用户的需求合理组合在一起;"送"即送货,把用户需要的商品送到用户手中。1985年,日本政府发布了权威性的工业标准,将配送定义为"将货物从物流节点送交收货人"。我国的《物流术语国家标准》也给配送下了定义,即为在经济合理区域范围内,根据用户要求,对物品进行拣选、加工、包装、分割、组配等作业,并按时送达指定地点的物流活动。显然,这一定义已经非常全面了。

从实践看,物流配送服务具有以下特点。

(1) 直接面向用户,以供应者送货到户式的服务来供应。

(2) 在全面配货的基础上,完全按照用户的要求,实行小批量、多批次、品种规格齐全、配套、实行连续不断的均衡供货。

(3) 商流与物流相结合,形成商品购销、储存、加工、运送全过程一体化的配送体系,为商品流通提供多功能服务。

(4) 行驶距离较近,是短程运输,且多在大城市范围内或区域范围内。

知识链接

配送与以往的送货之间有着一定联系,但二者又有着显著的区别,具体表现如表4-2所示。

表4-2 配送与送货之间的区别

区别	送货	配送
地位	商业活动的附属活动	现代物流的重要环节,独立的商业形式
目的	售后服务及促销	生产专业化的必然产物,以满足用户的需求为出发点追求规模经济效应
内容	运输送货	备货、储存、分拣、配货、配装及运输、送达服务等
手段	传统设施设备	现代化装备及信息技术

2) 配送中心

配送中心是物流中心的一种,是随着物流活动的深入和物流服务社会化程度的提高,而产生的专门从事配送工作的流通机构。根据其功能不同可分为两大类:一类是具有存储功能的配送中心,一类是仅有配送功能而无存储功能的配送中心。

配送中心主要有以下三大职能。

(1) 集货。通过物流运输系统从生产厂家或仓库向配送中心等地调运大量的货物,以满足配送货物数量及品种的需要。

(2) 存储。配送中心要有一定水平的货物存储,以保证能按照用户的要求,及时准确地配送货物。

(3) 分货和配货。分货和配货是按照用户对货物数量和品种的需要,利用分拣运输设备,从配送中心的货物存储区将货物分拣并运到货物分放地。

2. 配送的种类

根据不同的标准,可将配送划分为不同类型。

1) 按配送的组织者分类

(1) 配送中心配送。组织者为配送中心,其专业性强,有配套的配送设施设备,如配送中心建筑、车辆和路线等,通常与客户有固定的配送关系。其配送具有距离较远、品种多、数量大、有计划性等特点,是配送的主要形式。

(2) 商店配送。组织者为从事商业零售的网点,配送组织者实力有限,往往是小量、零星商品的配送,配送的距离短、商品种类繁多,满足客户少量或偶尔的需求。在某种意义上,可将其视为是一种销售配送。商店配送在形式上又分为兼管配送和专营配送两种。

(3) 仓库配送。这种配送是以仓库为据点进行配送,在保持仓库储存保管功能的基础上,增加上配送职能。这种配送能充分利用仓库原有的设施设备,但配送规模小、专业化较差。

(4) 生产企业配送。组织者为生产企业。这种配送是在避免物流中转的基础上,由生产企业直接将产品配送给客户,一方面能降低企业的成本,但另一方面对生产企业又有相应的物流设施设备的要求。生产企业配送适用于地方性强的企业或不适宜中转的产品。

2) 按经营形式分类

(1) 销售配送。销售配送是指配送企业为销售性企业,或销售企业进行的促销型配送。这种配送的对象往往是终端客户,配送对象和客户都不是固定的,配送随机性较强、计划性差,配送的经营状况往往取决于市场状况。

(2) 供应配送。供应配送往往是为满足企业的供应需要而采取的配送形式,以配送方式进行供应,能形成规模经济效应,保证供应水平、提高供应能力、降低供应成本。这种配送在大型企业或企业集团、联合公司中采用较多。

(3) 销售-供应一体化配送。这种配送是指销售企业对于基本固定的客户和基本确定的配送产品,在销售的同时承担对客户执行有计划供应的职能,即销售企业既是销售者也是客户的供应代理人。这是一种重要的配送经营形式,既有利于形成稳定的供需关系和保持畅通的流通渠道,也有利于采取先进的计划手段和技术手段。

(4) 代存代供配送。这种配送是指客户委托配送企业对自己的货物代存、代供,甚至代订,然后组织对本身的配送。配送企业扮演委托代理人的角色,商品所有权始终归客户所有。

3) 按配送的服务方式分类

(1) 定时配送。这种配送是按规定的间隔时间进行配送,每次配送的品种和数量均可按计划执行,也可按事先规定的联络方式下达配送通知,然后按客户要求的品种、数量和时间进行配送。定时配送又分为日配送和准时-看板方式配送两种形式。

(2) 定量配送。这种配送是指按规定的品种与批量在指定的时间范围内进行配送。这种配送计划性强,备货简单,时间有弹性,可以在充分考虑集装箱、车辆等设备利用率的基础上,提高配送效率。

(3) 定时定量配送。这种配送是指按规定的时间、规定的商品品种和数量进行配送。兼具定时配送和定量配送的特点,服务质量水准较高,组织工作难度增大。

(4) 即时配送。即随叫随到,完全按照用户提出的时间和品种、数量要求,随即进行配送,是一种灵活性很高的应急配送方式。即时配送要求有很强的预测性和计划性,因为它往往发生在客户零库存的情况下。

(5) 定时定路线配送。这种配送是指在规定的运行路线上制定到达时间表,按运行时间表进行配送,用户可按规定路线、站点和规定时间接货,或提出其他配送要求。

(6) 共同配送。共同配送是指为了提高车辆装载率而有效地对多位客户共同进行配送。这种方式不仅能增加汽车的装载率,而且多数货主的货物一次便可送达,方便装卸搬运作业。

4）按配送的专业化程度分类

(1) 综合配送。综合配送是指配送商品种类多,来源渠道不同,但不同专业领域的产品在一个配送节点中组织对客户的配送。这种配送是一种综合性强、能满足客户高服务要求的配送形式。

(2) 专业配送。这种配送是指按产品性质和状态划分专业领域的配送方式。这种配送方式可以优化配送设施,合理配备配送机械、车辆,并能制订使用合理的工艺流程,从而大大提高配送效率。

3. 配送的作用

配送是现代物流的关键环节,对于完善物流系统,促进商品流通社会化、现代化与合理化,进而提高整个社会的经济效益,都起着举足轻重的作用。

(1) 发展配送,有助于形成规模经济效应,提高物资利用率和库存周转率,降低成本,提高经济效益。库存问题一直是生产企业的两难问题,依靠配送中心的准时制配送和即时配送,不但能降低企业的库存量,甚至实现"零库存",从而减少库存成本,并且保障了企业的物资供应,使生产得以顺利进行,使企业能专注于核心业务的发展。从整个社会来看,发展配送也势必会降低整个社会的总库存量,节约社会资源。此外,集中发货,也可以节省运力,实现经济运输,提高物流经济效益。

(2) 发展配送,有助于提高物流服务水平。配送有利于灵活调度,更好地适应需求多样化和个性化的要求,既能服务于企业,也能服务于广大消费者,能够按时按量、品种配套齐全地送货上门,最大限度地方便用户,使用户免除了各种劳役之苦,简化了手续,节省成本,提高了效率。

(3) 发展配送,有助于促进流通社会化、物流产业化。流通社会化是社会生产专业化的要求,是流通与生产的相对分割,是与社会化大生产相适应的社会化大流通,要求形成专业化、集约化的流通产业,从而打破小生产格局下的流通体制。实行社会集中库存、集中配送,可以从根本上打破流通的条块分割局面,实现流通社会化、物流产业化。

4. 配送的发展趋势

随着商品经济的发展和市场需求的变动,物流配送也在不断发展与变化,呈现出新的趋势,突出表现为以下四方面。

(1) 重视配送同步化。配送同步化即共同配送,产生于20世纪60年代中期的日本,由于当时道路拥挤、交通混乱、事故频出,严重干扰了配送活动的顺利开展,尤其是在中小企业独立配送的形式下,配送效率极其低下。共同配送实质上就是在同一个地区,许多企业在物流运动中相互配合、联合运作,共同进行理货、送货等的一种组织形式。具体有两种形式:一是共同投资建立配送中心,二是共同运输与发送。共同配送能降低成本、节约社会资源,一些大的企业与企业集团普遍采用这种方式。

(2) 实行配送计划性。配送实行定时、定量、定路线发送,都充分体现了其计划性,即使是在即时配送形式下,也强调其市场的预测与计划性。配送的计划性能保证配送作业流程有条不紊,在与能力相符的前提下,将货物按客户的要求及时送往客户手中,从而节约企业成本,提高客户的满意度。

(3) 扩大配送区域。日本日通研究所的《物流手册》中曾将配送定义为"面向城市和区域范围内,对需要者进行的运输"。由上述定义中可以看出,配送最初主要面向城市。然而,今天配送的区域已突破了一个城市的范围,在更大范围中找到了优势,如日本东京的三味株式会社和资生堂的全国性配送系统。

（4）采用配送现代化技术。目前，配送的手段也越来越先进，信息技术和先进的物流设施设备正在配送作业过程中得到推广与应用，如 EDI 系统、光电识别、条形码、自动搬运系统、自动分拣技术、自动配货技术、集装系统等，这些都大大促进了配送业的发展。

4.3.2 物流配送服务作业管理

如前所述，物流配送服务作业是物流与商流的结合，是为商品流通提供多功能服务，它几乎囊括了整个物流的功能要素，整个流程包括集货、理货、配装、配送和运输、送达服务以及配送加工作业环节（如图 4-1 所示）。配送服务作业管理就是对这个流程中的各项活动进行计划和组织。

图 4-1 配送的一般流程图

1. 集货

集货是筹集与准备货物的系列活动，是指将分散的或小批量的物品集中起来，以便进行运输、配送。为了满足特定客户的要求，有时需把从数家甚至数十家供应商处预订的物品集中，并将要求的物品分配到指定的容器或场所。集货是配送的基础环节，也是配送的优势之一，可以集中一定客户的需求进行一定规模的集货。

2. 理货

理货是配送的一项重要内容，也是配送区别于传统送货的重要标志。理货包括货物分拣、配货和包装等经济性活动。

货物分拣是指采取适当的方式和手段，从储存的货物中按品种、出入库先后顺序选出客户所需要的货物。分拣是配送的重要功能要素，是完善送货、支持送货的准备性工作，也是配送成功的一项重要支持性工作，可以大大提高送货水平，也是不同配送企业在送货时进行竞争和提高自身经济效益的必然延伸。

分拣货物一般采取两种方式进行：一是摘取式分拣，即在仓库货架间巡回走动，按照配送单上所列的品种、规格和数量等将客户所需的货物拣出及装入集货箱内。一般每次拣选只为一个客户配货，效率较低。目前，由于推广和应用了自动化分拣技术，并装配了自动化分拣设施等，大大提高了分拣作业的劳动效率。另一种分拣方式是播种式分拣，通常做法是将货物运送到发货场，然后根据每个货位货物的发送量分别取出货物，并分别投放到每个代表客户的货位上，直至配货完毕。此种方式适用于数量较多的同种货物的拣选。为方便运输与识别，必要时还需对分拣、配备好的货物进行重新包装。

3. 配装

在单个客户配送数量不能达到车辆的有效载运负荷时，就存在如何集中不同客户的配送货物，进行搭配装载以充分利用运能、运力的问题，这就是配装。配装也是配送系统中有现代特点的功能要素，进行配装时应注意两个方面：一是货物是否适合配装，二是便于送货与装卸。配装得当，有助于提高送货水平和降低送货成本。

4. 送货

送货也就是配送运输,是配送活动的核心,也是集货和理货的延伸。组成配送活动的运输与干线运输的主要区别表现为:配送运输多为末端运输,短距离、高频率、多方向运输,而干线运输多为远距离运输,较固定。因此,配送运输在运输方式、运输路线与运输工具的选择上是至关重要的,直接关系到物流企业的效率与成本的高低。

5. 送达服务

将配好的货物送到客户处,还并不意味着配送工作的结束。有时往往出现送到货物和客户接货不协调,从而导致前功尽弃。因此,要顺利完成配送任务,实现物品的移交,必须做好卸货工作,有效、方便地处理相关手续,并完成结算工作。

6. 配送加工

配送加工是指按照客户的要求或所配送货物的特点进行流通加工,以更好地满足客户的需要或方便送货,提高配送服务质量,如对货物的包装、切割等。配送加工是流通加工的一种,并不具有普遍性,一般取决于客户的要求,其加工目的较为单一,但它是配送的重要功能要素,可以大大提高客户的满意度。

4.3.3 物流配送服务合理化

1. 不合理配送的表现形式

配送决策是全面、综合的决策,每次决策时,总是会存在某些方面不尽如人意,却又无从避免,或是顾此失彼。总之,很难用一个绝对的标准去衡量其优劣。但在进行配送决策时,应秉持的一个理念就是尽量追求大的合理。为此,我们在这里首先了解不合理配送的表现形式。值得注意的是,在决策时切忌将其绝对化。

1) 资源筹措的不合理

资源筹措的不合理主要体现在:配送资源筹措成本高于客户自己筹措资源成本;资源筹措过多或过少;未能与资源供应者之间建立一种长期稳定的关系;配送量计划不准等。

2) 库存决策的不合理

库存决策的不合理表现为:一方面是库存总量高于分散库存量,不能降低户实际平均分摊库存负担;另一方面是储存量不足,不能保证随机需求,失去应有市场。

3) 价格的不合理

价格不合理是指配送的价格高于用户自己进货时的成本总和,降低了客户的可得利益;当然价格制定过低,使配送企业处于无利或亏损状态下运行,也属于不合理范畴。

4) 配送与直达的决策不合理

一般配送总是增加中转环节,但这个环节的增加,可降低用户的库存水平,以此抵消增加环节的支出,而且还能取得剩余效益。但如果客户选择直接通过物流系统均衡批量进货,较之配送中转送货更可能节约费用,此时选择配送则为不合理配送。

5) 送货中运输的不合理

未能发挥集中配装的优势,车辆达不到满载,浪费运力、运费等现象都是配送的不合理现象。

6) 经营观念的不合理

某些经营观念不合理,不但使配送优势无法发挥,相反却损坏了配送的形象。如:配送企业向客户转嫁资金、库存困难;长期占用客户资金;将客户委托资源挪作他用等。这是在开展配送时尤其需要注意克服的不合理现象。

2. 配送合理化的途径

1）推行一定综合程度的专业化配送

通过采用一定的专业设备、设施及操作程序,取得较好的配送效果并降低配送过分综合化的复杂程度及难度,从而追求配送合理化。

2）推行加工配送

通过加工和配送的结合,充分利用本来应有的这次中转,而不增加新的中转以求得配送合理化。同时,借助配送,加工目的更为明确,与客户联系更为紧密,避免了盲目性。二者有机结合,投入不增加太多,却可追求两个优势、两个效益,是配送合理化的重要经验。

3）推行共同配送

通过共同配送,可以以最近的路线、最低的配送成本完成配送,从而追求合理化。

4）实行双向配送

双向配送是配送企业通过充分利用运力、使企业功能得到更大发挥,从而追求合理化。具体表现为配送企业与客户建立稳定、密切的协作关系,不仅成为用户的供应代理人,而且承担用户的储存据点,甚至成为产品代销人。在配送时,配送企业将客户所需的物资送到,再将客户生产的产品一同运回,这些产品成了配送中心的配送产品之一,或者作为代存、代储,免去了生产企业的仓储包袱。

5）推行准时配送系统

准时配送是配送合理化的重要内容。配送准时,客户才可能放心实施低库存或零库存,有效安排接货的人力、物力,以追求最高效率的工作。另外,保证供应能力,也取决于准时供应。从实践来看,准时供应配送系统是现在许多配送企业追求配送合理化的重要手段。

6）推行即时配送

即时配送虽然成本较高,但它是整个配送合理化的重要保证手段。有助于最终解决客户企业的断供之忧,能大幅度提高供应保证能力。即时配送是配送企业快速反应能力的具体化,能突显配送企业的能力。

小　结

1. 配送是指为在经济合理区域范围内,根据用户要求,对物品进行拣选、加工、包装、分割、组配等作业,并按时送达指定地点的物流活动。根据配送的组织者、经营形式、服务方式及配送的专业化程度四个标准,配送可划分为不同类型。配送在经济生活中发挥着越来越大的作用,并呈现出一系列新的趋势。

2. 物流配送服务作业是物流与商流的结合,加强配送作业环节的管理具有重要意义,配送服务作业环节包括集货、理货、配装、配送和运输、送达服务以及配送加工作业等环节。

3. 很难用一个绝对的标准去衡量配送决策的优劣,但实践过程中会经常出现配送不合理的情况,可采取多种措施尽量促进配送合理化。

思 考 题

1. 什么是配送？配送在物流中的作用有哪些？
2. 配送作业包括哪些环节？
3. 配送作业过程中存在哪些不合理现象？
4. 怎样促进配送合理化？

案 例

7-Eleven 的业务遍及四大洲二十多个国家及地区，共设立 32000 多个零售点，每日为接近 3000 万的客户服务，稳踞全球最大连锁便利店的宝座，被公认为世界便利店的楷模。

什么原因使 7-Eleven 公司能取得如此骄人的成绩呢？除了其先进的经营方式与独特的品牌营销外，支撑其快速发展的另一个重要因素就是其高效的物流配送系统。

7-Eleven 实施的是共同配送，它一改以往供应商直接往店铺送货的配送方式，由供应商先将货物送到店铺指定的配送中心，再由指定的配送中心于适当时间往店铺配送。7-Eleven 的物流体系并非独自完成，而是凭企业的知名度和经营实力，借用其他行业公司的物流、配送中心，采取集约配送、共同配送的方式，实现自己的特殊经营战略。合作的生产商和经销商根据 7-Eleven 的网点扩张，根据其独特的业务流程与技术而量身打造。根据 7-Eleven 与各生产商、批发商达成的协议，生产商和批发商对各自所在地区内的闲置土地、设施或运转率较低的设施，投资设立共同的配送中心，由参加投资的公司共同经营。生产商和批发商将配送业务和管理权委托给共同配送中心，7-Eleven 与参加共同经营的生产商、批发商密切协作，以地区集中建店和信息网络为基础，创造其独自的系统。

当然，要实现共同配送，必须有相关措施为支撑，7-Eleven 为此制定了区域集中开店政策、计划订货和计划配送政策，并建立了高效的物流信息技术系统。为协助配送中心实现运作的系统化和高效化，7-Eleven 公司还提供联机接受订货系统和自动分货系统。

实施共同配送的好处是全方位的。从社会方面说，实施共同配送可大大减少社会车流总量，有效提高车辆的装载率，节约燃油，减轻交通负担，保护环境，推动绿色物流向前发展，产生良好社会效益；从 7-Eleven 便利店方面来说，实施共同配送可保证商品的新鲜度，减少来店车次，增加服务时间，减少库存储量，增加商品品种，减少商品因过期而产生浪费的现象，降低了物流成本；对供应商来说，共同配送系统的使用，可使其及时根据 7-Eleven 便利店的订货情况来组织生产，使原材料库存降至最低；同时，随着配送店铺的不断增加，其物流成本越来越低。

7-Eleven 便利店凭借高效的物流配送系统，成功实现物流的低成本、高效率，在与其他零售企业的竞争中处于优势地位，是便利店业界的成功实例，其物流配送方略对我国便利店发展有着深刻的借鉴意义。

资料来源：李政. 7-Eleven 成功的诀窍——高效的物流配送系统. 北京物资流通[J]. 2008, (4):56.

讨论：7-Eleven 是如何建立与发展其高效物流配送系统的？物流配送系统对 7-Eleven 有何意义？

4.4 物流服务质量管理

学习目标

1. 掌握物流服务质量、物流服务资源、物流服务质量管理的概念。
2. 掌握物流服务质量体系及物流服务质量管理的内容。
3. 了解物流服务质量评价体系的内容。
4. 掌握加强物流服务质量管理、提高物流服务质量的措施。

案 例

顺丰速运(集团)有限公司成立于1993年(以下简称顺丰),总部设在深圳,主要经营国内、国际快递及相关业务。十多年来,顺丰专注于不断拓宽服务区域,满足市场需求,已在国内(包括港、澳、台地区)建立了庞大的信息采集、市场开发、物流配送、快件收派等业务机构;逐步搭建起立足华南,拱连华东、华北,拓展华中的战略网络格局,为广大客户提供快速、安全、优质的专业快递物流服务。顺丰以高科技发展为基础,积极研发和引进先进信息技术和设备,先后与IBM、ORACLE等国际知名企业合作,逐步提升其作业设备的自动化水平,建立起具备行业领先水平的信息系统,实现了对快件流转全过程、全环节的信息监控、跟踪、查询及资源调度,促进了快递网络的不断优化,确保了服务质量的稳步提升,奠定了业内客户服务满意度领先地位的基础。

讨论:顺丰速运为什么能得到迅速发展?

4.4.1 物流服务质量概述

美国哈佛商业杂志曾指出:"公司只要降低5%的客户流失率,就能增加25%~85%的利润,而在吸引客户再度光顾的众多因素中,首先是服务质量的好坏,其次是产品本身,最后才是价格。"对于物流企业而言,其产品本身就是服务,因此加强质量管理,提高服务水平,更具有实际意义。

1. 物流服务质量概念

物流服务质量是指以物流固有的特性满足物流客户和其他相关要求的能力。物流服务质量因用户的不同要求而异,也随社会的发展进程而变化发展,当前提出的绿色物流、柔性物流等服务概念,形成了新的服务质量要求。物流服务质量从功能角度来看,一般包括运输服务质量、配送服务质量、包装服务质量和库存服务质量等。

物流服务的质量主要来源于三个方面。

(1) 设计来源,即服务是否优质,首先取决于对整个物流过程有独具匠心的设计。
(2) 供给来源,即以何种方式向客户提供设计好的物流服务。
(3) 关系来源,即物流服务人员与客户之间的关系。

物流服务质量是一个主观范畴,很难像有形产品那样用统一的质量标准来衡量,客户对物流服务质量的感知主要受到企业形象、预期质量和体验质量三方面的综合作用。

具体来说,就是这样一个过程:①客户在购买和消费服务之前,已因各种因素,如企业宣传、其他客户介绍或是自己以往经验,而对即将接受的服务质量形成比较具体的预期;②客户带着这种预期开始接受并体验企业所提供的服务,感受自己获得了什么,是如何获得的;③客户不自觉地将体验到的服务质量与预期的服务质量进行比较,并对其进行优、良、次、劣的评价;④客户还会根据企业在心目中的形象,对质量评价进行调节。如企业的市场形象一贯较好,客户很可能原谅企业在服务过程中的过失,而提高对物流服务质量的评价;反之,则会放大服务过程中的过失或不足,降低评价。

全面意义的物流服务质量需从两个方面来描述:技术质量,是指服务过程的产出,即客户从服务过程中所得到的东西,以服务操作规程来描述和控制,对于这一层面的服务质量,客户容易感知,也便于评价;功能质量,以客户感受和获得的满意度来描述,这方面评价较难。

2. 物流服务资源

物流服务资源是物流服务质量赖以存在的前提与根本,是物流服务质量的物质、技术基础和支撑条件。物流服务资源主要包括人力资源、物质资源和信息资源三部分。

(1) 人力资源。人力资源是物流服务企业最根本的资源,任何物流服务都必须通过物流企业员工的操作来提供。对客户而言,物流服务员工更是代表了企业的形象和实力,是客户评价物流服务质量的重要来源。由于物流服务是一种情绪性的工作,管理好物流服务体系中的人力资源具有重要意义。

(2) 物质资源。物流企业要向客户提供物流服务,建立完善的物流服务质量体系,必须以物质为载体,投入大量资金,建设基础设施及设备,包括:企业基本装修、物流服务场所和工具、相关客户信息系统、管理通讯网络及备用物资储备等。然而,值得注意的是,物流企业对基础设施及设备的投入并非越多越好,而是应依据市场的物流服务需求及自身的服务能力、人力资源等综合考虑。

(3) 信息资源。物流服务质量体系有赖于物流服务质量信息系统的支持。对信息资源的投资,与其他物流资源的投资一样,都是为了提高和加强物流服务企业的竞争优势。拥有信息基础的物流企业,可以充分利用这种资源优势,提高物流服务的效率,开拓市场。物流服务企业获得信息资源的主要渠道有:客户、企业第一线员工、企业管理层和社会公众。

3. 物流服务质量体系

物流服务质量体系是企业实现服务质量管理的依托,包括组织结构、过程和程序文件三部分。

(1) 组织结构。组织结构是组织为行使其职能而按照某种方式建立的职责、权限及其相互关系。质量体系的组织结构是为行使质量管理职能而建立的一个组织框架,是质量体系的核心。其重点是将企业的质量方针、目标层层展开,转化分解为各级、各类人员的质量职责和权限,确立其相互关系。

(2) 过程。所有工作都是通过过程来完成的,每一个过程都有输入,输出是其结果。对于物流企业而言,服务质量管理是过程,输出结果就是无形的物流服务。根据物流质量环,物流服务可划分为三个主要过程,即市场研究和开发、物流服务设计和物流服务提供(传送)过程。市场研究和开发过程是指物流企业通过市场研究与开发确定和提升对物流服务的需求和要求的过程。物流服务设计过程是把市场研究和开发的结果,即物流服务提出的内容转化成物流服务规范、物流服务提供规范和物流服务质量控制规范,同时反映出物流企业对目标、政策和成本等方面的选择方案。物流服务传送过程是将物流服务提供方提供给物流服务消费者的过程,是客户参与的主要过程。

(3) 程序文件。程序是为进行某项活动所规定的途径。对物流服务质量体系而言,程序是对物流服务质量形成全过程的所有活动,规定恰当而连续的方法,使物流服务过程能按规定具体运作,达到系统输出的要求。对于物流服务质量体系,所有程序最终都必须形成程序文件,使之有章可循,有法可依。程序文件是质量体系可操作的具体体现,是质量体系得以有效运行的可靠保证。

物流服务质量体系应能对所有影响物流服务质量的活动进行适宜而连续的控制,应重视避免问题发生的预防措施,同时还要保证在发现问题时能及时反应和纠正的能力。为实现物流服务质量方针与目标,还应制定、颁发和保持物流服务质量体系各项活动的工作程序文件,并加以贯彻实施。

4.4.2 物流服务质量管理

1. 物流服务质量管理概念及特点

物流服务质量管理就是物流企业为了满足客户的服务需要,遵循物流系统运动的客观规律,制定科学合理的基本标准,并以此为依据对物流服务活动实施计划、组织、协调、控制的全过程。

分析上述概念,可以得出物流服务质量管理具有以下特征。

(1) 目的性,即物流服务质量管理的一个根本目标,就是为了满足客户的服务需要。

(2) 科学性,是指进行物流服务质量管理,应始终遵循物流运动的客观规律,用科学合理的标准进行评价。

(3) 全程性,物流服务质量管理具有全程性,贯穿物流服务活动的始终。

(4) 经济性,在满足客户需求、保证服务质量的同时,还应考虑物流企业的成本与利润。

2. 物流服务质量管理的主要内容

物流服务质量管理主要包括两方面的内容:物流服务质量控制和服务质量保证。

(1) 物流服务质量控制。物流服务质量控制是服务质量管理的基本部分,致力于满足服务质量的要求。物流服务质量控制的目标就是确保物流服务的质量能满足客户、行业所提出的服务质量要求(如适用性、可靠性、安全性等)。服务质量控制对企业而言,就是为了保证服务质量达到作业技术标准所采取的有关活动。物流服务质量控制应贯彻预防为主与事后把关相结合的原则,可通过专业技术和管理技术来实现,即对影响服务质量的人、物、制度及作业环节等因素进行控制,并分阶段验证服务作业成果,以便及时发现问题、查明原因,采取有效措施纠正、减少经济损失。

(2) 物流服务质量保证。物流服务质量保证是服务质量管理的核心部分,致力于提供服务质量要求会得到满足的信任,是物流企业为了维护客户的利益,使客户满意,并取得客户信任的一系列有组织、有计划的管理活动。

服务质量控制与服务质量保证相互联系,相互影响。服务质量保证必须建立在服务质量控制的基础上。为了保证物流服务质量,企业首先应加强质量管理,完善质量体系,对物流服务有一整套完善有效的质量控制方案、办法。服务质量保证又能促使企业完善服务质量控制,采用更好的管理方式和专业技术,有计划、有步骤地向客户提供物流服务产品。

3. 物流服务质量评价指标体系

通常可从以下七个方面来评价物流服务质量。

1) 服务可靠性

服务可靠性是指物流服务的最终结果与对客户的服务承诺或客户对服务的需求相一致,服务的可靠性是评价物流服务质量的关键指标。服务可靠性可由订单处理正确率、账货相符率、货物准确率、货物完好率、货物准时送达率等五个指标来衡量。

(1) 订单处理正确率是指某段时间内无差错订单处理数占订单总数的比率。其计算公式为:

$$订单处理正确率 = 无差错的订单处理数 / 订单总数 \times 100\%$$

(2) 账货相符率是指经盘点,库存物品账货相符的笔数占储存物品总笔数的比率。其计算公式为:

$$账货相符率 = 账货相符的笔数 / 储存物品的总笔数 \times 100\%$$

(3) 货物准确率是指在某段时间内,按照客户要求的产品名称、规格、型号送货的数量占总送货数量的百分比,它反映的是从客户下订单到收到货物的整个拣选、配载、运输、送达的服务质量。其计算公式为:

$$货物准确率 = 准确货物数量 / 货物总数量 \times 100\%$$

或

$$货差率 = 货差数量 / 货物总量 \times 100\%$$

(4) 货物完好率是指从接受客户货物到交付客户货物时,完好无损货物的数量占总货物数量的比例,其计算公式为:

$$货物完好率 = 完好无损货物数量 / 货物总数量 \times 100\%$$

由于货物在储运、包装、装卸过程中会发生货物损坏、变质、丢失等情况,因此,该指标直接反映了物流运输、仓储、配送、包装、装卸搬运等作业的质量,该指标越高,反映物流服务质量越高。

(5) 货物准时送达率,指某段时间内将货物准时送达目的地的订单数量占订单总数量的比率。其计算公式为:

$$货物准时送达率 = 准时送达订单数 / 订单总数 \times 100\%$$

只有货物在准确时间送达,才能保证客户进行 JIT 生产运营,并且最大限度地降低库存,节约资金占压,提高市场响应度,因此,该指标是衡量物流服务可靠性的重要指标。

2) 服务时间

服务时间由订货提前期和订货提前期的变动两个指标构成。

(1) 订货提前期是指从客户下达订单到收到货物的时间,该时间越短,反映了物流服务的速度越快。

(2) 订货提前期的变动是指在多次订货中,客户订货提前期的具体时间与平均订货提前期时间的变异程度,订货提前期变化越大,反映服务速度越不稳定。这样客户的安全库存必然增加,从而带来整个供应链库存量的增加。

3) 服务响应性

服务响应性是指物流企业愿意帮助客户解决实际中出现的问题,并尽量以迅速有效的方式提供物流服务。主要包括订购过程、订单满足率、误差处理三个指标。

(1) 订购过程是指物流企业接受客户订单、处理订购过程的效率和成功率,关系到客户订购的方便性和时间性。我们把订购的响应速度作为订购过程效率和方便性的评价指标,服务响应时间是衡量订购过程便利性的一个重要指标。

(2) 订单满足率是指物流企业在实际作业时能履行客户订单的能力,订单满足率反映了服务的满足能力,可用一定时间内满足订单数占订单总数的比率来衡量。其计算公式为:

$$订单满足率 = 满足订单数/订单总数 \times 100\%$$

(3) 误差处理是指当物流作业出现差错、疏忽或过错时,物流企业对物流作业过程中出现误差的处理效率或方式。

4) 服务柔性

物流服务的柔性是指在市场发生变化时,能以合适成本有效响应客户变化服务需求的能力。服务柔性可以由库存货物柔性、运输配送柔性、交付货物柔性、服务内容与流程柔性四个指标构成。

(1) 库存货物柔性是指应客户要求对库存货物品种、数量改变的能力。该指标是衡量物流企业对市场需求的缓冲能力。

(2) 运输配送柔性是指在运输与配送过程中,应客户要求对运输批量、运输货物品种、运输方式、运输路线的应变能力。

(3) 交付货物柔性是指应客户需求在交付方式、交付提前期、交付可靠性方面的应变能力。

(4) 服务内容与流程柔性是指第三方物流企业为客户提供增值服务、个性化服务的能力。

5) 人员沟通质量

人员沟通质量是指物流企业的服务人员在与客户交流过程中的服务知识水平、服务态度和处理问题的能力。它反映了物流企业的整体服务理念、形象,包括服务态度、服务知识、积极解决问题的能力三个指标。

(1) 服务态度是指在与客户沟通过程中的服务语言、行为等,可以通过服务是否耐心、服务行为是否规范、服务语言表达是否标准等主观感知来进行评价。

(2) 服务知识是指服务人员在与客户沟通中的物流知识水平情况,这关系到与客户沟通的效果,也关系到服务的最终成果。服务知识是客户感知第三方物流服务质量专业性与否、能否长期合作的一个重要指标。

(3) 积极解决问题的能力是指物流服务人员理解客户的处境与真实需求,能够站在客户立场上提供合理的物流服务内容与方式,是为客户提供个性化服务的前提。

6) 信息质量

信息质量是指物流企业为客户提供产品、物流相关信息的多少、准确与否、及时与否。信息质量由信息传递准确率、信息反馈时间两个指标构成。

(1) 信息传递准确率是指某段时间内向客户传递信息的准确次数占信息传递总次数的比率,它反映了信息服务的质量,关系到客户的正确决策,其计算公式为:

$$信息准确传递 = 传递准确次数/传递总次数 \times 100\%$$

(2) 信息反馈时间是指从客户发出信息需求到客户收到准确回馈信息所用的时间。信息反馈时间越短,信息时效性越强,对客户的价值就越大。

7) 服务成本

服务成本也是物流服务质量管理中应考虑的指标体系,包括物流单位费用指标、仓库利用率、设备完好率、设备利用率、仓储单位时间成本等指标。

(1) 物流单位费用指标是物流费用与物流总量的比值,其计算公式为:

$$物流费用率(元/吨)=物流费用/物流总量$$

(2) 仓库利用率是指存储商品对仓库的实际使用率,其计算公式为:

$$仓容利用率=仓储商品的实际数量或容积/库存数量或容积\times 100\%$$

(3) 设备完好率,其计算公式为:

$$设备完好率=期内设备完好台数/同期设备台数\times 100\%$$

(4) 设备利用率,其计算公式为:

$$设备利用率=全部设备实际工作时数/同期设备总台数\times 100\%$$

(5) 仓储单位时间成本等指标,其计算公式为:

$$仓储单位时间成本等指标(元/(吨\cdot 天))=仓储费用/库存量$$

4. 加强物流服务质量管理,提高物流服务质量的措施

加强物流服务质量管理,提高物流服务质量,不仅关系物流企业的经营成败,也是为全社会所关注的问题。可采取以下措施提高物流服务质量。

(1) 强化物流服务质量意识。面向公司全部员工,强化物流服务质量意识。物流服务质量不是一次性的工作,服务活动也不可能依赖单一部门完成,提高服务质量是一项永无止境的任务,更需要公司各部门的协调、合作与坚持不懈。

(2) 关注物流服务质量内涵。物流服务质量的内涵随客户需求的不同而不同,同时也随社会变化发展的影响而改变。在从事物流服务的过程中,首先应厘清客户对服务质量的定义。

(3) 完善服务质量体系。物流服务质量体系是企业实现服务质量管理的依托,包括服务营销部门、服务过程和服务规章制度等,只有在服务实践过程中不断改进和完善,才能真正发挥其服务质量管理的作用。

(4) 充分发挥物流基础设施设备及信息资源的效用。物流基础设施设备及信息资源是物流服务质量的物质、技术基础和支撑条件,充分发挥其效用,有助于提高物流服务水平,但如果闲置,则会成为物流企业的成本来源,降低企业利润。

(5) 尊重、关爱与激励员工。物流服务企业是感情密集型企业。服务质量在很大程度上取决于服务人员和客户相互接触、相互交往过程中的感情交流。尊重、关爱与激励员工,有助于增强员工的归属感,调动员工的积极性,在服务过程中尊重客户,为客户提供更优质的服务。

知识链接

对于服务行业,特别是高科技含量、高团队协作的快递物流行业,人员的素质更是企业的命脉。DHL始终把人才作为企业的核心竞争力,这一宗旨在企业文化等方面都有深刻体现。DHL拥有一套完善的员工激励制度。企业对优秀员工的评选是多层次、多角度的,从优秀雇员、优秀销售员和优秀经理,从季度奖到年度奖,从地区、全国奖励到区域、乃至全球范围的大奖。DHL的员工有很多机会得到企业的认可。通过完善的激励制度,DHL员工充分体验到公司对其价值的认可,享受认真投入的回报。快乐工作,留住人才,才能够保持企业的核心竞争力,进而实现公司的发展。DHL的开放式管理模式,让员工最大程度地保持快乐。

(6) 采用标准跟近法和蓝图技巧法提高物流服务质量。标准跟近法是指物流企业将自己

的产品、服务和市场营销过程等同市场上竞争对手尤其是最强的竞争对手的标准进行对比,在比较和检验的过程中逐步提高自身的水平;蓝图技巧法又称服务过程分析法,是指通过分解组织系统和架构,鉴别客户同服务人员接触点(Point of Contact),并从这些接触点出发来改进企业服务质量的一种策略。

小 结

1. 物流服务质量是指以物流固有的特性满足物流客户和其他相关要求的能力,包括技术质量和功能质量两个方面。物流服务资源是物流服务质量赖以存在的前提与根本,主要包括人力资源、物质资源和信息资源三部分。物流服务质量体系是企业实现服务质量管理的依托,由组织结构、过程和程序文件三部分构成。

2. 物流服务质量管理就是物流企业为了满足客户的服务需要,遵循物流系统运动的客观规律,制订科学合理的基本标准,并以此为依据对物流服务活动实施计划、组织、协调、控制的全过程,它具有目的性、科学性、全程性和经济性四个特征。物流服务质量管理包括服务质量保证和服务质量控制两方面内容,二者相互联系,相互影响。物流服务质量评价指标体系可从七个方面来评价物流服务质量。加强物流服务质量管理,提高物流服务质量,不仅关系物流企业经营的成败,也是为全社会所关注的问题。

思考题

1. 什么是物流服务质量?物流服务质量是怎样生成的?
2. 什么是物流服务资源,包括哪些内容?
3. 物流服务质量体系由哪些内容构成?
4. 什么是物流服务质量管理?有何特征?
5. 物流服务质量评价指标体系包括哪些方面的内容?
6. 如何加强物流服务质量管理,提高物流服务质量?

案 例

20世纪80年代中期,当扬·卡尔松成为斯堪的那维亚联合航空公司(SAS)的CEO时,他对公司的目标市场进行了重新定义:集中发展欧洲民航运输产业中的一个特定市场——经理阶层。这一市场的特定需要是:在陆上和空中的准点、安全、个性化和舒适。

为此,SAS减少了对其他市场领域的注意,包括飞机租赁、经济舱座位的提供、货运、旅游航班、低关税航运市场部门等。同时,SAS还开发了许多服务项目来适应,例如,为实现在陆上提供舒适服务的目标,SAS保证在欧洲和美洲城市的SAS宾馆可以直接定座;SAS拥有一支供租用的车队,由豪华轿车、直升机和普通轿车组成,用于接送旅客;在一些城市SAS还提供一种将旅客的行李从办公室或SAS宾馆运送到机场的特殊服务;在机场备有适当装饰、供旅客使用的特殊房间;更换了服务人员的旧制服;职员重现培训,以改进服务水平和提高处理突发事件的能力等。

思考:1. SAS为什么要减少对其他市场领域的注意?
2. SAS是如何为客户服务的?

第5章 物流客户服务

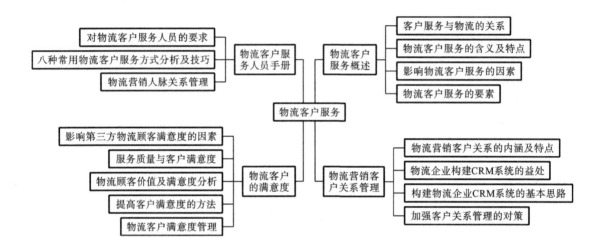

5.1 物流客户服务概述

学习目标

1. 了解物流客户服务的内涵。
2. 熟悉物流客户服务的作用与地位。
3. 掌握物流客户服务的要素与作用。

案 例

据武汉市某报纸报道,武汉有位女士,其居住在河南的女儿、女婿为尽孝心,委托某货运公司托运了苹果和梨各一箱。该女士按原定的到货时间致电货运公司,均称货物尚未运到。时隔多天后货运公司才通知该女士,说水果已经到汉。该女士前往货运站取货,却发现两箱水果残缺不全,一箱苹果只剩下几个,梨也只剩下 1/3。多方责问下,经理称:水果在运输保管途中因气候原因变质、腐烂,尚好的部分让工人吃掉了,所以只剩下这么一点。当记者问及承运部门是否知道箱内物品的类别,以及不同类型的货物不能混装时,这位经理竟答道:这个我们不管。

思考:1. 客户服务工作的基本前提是什么?
2. 就运输业务来分析,客户的基本需求是什么?

我国物流企业整体上还处于传统物流的阶段,众多物流企业都是从传统物流(包括仓储、运输等企业)转化而来,目前物流设施空置率高达60%,仓库利用率不足60%,这对我国的物流业的发展是极为不利的。在这一尚未充分利用资源的产业中,通过提高客户服务水平,可以拉动需求,挖掘潜力,提升能力。

如今的客户服务范围很广,它包括对用户使用产品的指导培训、对产品的跟踪监测、对故障的排除、对产品的设计和质量问题的信息反馈等,涵盖了商品的售前、售中、售后的所有方面。客户购买商品不仅仅是购买商品本身,而且还包括售出商品前后所有相关的服务,企业有义务和责任对其所售出的产品向用户提供优质的服务。由此,产品的概念由有形产品延伸为有形产品与无形服务的融合。在当今市场中,一方面产品所包含的服务成分日益增多;另一方面,服务的形式与过程日益产品化,形成了产品的服务化与服务的产品化趋势。无论是何种类型的企业,客户服务都是提高市场竞争力的重要手段。加强客户服务力量,建立健全服务网络,忠实履行对客户的服务,实现客户服务的规范化,是当今市场经济竞争机制对企业的客观要求。一家企业要想赢得市场,发展和稳固其竞争地位,势必要做好客户服务。

目前,许多世界级的大公司已经率先打出了"我们就是服务"的金字招牌,在全球市场掀起了"服务的革命"的浪潮。

联邦快递的员工为了信守对客户的服务承诺,在道路发生雪崩的情况下,毅然自己掏钱雇直升机,在日落之前准时把邮件送到了客户的手中。正是这种优质的服务铸就了联邦快递今日之成功。

我国的海尔集团多年来倡导"星级服务",经过海尔集团巨大的人力、财力、物力的投入和形象营造之后,其产品获得了许多消费者的青睐。

在当今的新经济形势下,早有专家断言:未来的企业竞争就是服务竞争,服务体系的完善程度,服务质量的优劣程度及由此带来的客户对品牌的综合满意度,将成为判断未来竞争能力强弱的试金石。如何构建一套完整有效的客户服务体系,借助服务实现品牌的差异化,全面提升企业自身的竞争力,已成为各家企业的当务之急。

从物流的角度来看,客户服务是一切物流活动或供应链流程的产物。因而,物流系统的设计与运作确定了企业能够提供的客户服务水平,企业的收入和系统设计的相关成本则决定了企业能够实现的利润。向客户提供的服务水平的高低是企业是否能达到利润目标的关键。

5.1.1 客户服务与物流的关系

1. 物流在客户服务中的作用

提高客户服务水平已成为超越竞争对手,创造持久竞争优势的有效手段,也是企业区别于竞争对手、吸引客户的重要途径。

物流系统的功能目标就是满足客户需求。从客户服务的角度来说,也有学者把物流定义为:要以正确的成本和正确的条件,去保证正确的客户在正确的时间和正确的地点,对正确的产品的可得性。

高效、快捷的物流服务是提高客户服务水平的关键因素之一,物流运作水平则直接关系到被服务客户的满意程度。提高物流配送服务的质量,大幅提高物流企业的经营能力,以达到最大限度地满足日益增长的客户服务需求。

2. 客户服务是物流企业的竞争优势

物流系统的功能目标就是满足客户需求,即通过实施集物流、信息流、资金流为一体的全方位管理,把运输、仓储、包装、装卸、流通加工等组成一条环环相扣的链条,并以最低的成本费用,把客户所需的材料和货物按时、按量、按质并安全地运送到生产和流通环节中的任何一个地方。

对于物流企业来说,物流服务是其核心所在,客户是企业的第一资源,企业的经营绩效来自于其提供的物流服务。因此,客户服务水平能否满足客户的要求,成为物流企业赢得客户和市场的关键,也是物流服务供应商竞争优势之所在。

在现代物流理念下,企业要从战略高度建立以客户为中心的经营目标。不断了解客户对物流服务的需求,根据需求变化,应用新技术、新知识去创新服务方式和方法,以提高服务水平,进而赢得客户和市场。

物流企业的运作水平直接关系到被服务的客户的满意程度,物流企业只有对客户的服务作出贡献,才能取得成功。

5.1.2 物流客户服务的含义及特点

1. 物流客户服务的概念

物流客户服务是指物流企业为促进其产品或服务的销售,发生在客户与物流企业之间的相互活动,包括从接收客户订单开始到商品送到客户手中为止的所有服务活动。物流客户服务也是通过节省成本费用为供应链提供重要附加价值的过程。

现代物流企业中的客户,其内涵已扩大化,包括营销学中的客户、公司内部上流程与下流程的工作人员皆称客户。其内涵有如下几点。

(1) 客户不全是产品或服务的最终接受者。处于物流供应链下游的企业是上游的客户,其可能是物流商、批发商和零售商,而最终消费产品和服务的自然人或机构法人则是用户。

(2) 客户不一定是用户。处于物流供应链下游的批发商、零售商是生产商的客户,只有当他们消费这些产品和服务时,他们才是用户。

(3) 客户不一定在公司之外,内部客户的地位正日益引起重视。内部客户使企业的服务链无缝连接起来,长时间以来,人们习惯于为企业之外的客户服务,而把企业内的上、下流程工作人员和供应链中的上、下游企业看做是同事或合作伙伴,而淡化了服务意识,造成客户服务的内外脱节和不能落实。

综上所述,在供应链环境下,个体的客户和组织的客户都统称为客户,因为无论是个体或组织都是接受物流企业服务的对象,而且从最终的结果来看,"客户"的下游仍然是客户。因此物流客户是相对于物流服务提供者而言的,是所有接受产品或服务的组织和个人的统称。

2. 物流服务的特性

物流服务就其本质和内容上看,与其他行业服务相比有许多不同之处,正是这样,才给物流企业的经营带来重大影响。具体来讲,物流服务有以下五个方面的特点。

(1) 从属性。客户企业的物流需求不是凭空由自己创造出来的,而是以商流的发生为基础,伴随着商流的发生而产生的。对于客户的需求而提供的物流服务,具有明显的从属于客户企业物流系统的特征。其主要表现在,处于需方的客户企业,对于流通的货物种类、流通的时间、采取的流通方式等都由自己来选择和决定,甚至是自行提货还是靠物流配送也由自己选定。

而处于供方的物流企业,则是按客户企业的需求,被动地提供服务。这在客观上决定了物流企业提供的物流服务具有被动性,受客户企业的制约。

(2) 即时性。物流企业生产的是一种无形产品——物流服务,这种产品是一种伴随销售和消费同时发生的即时服务,它具有即时性和不可储存性的特征。通常情况下,有形的产品需要经过生产、储存、销售才能完成交换过程,而物流业务本身决定了它的生产就是销售,而不需要储存环节进行调整。

由于物流服务有即时性的特性,使其与直接生产过程有很大区别。例如,物流企业要完成非物质形态劳动的物流服务,虽说同样具备必要的设施和劳动力等生产要素,或者提供必要的生产能力,但是在这些生产能力当中,有一部分生产能力是适合需求的,是为有效地完成生产、销售、消费过程的服务,为此所支付的费用是必要的,而有一部分生产能力是不适合需方的要求的,表现为无效劳动,则不能支付费用。

(3) 移动性与分散性。物流服务是以分布广泛,大多数是不固定的客户为对象的,所以具有移动性及分散的特征。由此往往产生局部的供需不平衡,给物流企业经营管理带来一定的难度。

(4) 需求的波动性。物流企业在经营上常常出现劳动效率低、费用高的情况,这是由于物流服务的对象多而又难以固定,客户需求方式和数量往往又是多变的,有较强的波动性,易造成供需不平衡等。

从满足客户需求来看,如果降低供给水平,则表现出服务不够;反之,若提高供给水平,则会带来费用上升的不良后果,如何使物流服务不断适应需求者的多样性,减少需求的波动性,已成为现代物流企业经营上的重要课题。

(5) 可替代性。我国现代股份制企业大多是从计划经济体制下的国有企业转型而来,基本上都具有自营运输等自营物流的能力,都具有物流服务能力,这种自营物流的普遍性,使得物流企业从量上和质上调整物流服务的供给能力变得相当困难。也就是说,物流服务,从供给能力方面来看,富于替代性,这也说明物流企业目前在经营上具有一定难度。

案 例

河南焦作某家庭于 1995 年购买了一台"卡斯特牌"的热水器。2004 年这家的男主人在洗澡时不幸被电击伤,住院费用达 8 000 元以上。这对于一个双下岗的家庭来讲无疑是很沉重的负担。他们怀疑是热水器漏电导致了人体的伤害,投诉到厂家,但厂家已经停产并撤销了。于是他们找到了商家——河南某商场。商场家电部经理说:这不是产品的质量问题,而是使用的问题。对于经理的回答,这个家庭准备做产品的质量鉴定,但高昂的鉴定费让他们止步不前。

问题:商场经理的这番话与客户服务的基本要求、内涵相符吗?

解决途径:

1. 对于产品出现的质量问题,消费者可以直接找厂家或商家。

2. 按照我国产品质量鉴定的有关法规,产品质量鉴定的义务在厂家或商家,厂家或商家若想排除干系,就应主动进行质量的鉴定。

3. 从商场经理的这番话中可以看出,该商场的客户服务理念存在问题,没有按客户服务的基本要求正确对待客户的投诉和理赔。

3. 物流客户服务特点

(1) 物流客户服务是为了满足客户需求所进行的一项特殊工作,并且是典型的客户服务活动,其内容包括:订单处理,技术培训,处理客户投诉,服务咨询。

(2) 物流客户服务有一整套业绩评价方法,它包含以下几个指标。产品可得性评价:仓库在规定的时间内把订货送达客户的百分比,存货的百分比,仓库收到订单到发货的百分比,无货损百分比,最低订货数量。订货周期和可靠性评价:服务系统的灵活性评价,从客户订货到送货的时间,特快发货或延迟发货的可能性,仓库备货时间,订货的方便和灵活性等。

4. 物流客户服务构成要素

物流客户服务基本内容是对客户商品利用可能性的物流保证,包含以下三个要素(见图5-1)。

(1) 备货保证:拥有客户所期望的商品,即保证有货而不缺货。

(2) 输送保证:可以在客户希望的时间内传递商品。

(3) 品质保证:符合客户所期望的质量。

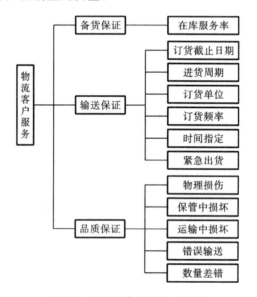

图5-1 物流客户服务构成要素

5. 物流客户服务的作用

1) 增加客户满意程度

从现代市场营销观念的角度来看产品,对满足消费者需求来说,它具有三个层次的含义,即:核心产品,形式产品,延伸产品。

核心产品指产品提供给用户的基本效用或利益,这是客户需求的中心内容。

形式产品指产品向市场提供的实体和外观,是扩大化了的核心产品,也是一种实质性的东西,它由质量、款式、特点、商标及包装等五个标志构成。

延伸产品,也称增值产品,是指客户购买产品时得到的其他利益的总和,这是企业另外附加上去的东西,其所带来的效用是对有形产品的一个必要的补充,如维修服务、咨询服务、交货安排等。

产品容易被别人模仿,但企业的客户服务则不容易被对手模仿,物流客户服务是一种增值产品,可增加购买者所获得的效用。客户关心的是购买的全部产品,即不仅仅是产品的实物,还有产品的附加价值。物流的客户服务就是提供这些附加价值的重要活动,它对于客户反应和客户的满意程度会产生重要影响,这与附加价值和其他实物特点产生的作用是相似的。从本质上来说,物流功能是买卖交易的最后阶段,客户服务的水平在交易时自动产生,良好的客户服务会提高产品的价值、提高客户的满意程度。因此,许多企业都将客户服务作为企业物流的一项重要功能。

2)提高企业利润率

有研究表明,流失的客户减少5%,利润可以增加50%。由一般客户产生的利润,通常在供应商与客户关系开始的四到五年中每一年都会增加。而国内现阶段的物流企业多是从事运输、仓储等第三方物流业务的企业,他们的主要业务就是为客户提供高质、满意的服务,因此如何来提高客户服务水平,如何把握客户服务成本与经济利益之间交叉损益的平衡关系,如何判定自己企业现阶段的客户服务水平是否已经"合适"等问题就成为我们必须思考的问题。另外,许多大型商贸流通企业为了支持自身的经营活动,纷纷组建自有的物流服务组织,让新的实体承担了企业一般意义上的客户服务内容,所以也面临着上述问题。

3)提高企业销售收入

物流客户服务水平直接影响着企业的市场份额和物流总成本,并最终影响其盈利能力。对物流企业而言,客户服务是一个以成本有效性方式为供应链提供增值利益的过程。客户服务水平的高低,决定了具有相同生产研发能力的企业为客户提供个性化服务的水平。但是,客户服务作为经营活动中的一项支柱性的活动,必须严格考评其为企业创造的效益(经济效益、社会效益等)。

5.1.3 影响物流客户服务的因素

企业的产品既包括有形产品,也包括使有形产品增值的物流服务及其他服务。物流服务具有无形性和难以感知性,即物流服务的很多元素看不见、摸不着,无形无质,很难描述,客户在购买服务之前,往往不能肯定他能得到什么样的物流服务,甚至在接受物流服务后客户也很难察觉或立即感受到物流服务的利益,因而企业的客户只有在消费完物流服务后才能形成相应的体验并给出评价,而其他客户(包括潜在客户)对企业物流服务的认识则来源于现有客户的评价。如果客户对企业的物流服务不满或获知了其他客户对该企业物流服务的负面评价,则可能因此而结束与该企业的业务合作,使企业销售受损,即产生物流客户服务成本。高水平的物流服务有助于增强企业的市场竞争力、促进产品销售和提升企业形象;反之,低水平的物流服务将直接或间接降低客户对企业的整体评价,甚至导致客户流失,具有连锁放大效应。有调查显示,一位不满意的客户平均向8~10个人诉说这种不满,而这种诉说有可能使这些听众打消选择企业产品或服务的念头,随负面信息的广泛传播而增大,产生连锁放大效应,从而使企业丧失原本可以获得的潜在销售机会。

1. 影响物流客户服务的因素

客户在接受企业物流服务前会形成对该服务的预期,当客户认知的物流服务低于该预期时就会产生对企业物流服务的不满,因此影响物流客户服务的因素可分为客户预期和服务认知两大类(如图5-2所示)。

客户预期越高意味着企业物流服务达到客户要求的难度越大,对企业而言,客户预期是不可控因素。客户对物流服务的预期通常来自于企业口碑、客户自身需要、业内惯例及客户过去的经验。企业口碑是指公众对企业的产品和客户服务等的评价,企业的口碑越好,客户对企业的服务预期就会越高。客户自身的需要是指客户自身不具备的、希望从业务伙伴处获得的物流

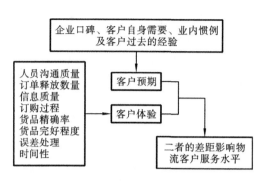

图 5-2 影响物流客户服务水平的因素

服务要素,客户自身需要越高,其服务预期就会越高。业内惯例及客户过去的经验是指企业提供客户服务的基本内容与行业惯例水准的比较,以及客户从过去经历的物流服务中积累的相关知识和体验,如物流服务的时效、作业方式等。若业内惯例要求物流服务水平相对较高,或客户过去曾经历过优质的物流服务,则客户预期将较高。

客户对物流服务的体验来源于产品物流服务的各个方面,是企业基本可控的因素,具体包括以下内容。

(1) 人员沟通质量:负责沟通的企业或物流代理企业服务人员通过与客户的良好接触提供个性化的服务,服务人员知识丰富、体谅客户处境等有助于提高客户服务认知。

(2) 订单释放数量:企业有时出于供货、存货或其他原因会按实际情况释放(减少)部分订单的订货。尽管很多客户对此都有一定的心理准备,但是不能按时完成客户要求的订量会降低客户服务认知。

(3) 信息质量:企业或物流代理企业从客户角度出发提供的产品目录、产品特征、发货时间等相关信息的情况。企业及时为客户提供足够多的可用信息可提高客户服务认知。

(4) 订购过程:反映企业或物流代理企业在接受客户订单、处理订购过程时的效率和成功率。订购过程越简捷越能提高客户服务认知。

(5) 货品精确率:实际配送商品和订单描述的商品相一致的程度,货品的精确率越高越能提高客户服务认知。

(6) 货品完好程度:货品在配送过程中受损坏的程度。货品完好程度越高越能提高客户服务认知。

(7) 误差处理:订单执行出现错误后的处理。若企业误差处理完全消除了客户的不满,则可避免客户的负面评价。

(8) 时间性:货品是否如期到达指定地点。货品能按客户的要求到达指定地点可提高客户服务认知。

实际上客户所处的行业不同对物流服务所关注的要素会有所差异。比如:生鲜品行业的客户比较重视时间性和货品的完好程度,而建筑材料行业的客户则比较关心订购过程,因此企业需通过市场调查了解不同行业客户对物流服务的独特要求,使物流服务在客户关注的方面有出色的表现,从而使客户认知与客户预期达到一致,以有效地提供高水平的物流客户服务。

2. 提高客户服务水平

物流企业要提高客户服务水平需注意以下几点。

1) 细分市场,选择目标市场,规划物流服务

具有竞争性的优势企业所有的经营活动都是以客户为核心的。但对于任何一家公司来说,不可能使所有细分市场的客户都满意。所以,物流服务商必须细分市场,选择为之服务的客户群,并针对目标客户进行市场调查,了解物流服务需求,针对需求制定服务策略。

2) 了解客户需求,为客户量身订制服务

由于我国企业现代化程度整体上参差不齐,在物流服务的需求上体现出多层次的特点,所以物流服务的提供者就必须在了解市场需求的前提下,针对不同层次的需求来规划物流服务,达到为客户"量体裁衣"的效果。

3) 做好基本物流服务,促进增值服务

物流作业的质量直接反映物流过程的管理和服务水平的。为了提供客户满意的作业质量,物流企业应从完善业务流程和科学管理入手,从做好基本服务开始。

在做好基本物流服务的同时,进一步提供一些附加值高的配套服务、增值服务。因为对于现代物流服务来说,单纯的运输、仓储的地位已经大大地降低了,而与之相关的各种配套服务逐渐成为利润的来源。

4) 创造达到既定客户服务水平的条件

物流企业要达到既定的客户服务水平,赢得客户满意和产生信誉度,必须具备提供相应服务的能力。

总之,在我国物流企业的服务水平总体不高的情况下,企业服务水平的改进,将会对其竞争力的增强和企业发展起到重要的作用。我国物流企业应进一步分析物流状况和发展趋势,了解企业对物流功能的需求,结合企业能力,选择与之相适应的客户服务水平。通过提高设施、设备的现代化水平,完善服务功能;建立信息化物流服务平台,打破信息瓶颈;注重人才培养,提高物流管理水平,进行必要的投资,提供质价相当的物流服务来吸引客户,实现客户与企业的双赢。

5.1.4 物流客户服务的要素

物流服务,即客户服务的内涵和外延,一般可划分为交易前、交易中和交易后三个要素。交易前要素是公司的有关政策或计划;交易中要素是指客户服务变量;交易后要素是产品在使用中的维护。

物流客户服务要素如图 5-3 所示。

交易前要素是指将产品从供应方向客户实际运送过程前的各种服务要素。

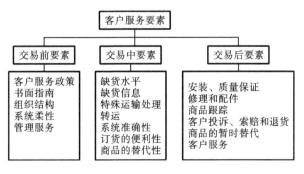

图 5-3 物流客户服务因素

交易中要素是指将产品从供应方向客户实际运送过程中的各种服务要素。

交易后要素是产品销售和运送后的各项服务要素。

各要素所包含的具体内容如图 5-4 所示。

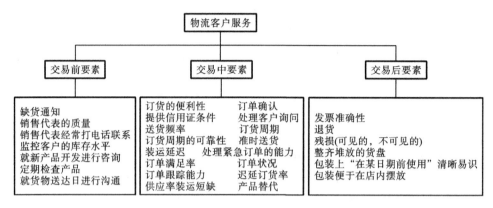

图 5-4　物流客户服务绩效的衡量指标举例

小　结

1. 对物流企业来说,物流服务是其核心所在,客户是企业的第一资源,企业的经营绩效来自于其提供的物流服务。因此,拥有能满足客户要求的服务水平,成为物流企业赢得客户和市场的关键,也是物流服务供应商的竞争优势之所在。

2. 物流客户服务是指物流企业为促进其产品或服务的销售,发生在客户与物流企业之间的相互活动,包括从接收客户订单开始到商品送到客户手中为止的所有服务活动。物流客户服务能起到提高客户满意程度,提高企业利润率和增加企业销售收入的作用。

3. 物流服务就其本质和内容来看有从属性、即时性、移动性与分散性、需求的波动性和可替代性等方面的特点。物流客户服务构成要素包括备货保证、输送保证和品质保证。

4. 影响物流客户服务的因素可分为客户预期和服务认知两大类。客户所处行业的不同对物流服务所关注的要素会有所差异,因此企业需要通过市场调查来了解不同行业客户对物流服务的独特要求,使物流服务在客户关注的方面有出色的表现,从而使客户认知与客户预期达到一致,以有效地提供高水平的物流客户服务。

5. 物流服务(即客户服务)的内涵和外延,一般可分为交易前、交易中和交易后三个阶段。交易前的要素是公司有关的政策或计划,交易中的要素是指客户服务变量,交易后的要素是指产品在使用过程中的维护。

思　考　题

1. 请谈谈物流在客户服务中的作用,以及客户服务在物流中的作用。
2. 什么是物流客户服务？如何理解它的内涵？
3. 物流企业若要提高其客户服务水平,需要注意哪些环节？
4. 如何理解物流客户服务的三要素？

荣事达"零缺陷服务"

"荣事达 时代潮"。在安徽,在中国,荣事达产品曾伴随着这句响亮的广告词走进千家万户,世人由此结识荣事达,认同荣事达,更青睐荣事达。

"好生活,更轻松"。现在,更具有亲和力的广告词让消费者全方位地感受荣事达新的品牌定位带来的冲击力。

1999年3月,荣事达电冰箱在国家家用电器质量监督检验中心、中国家用电器研究所、中国保护消费者基金会组织的"'99市场购样抽检电冰箱测试"中表现出优异性能,引起消费者的广泛关注,被誉为中国电冰箱行业的后起之秀。1999年下半年开始,荣事达电冰箱以迅疾的市场推进速度、良好的市场反映又连续获得国家级新产品、国家重点新产品等荣誉,并在中国电冰箱行业首家一次性通过中国节能产品认证、ISO 9001质量体系认证。在以"节能、低噪声、完全无氟利昂替代"为标准的国家新环境标志认证中,荣事达电冰箱以优异性能顺利通过国家环保总局、中国环境标志认证委员会的严格检测和评定,最终成为少数几家首批获得国家新环境标志认证的产品之一,再次体现出其经得起千锤百炼的真金品质。

人们不禁要问:荣事达成功的奥秘是什么?

其实,荣事达集团公司之所以在市场经济大潮中独占鳌头,在于它牢牢地把握住了市场,成功地把企业管理的领域拓展到了流通和消费领域,在销售环节和售后服务环节实行"零缺陷服务",实现了现代企业管理超越边界的延伸,科学地牵住了销售工作这个企业经营的"牛鼻子"。牵住了这个"牛鼻子",它才得以在市场竞争中建立起多层次、多方位的销售网络体系,扩大市场占有率;牵住了这个"牛鼻子",它才得以完善的售后服务体系,连续多年获得全国"用户满意服务企业"称号。

一、售前零缺陷服务

我们可以把销售环节分成售前、售中、售后三个部分来分析。"零缺陷服务"的首要是加强对售前工作的管理,使售前工作始终保持差错率趋向于零的良好状态,这就必须从销售网络的设置、销售组织的功能、销售人员的岗前培训、销售现场管理等角度去控制售前服务的全过程,使可能出现的差错消灭在销售工作的前期,做到"防患于未然"。

从荣事达集团的实践看,其售前工作管理的重点可以归纳为以下几点。

1. 在充分进行市场调研的基础上,进行正确的售前决策

市场调研是决定销售工作能否顺利进行的首要工作。任何企业,只有通过周密的市场调研,才能正确地制订出符合本企业特点的销售目标,并围绕着这个目标制订出相关的对策。

调研内容有以下几项:对消费者状况的调研;对本企业产品销售情况的调研;对生产同类产品的企业市场占有率的调研;对销售渠道与促销手段的调研;对市场分布状况和竞争状况的调研。调研的方法有两种,一是实际调查,通过走访商场人员、消费者,获得大量的感性材料,二是抽样调查,在上述地区的大中型城市中发放调查表,回收后获得大量的数据信息,为制订和及时调整销售策略和产销计划提供依据。为此荣事达利用国内30个办事处、上千家商场和国外经销商建立市场信息系统,由市场处进行分析处理,按月编制销售月报,使决策者们清楚地了解到全国洗衣机生产、销售的各项情况和国外洗衣机的产销动态,为售前工作的顺利进行打下了坚

实的基础。

2. 根据市场形势和本企业实际的变化,及时调整和健全销售组织机构和销售网络

市场是复杂的、多变的,企业本身也是复杂的、多变的。作为连接企业和市场的桥梁,销售组织机构的设置和销售网络的构建也必须随着企业和市场的变化而快速变化。

荣事达的产品畅销全国,经销单位成千上万,遍及神州。在今天看来,这无非是"变"的结果。早在集团初创阶段,荣事达人就按市场的区域分布情况和企业当时的销售能力,在公司设立了集团销售总公司,并在全国 20 个大城市设置了销售服务办事处。同时,在这些大城市的周边地域设立了一些服务维修网点,初步形成了层层负责、责任明确的三级管理网络。但是,这个网络的主要任务,还仅局限于售后服务,并未涵盖销售工作的全部,尤其是售前、售中部分。

随着荣事达塑料模具厂、威达电机电器总厂等相继建立和加盟,特别是与日本三洋公司合资生产模糊控制全自动洗衣机后,荣事达集团的产品品种更多了,洗衣机也形成高、中、低档门类齐全的格局,企业规模和生产能力有了质的飞跃。因此,原有的销售组织机构和销售网络显然不能适应形势的发展。1995 年 7 月,联合销售总公司成立,它直接对公司董事会负责,下设 30 个销售分公司,分公司再下设 400 多个维修服务网点,形成了新的层次分明的销售组织机构。在人员设置上,销售分公司定员 10~20 人;在销售网络上,创建了"联合销售、站柜促销、售后服务"三位一体的新体系,以联合销售为龙头,分片管理、责任承包,同时又互相联系、互相协调,形成了功能齐全、覆盖面广的销售新网络。

3. 根据市场特点,明确管理目标

机构的建立和完善必须与管理目标的明确同步进行,才能发挥其应有的作用。联合销售公司成立伊始,集团公司的领导就精心确定其管理目标。其管理目标可以分为三个层次。

第一层次是联合销售公司总部,它的管理目标可分为六个方面。

(1) 了解客商。必须全面了解客商的具体情况,建立分类档案,以便更好地估计客商及客商所在地区客户的产品需求和购买方式。

(2) 销售作业。销售作业不仅包括销售活动本身,而且还包括寻找客户,通过广告和推销活动让客户了解商品,以及向客户提供建议和服务。

(3) 运输。运输是售前工作中极为重要的环节,完成这项任务的关键在于选择合理的运输方式,评价其时间和费用,使产品准时顺利、安全地运抵目的地。

(4) 储存。为了有足够的产品随时满足客户的需求,储存一定数量的产品是必须的。这个环节的主要任务是保证储存产品的完好无缺。

(5) 市场信息收集。对诸如消费者类型、购买习惯、广告形式、推销的最佳方式、市场设置的最佳地点等等,做出科学调查,以便决策无缺陷。

(6) 奖惩。在销售过程中,由于各种原因,总会碰到一些意外情况,比如商品损耗、运输损坏等等,要分清情况,分别予以惩罚。

第二层次是销售分公司,其管理目标是做好承上启下的工作,保证销售现场中的"零缺陷"。它涵盖着以下三个方面内容。

(1) 站柜促销。站柜促销是市场竞争日趋激化的产物。国内几家洗衣机生产厂家首先采用了这种方式,直接参与市场竞争。荣事达集团生产的全自动洗衣机刚问世时,为了让消费者更好地了解该产品的性能、质量,同时也为了在市场竞争中居于主动地位,公司抽调了一批精干人员到各地站柜促销,效果极其明显,遂将此举作为一项制度化活动保留并发展起来,形成一系

列的管理规范。比如公司规定,促销人员必须对本厂产品的结构、性能、特点充分了解,同时还必须了解同行业同类产品的性能特点;要根据客户的年龄、身份、职业等因素,因人而异,分清情况,对产品做出详细介绍;对客户始终态度和蔼,彬彬有礼,使客户如沐春风,绝不允许与客户发生争执;只准言自家瓜甜,不准道别人瓜苦,要具备良好的商业道德,严格遵守"荣事达企业自律竞争宣言",自觉遵循公平竞争原则。

(2) 及时做出市场信息反馈,促销员在销售工作的第一线,直接与消费者打交道,对消费者的要求和意见有一个最直观的了解。因此,公司规定,每一位促销员同时必须是市场信息调查员,促销员定期写详细的工作报告,对当地的市场特点做出分析,对厂里生产的产品在当地的销售情况做出总结,对产品在当地销售中的不利因素要直言不讳,并提出解决问题的合理化建议,这些建议一旦被公司采用,立即予以重奖。驻兰州的一位促销人员提出,将 3.8 kg 全自动洗衣机波轮改为灰色,试产新品上市后,果然比以前更受欢迎,销售量明显增加,公司不仅通报表扬,而且还给予了物质奖励。

(3) 对维修网点的管理。维修网点一般设置在销售分公司的周边辐射地区,维修人员既有公司派出人员,也有在当地招聘的,所有人员均须经过培训才能上岗。对客户的反馈意见,分公司一方面督促维修人员及时上门服务,一方面也应视情况调整网点布局和调整维修人员的分布,使各项工作达到"零缺陷"。

第三个层次是遍布全国各地的维修网点。其管理目标更为明确,就是保证售后服务的"零缺陷"。这在后文中详述。

二、售中零缺陷服务

荣事达集团的领导者们在长期的经营实践中逐步形成了这样的观念:生产企业的最终目的就是让产品成为商品,并最终成为消费品。在这个过程中,经销商的作用是不可替代的,因此,一家生产企业所合作的经销商的多少和经销商的努力程度,客观上决定着企业的命运。生产企业同经销商的关系,不是简单的经济关系,而是一种互助合作的关系,生产企业和经销商在共同的市场面前,利益是共同的、一致的,应该把经销商视为企业的支持者、合作者,不能视为"对手",两者之间的关系不是"主仆关系",而是"伙伴关系"。从管理的角度看,经销商是企业产品转化为商品的重要一环,当然,也是"零缺陷管理"体系中唯一不能完全由企业控制,而只能由企业施加影响、通过经销商代为实现管理目标的关键一环,忽略了对售中工作的管理,"零缺陷管理"必定是不完整的。

售中管理的内涵已从企业内管理转化为对企业与外部关系的结合管理。它不同于生产过程的"零缺陷生产",也不同于售后环节的"零缺陷服务"。在这些环节中,管理理念是明确的,管理目标是确定的,管理体制是严格的,管理手段是规范化的,管理绩效是可以量化的,这些范畴均在企业管理者的有效控制之中。但售中管理这一环节却不同,它是两个风格迥异的管理系统的碰撞和衔接,往往出现的情况是:从企业管理者的愿望出发,是非常愿意为售中环节提供"零缺陷服务"的,也绞尽脑汁制订了很多制度,提供了很多措施和手段,但绩效却不明显。或者说,企业愿意提供的、所能提供的,与经销商所愿意并且能够接受的,并不是同一的。因此,售中管理目标的确立和定位,必须放到更广的范围中去,从企业和商业契合的最佳点上去寻找,才能找到既能为商业所接受,又能与企业整个管理方式和管理手段相适应,影响和促使经销商也成为"零缺陷管理"的有关组成部分,从而携起手来,共同为消费者提供"零缺陷服务"。荣事达的售中工作遵循了以下原则。

(1) 充分尊重经销商的意见。一般说来,经销商经常地、直接地接触消费者,了解消费者对产品的意见,对市场竞争形势的变化也反应快,因此充分尊重经销商的意见,定能获得良好收益。荣事达集团每年都召开一次工商恳谈会,分别邀请国内大中型商场的领导者参加,主要目的就是请他们提意见、谈建议,交流信息,加深感情,反馈市场需求,改进各方面的工作。会后,再将这些意见归类,专门研究。

(2) 货俏人不骄。市场变化是有规律的。但对某种特定产品而言,却又是没有规律的。潮涨潮落,月圆月缺,既有货俏的时候,也会有滞销的时候。荣事达人讲的是,既要看眼前利益,更要看长远利益。货越俏,越要照顾经销商,越要为其提供更为优质的服务,越要赤诚相见,热情谦逊,而不能骄傲自大,盛气凌人。陈荣珍总经理常说:"作为企业的主人,时时刻刻要保持谦虚谨慎的作风,要学会夹着尾巴做人"。货俏人不骄,"我敬人一尺",到了滞销时,经销商才会"人敬我一丈",真正地为企业出谋划策,共渡难关。

(3) 要和经销商成为朋友。感情因素肯定是贸易交往中的重要因素之一,世界各地莫不如此。在同等条件下,大多数人都愿和朋友打交道,这本是常理所在。荣事达集团提出的口号是:"先交朋友,后做生意",全国各地较大的经销商到了合肥,公司领导一定到住处看望,热情接待;一般常驻合肥的经销方工作人员,生活上有什么困难,工作上有什么要求,一经提出,他们都尽力协助解决;逢年过节,公司领导人带着公司人员,分片拜访各地经销商,登门征求意见;各大经销点有什么活动,公司总是鼎力支持和积极参与。通过这些措施,结交了一大批商界朋友,关系融洽了,感情加深了,信任提高了,销售渠道也理顺了。

三、售后零缺陷服务

从管理的角度看,售后管理是最难控制的一个环节。因为在这个环节中,将要面对的是成千上万个直接的消费者,各人需要的服务种类和服务程度也不一样,任务异常繁杂,相应的管理要求也更为严格。荣事达集团素以优质服务而著称,1992年被评为"全国售后服务十佳企业",后又荣获中质协授予的"全国用户满意企业"、"全国用户满意产品"、"全国用户满意服务"三满意称号,这些称号的获得,说明荣事达集团的售后服务工作是成功的。

1. 售后服务管理的新认识

从传统意义上说,企业与客户的关系仅仅是买和卖的关系,是生产和消费的关系。然而,据美国盖洛普组织1986年对美国企业8项经营要素的重要性进行的调查,发现服务质量超过产品质量而居榜首。由此可见,服务质量对现代企业的作用是巨大的,要提高服务质量,关键是加强管理。管理成功的前提是,解决认识问题。荣事达集团公司形成了这样的观点:企业与用户的关系,不是简单的产与用、供与求关系,还包含着企业对消费者应尽的义务。维修服务就是企业对消费者应尽的义务之一,而不是额外的赐予。这种服务应该是规范化、高标准的,应该是规规矩矩的;企业为用户提供的售后服务,是一种契约关系。严格履约是市场经济条件下企业生存的必要条件,也是建立良好的企业信誉的重要手段。维修部门制订的服务措施,就是与用户订立的契约,就是对用户的承诺,必须说到做到,善始善终,如果不履约,就是对消费者利益的侵犯。

2. 售后服务管理的新内涵

售后服务是荣事达"零缺陷服务"的重要组成部分,售后服务的管理目标与"零缺陷服务"乃至"零缺陷管理"的目标是相吻合的。它有如下规定:产品在哪里销售,服务就在哪里到位,以消费者百分之百满意和投诉率为零作为唯一管理目标;售后服务不仅仅是维修服务,它还涵盖使用咨询、更新重购及消费者对产品的需求信息反馈等服务内容,要在这一轮的售后服务中达到激发下一轮更新产品的购买欲望和消费者对企业建立高度信任感的效果。内涵之新,在于把售后服务放在企业的动态运转中去思考,放在企业管理的首尾衔接处去思考,这也赋予了售后服务全新的管理意义。

3. 售后服务管理的新举措

为了实现上述管理目标,使之落到实处,荣事达集团在售后服务工作中主要采取了以下措施。

(1) 组织了高素质的服务队伍。要成为维修队伍中的一员,首先必须在厂内所有的生产部门见习,对各道工序有了基本了解后,再集中进行上岗培训,一是进行职业道德教育和思想品德教育,端正服务态度,二是进行维修技术培训,包括各种洗衣机的安装、使用、工作原理、故障排除等,经过实际操作,考试合格后,发给上岗证书,方可上岗。

(2) 配备现代化的维修硬件。全国400多个维修网点,范围大、任务重。荣事达集团宁可对其他部门压缩开支,也要保证维修部门的器材装备现代化,使车辆、通信设备等硬件不断完善,保证服务工作反应快、机动性强、效率高。

(3) 制订了严格的服务标准。对服务工作的技术要求、服务水平等细节问题都做出了明确的规定,如1997年推出的"红地毯服务"规定了服务人员"三大纪律、八项注意"。再比如,规定:洗衣机从报故到排故,市内不超过3天,省内不超过7天,并且无论在什么情况下,都要执行这项规定,至于为此付出的费用,则无须多作考虑。陈荣珍总经理曾这样指出:公司对其他业务部门实行经济包干,但对售后服务则可不计,其目标是让用户100%满意。

(4) 建立用户档案制度。对所有服务对象建立档案,及时联络,把使用中可能出现的问题消灭在萌芽状态。所有用户来信,必须归档,并保证回复率为100%。对用户发放咨询调查表,回收后归档,并将意见归纳后反馈给公司,作为新产品开发的依据。

(5) 开展多种形式的辅助服务工作。在每年的一些有纪念意义的日子里,公司都要组织员工走上街头开展咨询活动,向广大群众介绍产品,回答疑问,提供义务服务咨询。同时,每年都举办"零缺陷服务万里行"活动,组织各部门职工,分头、分片到全国各大、中城市检查维修网点工作,直接接受消费者的咨询,现场解决问题。加强对售后服务人员的管理。公司规定,维修人员一不准接受用户礼品,二不准接受用户请吃,三不准以任何借口刁难用户,四不准以任何形式滥收费用。若有违反,轻则调离岗位,重则停职待岗。对于严格执行规定、维修技术精、服务态度好、工作认真负责的人员,公司给予重奖。

10多年来,在各省市消协的质量投诉栏里,荣事达集团售后服务的投诉率始终为零。其中的个案材料、典型事迹,已为广大群众所熟悉,并有不少服务范例为各地新闻单位广为宣传。然而,各家企业有各家企业的特点,有不同的过去和现在,有不同的环境和内涵,因而,在研究荣事达集团的"零缺陷服务"时,还要特别注意以下几点。

(1) "零缺陷服务"是"零缺陷管理"的有机组成部分,必须与整体配合,才能发挥应有的作用。

(2) "零缺陷服务"既不是一个口号,也不是一些规章制度,而是动态的、实践的,是活生生的企业行为。

(3) "零缺陷服务"是一个发展的概念,其内涵是在不断扩张、补充、调整的,必须随着市场的变化而不断变化。

[案例分析]

面对改革开放的消费品市场,生产家用电动洗衣机的荣事达——当时的合肥洗衣机厂被一只无形之手推向了市场经济的前沿,面对消费者严格挑选和市场优胜劣汰的运行法则,洗衣机厂一度陷入困境。荣事达人在逆境面前没有退缩,而是在市场经济的大潮中奋勇搏击,不断地积累市场竞争的经验,探索企业管理的方法,终于使零缺陷管理在市场经济的大潮中诞生。

(1) 质量管理意识和质量目标的确立。在市场竞争过程中,市场需求和消费者的选择决定着企业的命运。因此,产品质量和质量管理只能面向市场、适应市场,才能具有更强的竞争力。通过在员工中开展"假如我就是消费者"、"产品存在1%的缺陷对消费者就是100%的不合格"的讨论,荣事达人的心中树立了"一切为了满足用户的需要"、"质量是企业的生命"、"用户是上帝"的管理理念,提出了"唯一等品出厂"和保证"出厂产品100%合格"的质量目标。

(2) "零缺陷管理"是一个系统工程。在荣事达集团的"零缺陷管理"体系中,从各个环节的关联看,如果把生产过程中的"零缺陷生产"作为中心环节,将原辅材料的采购供应和对配套厂的管理视作它的前向扩展,那么,在销售环节的"零缺陷服务"则是它的后向延伸。显而易见,"零缺陷服务"是"零缺陷管理"体系的极其重要的组成部分,缺少了这一部分,"零缺陷管理"就失去了一个强大的支撑。

(3) "零缺陷管理"是一个创新举措,同时也是企业追求的最高境界。在我国经济由计划经济向市场经济转变的过程中,传统的企业管理方式已难以满足经济发展的要求。实施管理创新,是唯一的选择和出路。荣事达公司在企业的发展过程中,不断提炼和形成了荣事达的管理理念,就是"产品的零缺陷,工作的零缺陷,企业整体运行的零缺陷"。这里所说的"零缺陷",可以理解为一个无限性的极限概念,它使企业在不断提升管理水平方面有一个无止境的追求目标;另一方面,"零缺陷"在一定阶段又是确定的和量化的管理指标,通过管理使产品、工作、企业运行百分之百地达到既定目标,即为实现了"零缺陷"。当前一阶段的目标实现后,再给出下一阶段的更高目标,由此动态地递进,不断逼近"零缺陷"的极限值。所以说,实施企业管理创新,应该有"背水一战"的精神,这是企业家无止境的追求。

(4) "零缺陷"是自我发展的管理目标,对企业来说是必须的,也是可行的。之所以"必须",是因为荣事达集团面临的是买方主导的家电市场,同行企业之间为争取更大的市场份额的竞争日趋激烈,产品、服务、信誉如果达不到"零缺陷",不能让用户百分之百的满意和认可,那就休想在市场上安身立命。荣事达提出"零缺陷管理",就是根据市场的客观要求,主动适应市场经济规律,以求企业与市场和谐共振。之所以说"可行",是因为企业员工都有主观能动性,只要企业管理者善于因势利导,充分释放员工的自主性和创造性,就能促使员工在每一道工序或岗位上自觉防范并消除自己工作的差错,从而保证总体的"零缺陷"。"零缺陷管理",实质上也体现了以人为本的民主管理精神,这又是符合现代企业管理大势的,更是切合企业员工内在要求的。荣事达集团的"零缺陷管理"在实践中的有效性,最为突出地在这两点上显示出来。

问题:1. "零缺陷服务"的内涵、目的是什么?

2. 从荣事达的"零缺陷服务"中应领会哪些精神?

3. "零缺陷服务"是"零缺陷管理"的重要组成部分,是企业直接面对市场的主要关口。请从企业的发展战略方面谈"零缺陷服务"的意义。

4. 结合我们所处的行业和位置,谈谈我们应如何达到"零缺陷"目的。

资料来源:李建国《零缺陷管理》。

5.2 物流营销客户关系管理

学习目标

1. 了解物流营销客户关系的内涵及特点。
2. 熟悉物流企业构建 CRM 系统的基本思想。
3. 掌握加强客户关系管理的对策。

案例

本田汽车的客户关系管理

本田汽车之所以能赢得美国人民的喜爱,除了产品质量一流外,注重服务和客户关系管理也是一个重要的原因。本田汽车初入美国市场时,公司要求员工必须学会如何为客户服务,强调经销商必须在所有环节(包括销售、服务、零件及旧车等)满足每一位客户的要求,"客户永远是国王"。根据 Turbo CRM 的分析,当客户满意度由"满意"提升到"完全满意"后,长期利润和客户忠诚度会大幅提高。本田的经销商致力于"完全满意"及长期与客户保持伙伴关系。自客户选择本田那天起,它便开始对其漫长的服务历程:给客户及其家人寄生日、晋升、结婚等纪念日的贺卡。一个维修电话打过去,公司便会派人来取车,修好后再送回来。本田的成功就在于把客户放到第一位,加强客户关系管理,与客户保持"双赢"关系。

资料来源:台商信息网《浅析企业加强客户关系管理的重要性及运用》。

在电子商务时代,以客户为中心的客户关系管理(customer relationship management,CRM)是企业核心竞争力的关键。客户关系管理是企业利用信息技术,通过对客户的跟踪、管理和服务,留住老客户、吸引新客户的手段和方法。在当今商业竞争日益激烈的局面下,仅靠产品的质量已经难以留住客户的心,服务已成为克敌制胜、提高竞争力的法宝。对企业来说,针对每个客户的不同需求,提供更为个性化的服务已成为当务之急。众多的企业已经认识到,实施客户关系营埋,能帮助企业深入了解客户需求,及时将客户意见反馈到产品、服务设计中,为客户提供更为个性化的深层次服务。

随着新经济时代的来临,企业的战略中心正从"以产品为核心"向"以客户为中心"转变。客户已经成为企业最重要的资源,谁拥有了客户,谁就赢得了市场,谁就赢得了利润。作为新兴服务业的第三方物流企业要想在竞争中立于不败之地,拥有稳定、可靠的客户是关键,而提高客户满意度就成了第三方物流企业生存和发展的基础。因此,在竞争日趋激烈的市场状况下,第三方物流企业应该充分利用客户关系管理系统,与客户建立和保持一种长期稳定的合作关系,掌握客户资源、赢得客户信任、分析客户需求,从而制定出科学的企业经营发展战略,为客户提供满意的高质量、低成本的服务,提升客户价值,扩大市场份额,获得最大的利润。

索尼中国 CRM 实施

随着人们生活方式的改变,越来越多的人通过网络来获取信息并接受网上购物这一新的生活方式。索尼(中国)的 Cyber Service 给客户提供了这样一个平台。只要客户登录 www.sony.com.cn,即可了解索尼在中国的最新动态。无论是产品信息、活动推广;还是维修网络介绍、经销商名录(VAIO)、索尼互动中心联系方法等,都可以足不出户,尽在掌握之中。通过链接,还可获得更多有关索尼电子、索尼音乐、索尼影视等的信息。而其中,www.sonystyle.com.cn 更是定位为"索尼 Fans and Customer 感受索尼生活和服务的平台"。通过 www.sonystyle.com.cn 这一不同于传统销售的渠道,索尼(中国)与客户进行着动态、自主和及时的沟通。

通过这一网站,不仅可以推广索尼在中国生产销售的产品和活动并提供销售平台,更为重要的是培养索尼的忠诚客户。通过推进会员升级等多个 CRM 项目,吸引索尼的喜爱者、培养索尼的潜在客户,使他们最终成为索尼的用户;对于已是索尼用户的会员,则根据他们不同的星级,提供不同的服务和互动会员活动,以提升用户对产品进而是索尼品牌的忠诚度,提高销售和交叉销售业绩,并保持忠诚度。还有值得一提的是,因为有了强大的技术支持,使得网站具有个性化、智能化的功能而吸引了更多的重复访问者;而前台和后台数据库的大集中,使前台的数据跟踪和后台的数据分析得以实现,这为更好地收集客户的信息、需求和反馈,评估并制定有针对性的服务提供了科学准确的资料。

什么是客户真正关心的问题?如何了解客户真正关心的问题?这是公司每个部门都在思考的问题,因为不断满足客户的需求,才能提升产品、服务和质量,最终赢得更多的客户。

5.2.1 物流营销客户关系的内涵及特点

1. 客户关系管理概述

客户关系管理是一个不断加强与客户的交流,不断了解客户需求,并不断对产品及服务进行改进和提高以满足客户需求的连续过程。它的核心思想是以客户为中心。

当今的营销有两个基本特点:一是绝大部分产品供过于求,买方市场已经形成;二是产品同质化程度较高,差异化程度逐渐降低。因此,光靠传统的差异化营销或降价打折等老套的做法已无多大作用。企业间竞争更明显表现在对客户资源的争夺与占有上,追求客户忠诚度已成为商业中最重要的原则,而提高客户的忠诚度正是客户关系管理带给企业的最大价值。客户关系管理的实质是客户战略,即以客户为中心。利用客户关系管理,企业通过搜集、追踪和分析每一个客户的信息,根据不同的要求,为他们量身定做产品,并把客户想要的产品和服务及时地送到他们的手中。在客户关系管理中,企业把任何产品的销售都建立在良好的客户关系基础上,使客户关系成为企业发展的本质要素。

2. 物流企业应用客户关系管理的战略意义

1) 物流企业的特殊性

物流企业(logistics enterprise)是指至少从事运输(含运输代理、货物快递)或仓储等其中一种经营业务,并能够按照客户的物流需求对运输、储存、装卸、包装、流通加工、配送等基本功能进行组织和管理,具有与自身业务相适应的信息管理系统,实行独立核算、独立承担民事责任的经济组织。

物流企业是一种介于供方和需方中间,为双方提供专业物流服务的特殊企业。物流企业属于典型的服务业,具有非生产的性质。它的特殊性在于每一次业务操作都要面对两个或更多的客户,这使其客户关系比其他行业更具有复杂性和多样性。尤其是在多个供给方和多个需方同时存在时,物流企业面临的客户关系会更加复杂。根据物流企业的特殊性,并结合上述客户关系管理的定义及内涵,可得出物流企业的 CRM 流程图(如图 5-5 所示)。

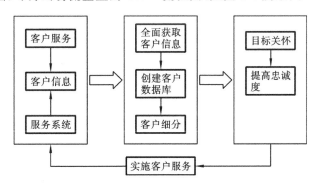

图 5-5 物流企业客户关系管理流程图

客户关系管理作为一种先进的管理理念和经营策略,对于提升物流企业的核心竞争力、提高物流服务水平、提高资源管理的效率具有重要的作用。

2) 客户关系管理的应用对物流企业的意义

(1) 有利于增强其核心竞争力。客户关系管理的出现,可以使物流企业把注意力从原来的内部业务增长转移到开发外部客户资源上。物流企业可以通过广告、交易等的记录获得客户数据;同时,通过与客户进行主动交流,了解客户的个性化需求。通过多种渠道,企业可以与客户进行高效的沟通,测定客户的满意度,提供个性化服务。这就进一步巩固了企业的客户资源,提高了企业的竞争力。

(2) 有利于提高物流服务水平。由于物流企业在运作过程中直接与客户进行接触,并且从多方面影响客户的满意程度,因此通过客户关系管理,物流企业可以为客户提供一方对多方的互动服务。通过分析客户对服务的应用频率、持续性等指标来判别客户的忠诚度,从而对忠诚客户提供优质服务。企业可以通过具体分析每个客户的详细状况,具体分析其倾向,及时找出自己与别的企业的差距,并作相应的调整,从而提高物流企业的服务质量。

(3) 提高资源管理的效率。物流企业利用客户关系管理在收集、处理客户数据与挖掘客户价值时具有集成企业其他信息资源的能力,通过电话、传真以及邮件等方式将收集的信息整合到一起,克服了交易系统、财务系统和办公自动化等系统相互分割的局限,它把从企业内部、外部和不同信息终端收集到的数据进行过滤、转换和整合,保证了数据形式的一致性、时效性。

3. 客户关系管理在物流企业中的应用现状

目前在我国物流领域,完善的客户关系管理还很匮乏。尽管一些物流企业认识到了客户关系管理的意义,并已付诸实践,但由于传统理念的缚束、企业战略的不合理,其效果不尽如人意。纵观我国物流企业的整体状况,在客户关系管理方面的不足主要体现在以下几个方面。

1) 客户关系管理观念存在误区

首先,相当一部分的物流企业在进行客户关系管理时,只是引进其手段而没有引进其思想。几乎完全地照搬了国外知名物流企业(如 UPS、TNT 等)的客户关系管理,对客户的服务、跟踪等一直处于低层次上。引进之后,盲目地认为客户关系管理能取代一切工作,企业只要关注客户关系管理就行了,无须在其他环节花费力气,将客户关系管理体系神化。甚至还有些企业在实施 CRM 时,不顾自己企业的实际情况盲目追求多功能,他们认为功能越多越好,因此不惜花费大量资金从系统提供商那里引进一些对企业华而不实的功能模块,增加了系统的固定成本,也使系统的复杂度增加,维护费用增多。其次,许多物流企业误将客户关系管理等同于"客户第一"、"服务第一"。其实前者是把物流企业的运作当作一个整体,贯穿于物流管理的整个环节,专注于企业供应链的整个过程,是一种"体"式经营,而"客户第一"、"服务第一",只是单纯专注于营销的某个具体环节,是一种"点"式经营。

2) 物流企业提供的服务过于单一化

长期以来,受传统物流强调"为商品流通服务"这种观念的影响,物流企业并未把客户关系管理置于重要的位置。一方面,对生产环节和企业内部管理比较重视,也有一定的基础,但对生产领域以外的物流环节顾及较少,可控能力有限,大部分物流企业仍处于转型期或成长期;另一方面,受"大而全、小而全"等传统观念的影响,在客户队伍建设上具有一定的盲目性。客户多且杂,同时严重缺乏对客户资源的深入研究和合理细分,依据同一的服务标准面对不同的客户,这就使物流企业的服务水平还很难适应市场变化的需要。甚至由于缺乏对重点客户的关注,造成大量宝贵的客户资源流失。同时,我国大多数物流企业目前只能提供一些运输、仓储类的基础性物流服务,这些物流服务是低水平的重复性作业,经济附加值低,无论在深度上还是在广度上都达不到客户的需求标准。正是由于物流企业这种缺乏个性化的服务,造成客户在寻找物流服务商的过程中,面对众多物流企业却找不到满意的服务商。

3) 实施过程中缺乏沟通

客户关系管理首先是管理项目,信息技术只不过是实施这一管理项目的手段。不少企业尚未认识到这一点。有些物流企业在进行客户关系管理时,只关注项目的实施,而忽视了客户的参与,建立以企业为中心的错误思想。在一些物流企业中,高层管理人员不关心物流水平的确定,一味强调低成本运作,未从全局考虑就予以确定或直接交由物流部门确定物流服务水平,责任不清。这种错误的做法的结果是:一方面,尽管作为服务部门的客户关系管理的人员努力为客户提供优质的服务,但碰到实际问题时,他们根本没有能力也无法来协调与其他部门的关系,也解决不了这些实际问题(因为系统工程出现的问题不是某一个部门能解决的);另一方面,作为客户,由于提出的问题物流企业没有办法解决,客户对企业有意见,最终慢慢地失去了这些宝贵的客户。长此以往,客户关系管理也就形同虚设。

4) 流程重组混乱

供应链要求企业组织结构必须以供应链的客户为中心,但物流企业的组织结构对这些客户信息缺乏有效的管理,无法对供应链进行有效的管理与分析。物流企业也没有相互之间对客户资源实施共享,从而导致对客户的需求无法充分地满足,无法提高客户的满意度,造成客户的流失。传统企业的组织结构是一种金字塔形结构,其特点是决策权集中、管理层次多、职能部门独立、有较明显和严格的等级,已不能适应当前管理决策复杂化、环境多变化、信息庞大化、时机短暂化、决策群体化和效应连锁化的经济和社会的重大变革,特别是一些由运输、仓储等国有老企业转化而来的物流企业,存在着一些官僚体制和落后的业务流程,严重制约着现代物流业的发展和进步。虽然部分物流企业管理者已经认识到业务流程重组是 CRM 应用成功的前提,但他们只是出于低成本的考虑,而没有在组织架构和部门职责上作相应的调整,没有打破职能部门本位主义的思考方式。当在流程重组工程中,遇到涉及部门职能的重新划分、岗位职责的调整、业务流程的改变等复杂因素时,不能妥善地处理这些问题,给企业自身带来了不稳定因素。

4. 物流企业的客户关系管理创新

1) 调整企业经营管理理念

调整企业经营管理理念,树立供应链管理理念,形成适合 CRM 实施的企业文化体系。这需要企业上下各级人员首先学习这一理念,形成一种以客户为中心,以及由此而衍生出的重视客户利益、关注客户个性需求的经营思路等企业文化特征,从而使全体员工树立为客户提供优质服务的意识,再落实到工作的每个环节中。并加强企业间的沟通与合作,实现资源共享和合理配置,以充分满足客户的需求。同时应当认识到,客户关系管理不是以所有客户满意为最终目的的。而且在大多数情况下,考虑到企业的成本因素,也无法使所有客户都拥有相同的满意度。重要的客户对企业的利润贡献大,企业理所当然要对他们更好一些。因此,那种让所有客户都百分之百满意的想法是不切实际的。企业还必须明白的是,满意度同客户的期望值有直接的关系,而客户的期望值则不是企业能完全控制的。

2) 提供差异化服务

客户是有差异的。客户本身的条件各不相同,对满意的期望自然也各不相同。想要以一种服务水平让所有客户都满意是不可能的。不同的客户对企业的重要程度取决于他们对企业利润的贡献大小。因而那些对企业利润贡献越大的客户,他们就越重要,自然他们要求企业提供的服务水平也就越高,如图 5-6 所示。

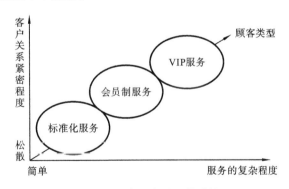

图 5-6 客户服务差异化结构

物流企业要根据不同的客户,为其量身订制地提供仓储、运输及从原材料到产成品的存储、分拨、包装、加工、配送、结算、信息处理等一系列物流服务,满足其个性化的物流需求。针对不同的客户采取不同的服务模式,对同一客户在不同时间采用不同的服务模式。在图 5-6 中,按照客户同物流企业关系的松散、密集程度,可以把客户分为三类。对于这三类不同的客户,为第一类客户提供 VIP 服务,企业与这类客户保持最紧密的联系甚至结成战略联盟,采取主动积极的服务,甚至做出一些超前的服务设想和服务储备,尽最大的努力去满足对方的需求;为第二类客户提供会员制服务,也要求与客户保持亲密的联系,尽可能满足客户的个性化的需求。主动了解服务是否与客户所期望的相符合,尽可能通过客户对企业提供服务的满意度的提高,而促使这类客户上升为第一类客户;为第三类客户提供标准化服务,就是为客户提供行业最基本的服务。他们对企业来说相对次要,但并非不重要。这部分客户的加入不但壮大了企业的客户群和市场占有份额,扩大市场影响,而且也是企业在实施差异化战略中有可能摊薄成本的重要源泉。

3) 实施客户关系管理时加强管理层面建设

为了客户关系管理的良好实施,首先要使物流企业决策层领导加深认识,理解理论,了解到实施后给企业带来的好处,进而充分支持、推动 CRM 的实施,甚至亲自领导工作的开展。同时应对物流企业的业务运作流程展开调查分析,综合决策层提出总体实施原则,形成目标业务流程,进行以客户为中心的物流企业组织机构调整。如成立企业信息化领导小组,领导、推动企业信息化工作,扩充信息中心人员等。

在设置岗位时,要体现以客户为中心的思想。能提高客户满意度的职位,都要设立。例如,在物流生产部门,如运输部、库房管理部、物流加工部等常设了解客户需求的物流营销人员,从事市场状况反馈及监督、抽检各部门的生产情况等工作,协调与销售、营销部门的关系,提高物流服务的即时性和准确性,增加客户的满意度。物流企业需要不断调整物流服务。刚开始,企业要为客户提供物流的仓储、运输服务,随着服务的深化,物流企业要按客户关系管理方面的需求,为其提供个性化的物流系统设计。长此以往,企业可以为客户提供个性化服务,令客户满意,从而增加企业的利润,形成和客户共同成长、共同发展的"双赢"局面。

4) 调整组织架构,规范企业内部流程

建立有效的系统,就不能对原有的组织进行肤浅的调整修补,必须动大手术,标本兼治,抛弃现有的组织结构和业务流程中的糟粕,建立一个全新的组织结构和业务流程。物流企业在进行客户关系管理时,应当进行企业组织结构和业务流程的重组,这是 CRM 实施的基础。企业要真正地以客户为中心,必须采用一个以了解客户、服务客户为目标的组织形态。同时,建立完善的数据仓库。为了使客户服务能够协调一致,物流企业与客户的所有交互行为都必须通过建立在有先进技术支撑的一套通用的系统平台上来进行管理,这个系统平台就是数据仓库。数据仓库是 CRM 的核心,它把 CRM 流程的所有相关数据都集中于此,可以使市场分析人员从库中的数据分析细划出目标市场、决定促销活动。从本质上说,就是让所有的使用者从中获取分析结果再反馈于其中使得以后的分析更准确、更适用。

5.2.2 物流企业构建 CRM 系统的益处

客户关系管理是企业竞争环境变化的结果,如今进入买方市场,维持良好的客户关系是赢利的关键。这就要求公司必须完善和改进客户服务的质量,更大限度地满足客户的需求欲望和长远利益,通过客户关系管理使公司从各个方面了解客户,也有利于客户对公司的信任和支持。在市场竞争日益激烈、经济全球化的今天,公司在竞争中取得成功的唯一途径就是认真了解客户的需求,改善客户关系,提高客户的满意度和忠诚度,并从现有客户身上获得更大利润。可以认为,客户关系管理是造成公司之间竞争能力差异的重要因素之一。

营销界有一个著名的等式:$100-1=0$。意思是,即使有 100 个客户对公司满意,但只要有 1 个客户对公司持否定态度,公司的美誉立即归零。这种形象化的比拟似乎有夸大其词之嫌,但事实显示:每位非常满意的客户会将其满意的感受告诉至少 12 个人,其中大约有 10 个人在产生相同需求时会光顾该公司;相反,一个非常不满意的客户会把不满告诉至少 20 个人,这些人在产生相同需求时几乎不会光顾被批评的公司。可见,加强客户关系管理,提高客户的满意度对提高企业信誉有多么重要的作用。

物流企业是一个特殊的行业,它有着类型复杂、数量庞大的客户群体,不断创新的物流产品与服务及由物流行业本身特征决定的复杂运营模式。随着我国物流服务体制的进一步完善,以及加入WTO后一系列承诺的兑现,我国物流行业将面临前所未有的竞争压力。大批的外资物流企业与大量的国外物流领域的服务的涌入,将迫使我国物流企业改进管理思想,转变经营理念,把握客户,深化服务。物流企业的CRM系统就是结合物流行业特点,在物流行业发挥作用,实现对客户资料的存储与管理、对客户行为的分析与理解和客户价值的最大化等。物流企业实施CRM系统有如下几点益处。

(1) 加强对客户资源的集中管理,增强对客户的挽留能力。目前,物流企业进行产品营销的方式大都是广泛派出市场代表,通过其频繁拜访生产、销售等不同商家来维持其生产计划的实现。因此,物流企业大量的客户信息散落在具体业务人员手中。成功实施CRM系统后,物流企业可以及时获得客户的信息,及时得到业务人员与客户交流的所有活动资料,确保公司始终掌握客户的最新资料,进而极大地减少甚至避免因业务队伍的流动而带来的客户损失。另外,由于CRM系统对物流企业的所有客户进行管理,包括客户的年龄、生日、喜好及与企业的联系历史等许多信息,因而使得企业营销人员有条件对客户做到"一对一"营销,可增强对客户的挽留能力,进而提高公司的利润。

(2) 降低企业的销售费用,增加企业的销售额。CRM系统可以帮助物流企业有效而科学地对销售队伍和销售过程进行管理,让管理人员及时掌握销售费用的支出情况,发现存在的问题并及时解决,从而极大地降低销售费用。CRM系统也可以使物流企业及时了解整体销售态势,有效地实施对销售过程的管理和控制,帮助销售人员缩短销售周期,提高工作效率。一位在物流行业中实施过多个CRM项目的专家认为,如果一家物流企业能够成功应用CRM系统,销售额增长8%~10%是不成问题的。

(3) 有利于提高物流企业的核心竞争力。核心竞争力是指支撑物流企业可持续生产具有竞争优势的独特产品,把握和控制更多的消费者信息,创造独特营销手段的能力,是物流企业在特定经营环境中的竞争能力和竞争优势的合力。CRM系统的实施可以为物流企业带来先进的"以客户为中心"的发展战略和经营理念,将优化企业组织体系和职能架构,形成生产销售高效运行的管理系统和交通流畅的信息系统,加强物流产品的开发、创新和营销的能力,提升物流信息化、电子化建设水平和全员的知识、技术水平及工作能力,从而为培育和提高物流企业核心竞争力提供全面的保障。

5.2.3 构建物流企业CRM系统的基本思路

CRM是一个管理企业与客户沟通过程、客户信息,并实现企业与客户零距离沟通的平台。这个平台把相对封闭的企业环境与市场环境紧密地联系起来。客户作为市场的个体能够通过这个平台获得满意的产品、服务及相关效用;企业通过这个平台,了解用户需求,有针对性地提供用户需要的产品、信息、服务。简单来说,企业通过这个平台了解市场,维护、发现、创造客户,客户通过这个平台获得满意。

一个较完整的CRM系统应该包括客户信息收集和客户关系管理及关怀,市场营销与管理,销售及售后服务与管理,各种信息数据的存储、分析与挖掘,预测和对生产和市场的决策支持系统。

从我国物流企业当前的现实看,构建客户管理系统已具备了两个基本条件:一是客户数量多;二是市场竞争激烈。其实这也是企业构建 CRM 系统的两个必要的前提条件。但构建客户关系管理系统是非常大的系统工程,它不仅是个技术问题,更重要的是企业文化和流程的再造,因此需要从长计议,统筹安排。鉴于我国物流企业目前的实际情况和未来的发展趋势,特提出以下的基本思路。

1. 培育所有员工的 CRM 理念

许多世界领先的公司都认识到企业实施 CRM 的重要性,并从中获益。但据统计,到目前为止,至少有 70% 的 CRM 要么失败,要么没有产生预期的投资回报。那么,究竟出了什么问题?答案其实很简单。那些实施 CRM 却没有达到预期效果的公司,大多数是开始于高科技。他们都专注于 CRM 最新的技术环节,而忽视了最重要的因素——人和理念。一个能确保 CRM 在所有行业的大小公司都能发挥功效的方法是从"人"开始改革,以理念为先。因此,在 CRM 的关键因素中,管理理念的调整和灌输显得更加重要。

2. 企业生产流程和组织架构改造

一个完整的供应链包括供应商、核心企业和终端客户。物流企业作为核心企业,应当将供应商和客户纳入自身的管理体系,形成供应链一体化的管理模式。任何企业向客户提供的产品包括三个方面:信息流、物流和服务流。物流企业向客户提供的信息流为资讯,物流是交易平台,服务流是分析研究报告和解决方案。因此,企业供应链的流程设计必须紧紧围绕这三个方面进行。

在供应链流程清晰后,物流企业将构建自己的组织架构。组织构架的设置必须坚持以下原则:①每一个组织必须在供应链上找到自己合适的位置;②组织的构建必须有利于核心竞争力的形成,强化核心竞争力组织的力量。总之,一个灵活可伸缩的架构是企业成功实施 CRM 的基础。

3. 推进标准化管理

在实施 CRM 之前,物流企业需要积极推进企业的标准化管理。必须建立和健全所有的规章制度。

4. 有步骤地实施客户关系管理技术平台

CRM 的实施在技术上涉及三个基础平台:客户知识平台、客户交互平台和企业生产平台。客户知识平台是客户数据仓库,它是整个客户关系管理架构中的核心部分,涵盖客户基础数据和数据分析,将大量的客户数据转化为客户知识,并将这些知识及时传递到客户交互平台和企业生产平台,以指导企业的生产、市场营销和客户服务。客户交互平台又可称为接入管理平台,提供与客户交流和互动式的服务,使客户需求信息接受和服务产品提供的自动化。客户交互平台包括销售自动化、市场营销自动化、智能电话服务中心、智能化管理监控、个性化服务等多个方面。企业生产平台指用户拥有的各生产系统、财务系统、市场营销系统等。企业生产平台是客户数据的主要来源,也是运用客户知识的主要用户,因此,有步骤地实施客户关系管理技术平台是 CRM 成功的重要环节。

CRM 产生的背景与新经济与新技术是有密切关系的。新经济打破了国家垄断、行业垄断、资源垄断,使行业与企业之间的竞争更加激烈。产品的生命周期更短,客户的需求更加个性化。

因此，CRM 系统的有效实施能够使物流企业管理从过去的"产品"导向转变为"客户"导向，企业管理最重要的指标从"成本"和"利润"转变为"客户的满意度"。企业取得市场竞争优势最重要的手段不再是成本而是技术的持续创新。CRM 是一种旨在改善企业与客户之间关系的新型管理系统，如果一家企业能够很好地吸收并应用 CRM 理念，一定能在利润、客户忠诚度和客户满意度等多方面获得提高。

5.2.4 加强客户关系管理的对策

物流客户关系管理是把物流的各个环节作为一个整体，从整体的角度进行系统化客户管理，它包括对企业相关的部门和外部客户——业务伙伴之间发生的从产品（或服务）设计、原料和零部件采购、生产制造、包装配送直到终端客户全过程中的客户服务的管理。它是基于物流、资金流、信息流，通过合作伙伴关系，实现信息共享、资源互动和客户价值最大化，并以此提升企业竞争力的一种管理系统。总之，国内物流企业面对即将到来的"产业竞争风暴"，必须有坚实的应对措施，树立崭新的营销观念，应尝试借鉴并创造适合自己的营销方案，并积极推广。可以组建成立物流营销战略同盟等协会机构，广泛交流营销经验，加强相互协作，迎接物流行业大发展的到来。

1. 提高服务意识，建立新的管理理念

在企业运作过程中一切从客户出发，不仅要满足客户现阶段的需求，还应不断引进新技术、新设备，充分利用现代信息技术，及时向客户提供信息资料，来加强物流定制服务的能力，提高服务水准，提高企业员工的业务能力，缩短订单备货等方面的周期，提高供应链的效率和生产力，更应该加强客户与公司之间的联系，让客户参与进来以改进管理和运作模式，使客户关系管理与企业原来的 ERP 系统相融合。根据客户不断变化的需求开发新的物流服务项目。服务意识还应普及到企业的全体职员，对全体职员进行思想教育和定期的培训，并在培训之外设立奖励和认同系统，使企业上下形成一种"以客户为中心"的理念氛围。使全体成员共同遵守企业的行为规范和价值体系，树立为客户提供优质服务的观念，提高服务水平及服务效率。

2. 对客户进行市场细分

客户细分标准有客户的规模、客户的地理位置等，但当今社会更适合以客户资源价值和企业利润最大化为目的，因此客户关系管理细分标准应是客户的价值。根据客户价值可将企业的客户分为三类：第一类是重点客户，他们约占企业客户总量的 5%，对企业的价值贡献率为 80%；第二类是普通客户，他们约占企业客户总量的 15%，对企业的价值贡献率为 15%；第三类是小客户，他们是除以上两类客户以外 80% 的客户群体，对企业的价值贡献率仅为 5%。第三方物流企业可针对不同的客户实施不同的客户关系管理策略。

3. 对重点客户的关系管理

1) 建立长期的战略合作

第三方物流企业应与重点客户建立起供应链式的战略联盟合作伙伴关系，在合作过程中保持频繁的沟通，保证信息的畅通流动，沟通的方式众多，最常用的有面谈、电话调查、小组会议、客户拜访等，企业可根据不同时期的具体情况选择适宜的沟通方式。第三方物流企业还可以利用供应链的信息共享平台，借助这些沟通方式，第三方物流企业可获取有关客户业务模式或长期战略变化的信息，加强对客户服务的跟踪调查和分析，及时对自身的业务流程、管理机制做出评估和改善，进一步满足客户不断变化的需求。

2）提供个性化的物流服务

个性化的物流服务是提升客户忠诚度的有效途径。由于不同客户其产品特性、采购策略、市场策略、客户服务政策等都不相同，因此无论是服务内容、服务方式还是响应速度上的要求，都呈现出很强的个性化特征。第三方物流企业必须根据不同的重点客户，为其量身订制地提供仓储、运输以及从原材料到产成品的存储、分拨、包装、加工、配送、结算、信息处理等一系列物流服务，满足其个性化的物流需求。

3）提供增值服务

面对激烈的市场竞争，第三方物流企业必须增强自身的洞察能力和创新能力，不断引进先进的管理知识和技术，有针对性地进行及时调查，拓宽服务面，在保证客户基本需求的基础上，提供优质的增值服务，如支持 JIT 制造、售后退货管理，甚至货物回收销毁或者给客户专门提供一体化的物流解决方案，利用信息技术为客户提供更加精准的物流服务等，来提高客户的满意度。

4. 对普通客户和小客户的关系管理

普通客户对第三方物流企业的价值贡献虽然小于重点客户，但他们存在着巨大的改善空间，企业可通过提供部分定制服务和少量增值服务，以维系现有的合作关系，等到时机成熟时将其转化为重点客户。而对于对企业价值贡献很小的小客户，第三方物流企业可根据自身所拥有的资源状况，考虑放弃或削减服务成本，将有限的企业资源重点投资在价值客户上。当然在对他们的管理中要注意对挑剔客户的管理，他们可能不会为物流服务企业带来大量的利润，但他们可以产生较大的影响。当挑剔的客户认为物流服务企业的服务不周到，或者因为价格和其他原因不能令他们满意时，总会表露出来他们的意见。为挑剔的客户提供特殊的服务，除了限制他们负面口碑影响之外，还能从他们那里得到有价值的信息，因为他们的意见很可能在一定程度上影响物流服务企业的服务方向，他们能为物流服务企业下一步的发展提供有价值的信息，来提高企业自身的服务质量。

所以，客户关系管理是企业以客户关系为重点，通过开展系统化的研究，不断改进与客户关系相关的全部业务流程，使用先进的技术优化管理，提高客户的满意度和忠诚度，实现电子化、自动化运营目标，提高企业的效率和效益的过程。

小 结

1. 客户关系管理是一个不断加强与客户交流，不断了解客户需求，并不断对产品及服务进行改进和提高以满足客户需求的连续过程，它的核心思想是以客户为中心。客户关系管理的实质是客户战略，即以客户为中心。在客户关系管理中，企业将任何产品的销售都建立在良好的客户关系基础上，使客户关系成为企业发展的本质要素。

2. 转变经营理念，把握客户，深化服务。物流企业 CRM 系统就是结合物流行业特点，在物流行业发挥其作用，实现对客户资料的存储与管理、对客户行为的分析与理解和客户价值的最大化等。

3. 一个较完整的 CRM 系统应该包括：客户信息收集和客户关系管理及关怀，市场营销与管理，销售及售后服务与管理，各种信息数据的存储、分析与挖掘、预测，对生产和市场的决策支持系统等内容。

4. 物流客户关系管理是把物流的各个环节作为一个整体,从整体的角度进行系统化客户管理,它包括对企业的相关部门和外部客户——业务伙伴之间发生的从产品(或服务)设计、原材料和零部件采购、生产制造、包装配送,直到终端客户全过程中的客户服务的管理。它是基于物流、资金流、信息流,通过合作伙伴关系,实现信息共享、资源互动和客户价值的最大化,并以此提升企业竞争力的一种管理系统。

思 考 题

1. 什么叫客户关系管理?其核心思想是什么?
2. 物流企业应用客户关系管理具有哪些战略意义?
3. 如何对物流企业的客户进行市场细分并进行有效管理?

案 例

亚马逊的客户保持管理

亚马逊作为全球最大、访问人数最多和利润最高的网上书店,面对越来越多的竞争者能够保持长盛不衰的法宝之一就是CRM。当客户在亚马逊购买图书以后,销售系统会记录下其购买和浏览过的书目,当该客户再次进入该书店时,系统会自动识别出其身份,并根据其喜好推荐有关书目。客户浏览该网上书店的次数越多,系统对客户的了解也就越多,也就能更好地为其提供个性化的服务。显然,这种有针对性的服务对维持客户的忠诚度有极大帮助。据悉,CRM在亚马逊书店的成功实施给它赢得了65%的回头客。

5.3 物流客户的满意度

学习目标

1. 了解影响第三方物流客户满意度的因素。
2. 熟悉物流客户价值及满意分析。
3. 掌握提高客户满意度的方法和进行客户满意度管理。

客户满意理论起源于20世纪80年代瑞典斯堪的纳维亚航空公司的"服务与管理"观点。他们认为,企业利润的增长首先取决于服务的质量。而后,客户满意开始流行,并被扩展到产品实体层次。美国学者R.A.斯普林格、S.B.麦肯齐和R.W.奥尔沙夫斯基的研究成果表明,客户的全面满意来源于属性与信息的结合。在此基础上三位学者提出了一个客户满意的七因素模型。这一模型与早期的客户满意理论模型相比主要贡献在于,一方面导入了欲望因素,分析客户需要的层次和水平对客户满意度的影响;另一方面,信息满意因素的提出是对满意理论的重要补充,要求企业与公众进行信息沟通时精确传递信息,否则也会影响客户满意的形成。

客户满意与否取决于其感知的客户价值。从客户角度认识和研究价值,是20世纪90年代以后才开始的。客户价值强调企业应关注客户需求,并利用自身竞争优势,向目标客户提供超越竞争对手的价值,客户与企业之间维持一种互动的关系。客户价值是一种感知价值,是其所能感知到的利益与其在获取产品或服务时所能付出的成本进行权衡后对产品或服务绩效的总体评价。不同的客户由于其知识和经验的不同对同一产品或服务所感知到的价值不相同;同一客户在不同时刻也会有不同的价值感知。这说明客户价值具有明显的动态性和个性化。

客户价值是一个综合考量的结果,是总客户价值和总客户成本之差。总客户价值是客户从某一特定产品和服务中获得的一系列价值,包括人员价值、产品价值、服务价值和形象价值。总客户成本是指客户在购买某一产品或服务时所付出的时间、心理、体力及所支付的货币资金等,包括货币成本、时间成本、体力成本和心理成本等。客户在一定的搜寻成本和有限的知识、灵活性和收入等因素的限定下,形成一种期望,并根据它行动,判断是否满意并决定是否再购买。客户的购买决定并非在单一因素驱动下形成。企业为客户设计、创造、提供价值时应该从客户导向出发,把客户对价值的感知作为决定因素。兼客户户的感知利得和感知利失。感知利得可理解为客户从绩效和经验的提升中所获得的收益,包括物理因素、服务因素及与产品使用相关的技术支持等因素;感知利失可理解为客户购买产品和服务所付出的成本和相应承担的风险。客户在感知价值时,与企业的关系也在其评估范围内,良好而持续的关系可以增加其价值。因此客户满意可从三个维度来衡量:客户知识和经验、客户所获利益和产品或服务所支持的个人价值。

5.3.1 影响第三方物流客户满意度的因素

1. 客户的服务期望和价值感知因素

客户的服务期望是指客户对将会得到何种质量的物流服务的心理预期。客户通常具有某种学习能力,能沟通多种经验,如从使用经历、广告、其他使用者的口碑等渠道获得信息,对自身的期望值进行调整。调整之后的期望值能够比较准确地反映目前的质量,因而对客户满意产生重要的影响主要来自以下三个方面:行业服务标准,主要是指目前物流行业的服务标准状况;同类服务,对第三方企业而言,它不仅要关心客户已经得到的物流服务的质量,同时还要关注同类物流企业的改进服务质量;已有服务,客户往往通过自己的认知习惯结合以往所获得的服务等信息对现有服务进行比较。

客户对价值的感知是指客户所能感知到的收益与其在购买服务时所付出的成本进行权衡后而得出的总体评价。从广义上考虑,主要体现在两个方面:客户总成本的感知与客户总价值的感知。客户总成本的感知是指客户为购买服务所耗费的时间、精力以及所支付的货币资金等。客户在购买过程中所支付总成本的经历和体验就是客户对其总成本的感知。客户总价值的感知是指客户对购买物流服务所获得的一组利益。企业本质上是一个创造价值的组织,企业的目标是追求企业价值的最大化,只有企业所提供的服务能够为客户创造价值,企业自身的价值才能实现。

2. 价格因素

价格是物流服务营销组合的关键因素之一。第三方物流企业提出的价格越高,对于客户企业来说企业成本相对就高。在对价格进行评估时,主要考虑以下两个方面的情况,一是提供服务的性价比,主要指的是客户对第三方物流企业提供服务的质量和所需价格之间的对比,考虑该服务质量是否值所需的费用。二是与同行业比较定价是否合理,主要指的是第三方物流企业提出的费用与其他同行之间的比较,在服务质量相近的情况下差异是否很大。

3. 物流服务水平与能力方面的因素

第三方物流的服务不应限于运输、仓储等业务，还要注重物流体系的整体运作效率与效益，供应链的不断优化是它的核心服务内容。它远远超越了与客户一般意义上的买卖关系，而是紧密地结合成一体，形成了一种战略合作伙伴关系。由此第三方物流企业的服务水平可以从服务的正确性、可靠性和沟通性等三个方面来考察，而物流服务能力也通常可以从第三方物流企业的服务项目范围、合同履行率、物流方案设计的能力和设施配套性及完备性等四个方面来考察。

（1）服务的正确性。服务的正确性是指第三方物流企业提供服务的正确程度，包括时间准确和数量正确两方面。该影响因素会因为物流服务的内容不同而有差异化，大致可能包含以下内容：库存准确率，发货及时率，交货周期超出率，进出口业务报关及时性，订单处理正确率等。

（2）服务的可靠性。物流服务中所指的可靠性，是指货物送达时间的稳定或可靠程度，也是指按计划准时送达货物的概率。分析服务的可靠性常用的指标有运输残缺率、仓储残缺率等。可靠性对不同运输方式有不同的标准。一般而言，铁路的可靠性较高，而船舶运输的可靠性较低。

（3）服务的沟通性。服务的沟通性是指第三方物流企业在服务过程中与客户的沟通情况，它表明了企业的服务方向，包含物流企业对客户需求和对问题的沟通方面的内容，通常包括服务人员的友好态度、对需求的理解程度、沟通的渠道和频率、客户投诉处理及时率、客户投诉处理得当率等。

（4）物流服务项目范围。第三方物流企业要提供客户需要的服务项目主要包括：核心服务项目和增值服务项目。核心服务项目也称基本服务项目即提供信息、运输、仓储、装卸搬运、包装、配送等作业服务，是比较成熟的、普遍化的服务项目，带有普遍性。增值服务项目是根据客户的需要，为客户提供超出核心的服务，或者是采用超出核心的服务方法提供的服务。增值服务主要是借助完善的信息系统和网络，通过发挥专业物流人才的经验和技能来完成的，依托的是第三方物流企业的软件基础。

（5）合同履行率。第三方物流又称为合同物流，所谓的合同履行率是指在一个销售周期内对供应合同的违约率。对第三方物流企业而言，应该尽量使得签订的合同内容具体、条款清楚、手续完备、责任明确，最好保证合同的履行率达到100%。合同履行率越高，就能越满足客户的需求，必将带来越高的客户满意度。

（6）物流方案设计的能力。精心设计的物流方案能够为企业、客户创造多种价值，带来更多机会。通常包括了包装和运输方案设计、仓储方案设计、配送方案的设计等。

（7）设施配套性及完备性。服务设施从根本上决定着企业的服务水平，国际上的物流公司无不致力于服务设施的建设。由于竞争的日益激烈，许多第三方物流企业都认识到，既能在不扩大公司规模的前提下提高服务设施的利用效率，又能降低营运成本的有效途径是进行联营，在公路、铁路、航空等方面实现资源共享，从而提高市场竞争力。

4. 企业形象的认可因素

客户对企业形象的认可是指企业的整体形象在客户头脑中的抽象反映，是客户对企业的总的看法和认同。客户对企业形象的认可，既影响着客户是否消费该企业产品或服务的决定，又可能是客户在消费该企业产品或服务之后形成的主观印象。客户对企业价值理念、企业信誉、员工的素质的看法都可以体现这种认可。

5.3.2 服务质量与客户满意度

竞争的加剧使得企业已经很难做到在产品上有效区分竞争对手,越来越多的企业把目光聚焦在服务上,希望通过完善的服务来得到客户的认可,增进客户关系。美国哈佛大学商学院的专家在有关服务利润链的研究中,探讨了影响利润的变量及其相互关系。他们发现,较高的服务质量可以导致较高的客户满意度,进而产生较高的客户忠诚度,最终带来较高的收益增长和利润率。服务成为企业寻求差异化、赢得竞争优势的主要途径。

服务是针对客户而言的,是能给其带来有价值的利益或满足的活动。因此服务质量要由客户决定,从客户角度出发,按照客户感知的服务质量来界定质量的内涵,而不是企业内部人员所感知的质量优良程度。客户感知服务质量是客户体验到的服务质量和期望质量的差距。客户体验质量是一种交互质量,在客户与企业接触的每一个"关键时刻"都会带来一种体验,好的服务体验导致较高的满意度,长期的客户满意就会使客户对企业形成一种友善的态度。

企业与外部客户的对话通过选择合适的沟通组合如广告、重要客户会议和客户建议小组等,使服务得到了解和改进,以提高企业形象。内部沟通主要通过内部刊物、员工会议等方式,保证服务的一致性和连续性。服务体系设计工作重在让客户体会到企业关怀。

客户与企业接触时,必然会同企业服务人员、规章制度(排队制度、付款制度、维修制度、预约制度、索赔制度等)、生产资料(服务设施、设备、客户必须填写的书面资料)和其他客户这四项中的至少一项发生接触,企业的设计工作要保证这些接触的便利性、舒适性及客户的心理满足。

物流服务质量因素主要包括:企业快速反应能力、货物的准时到达率、货物的完好率、信息的沟通程度、企业提供的增值服务。

价格因素主要包括:提供服务的性价比,与同行业比较定价是否合理。

基础设施因素主要包括:基础设施的齐全性和基础设施的先进性。

客户总体满意因素主要包括:对服务企业的总体满意程度,与自身期望值的差距。

客户忠诚度因素包括:客户企业愿意和第三方物流企业进行再次合作的意愿、客户企业愿意向别的企业推荐该第三方物流企业的意愿。

客户满意度的测评指标体系如图5-7所示。

1) 物流服务质量

质量是企业生存和发展的根本,特别是服务性行业,其最终的产品就是服务,是与客户进行直接接触的感受,是人们得出价值判断的重要组成部分。在第三方物流企业提供的多种服务项目中,客户会关注多方面的质量情况,如货物的完好率、货物的准时送达率、企业的反应速度、企业提供服务的及时性和准确性等。

目前我国对第三方物流满意度影响因素测评研究主要关注于以下几个方面。

(1) 企业的快速反应能力。企业的快速反应能力主要指的是第三方物流企业对与客户企业突然事件的反应速度和能力,或是在市场环境变化的情况下进行的快速应对能力。

(2) 货物的准时到达率。货物的准时到达率主要指的是第三方物流企业将货物送达目的地的时间与合同或协议规定时间的符合程度。

(3) 货物的完好率。货物的完好率主要指的是第三方物流企业在进行货物保存、装卸搬运、运输过程中对货物的损伤程度。

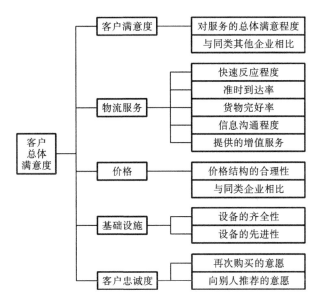

图 5-7 客户满意度影响因素测评指标体系

(4) 信息的沟通程度。信息的沟通程度主要指的是第三方物流企业在进行服务时，与客户企业之间进行信息传递和交流的程度。

(5) 企业提供的增值服务状况。企业提供的增值服务状况主要指的是第三方物流企业提供的除物流基本功能外的其他服务状况，如进行再加工、进行物流系统设计及咨询等服务。

2) 价格

因获得服务所支付的费用，称为价格。第三方物流企业提出的价格越高，对客户企业来说企业成本相对就高。总的来说，一般企业都会希望价格越低越好。

但是，就如我们平常所说的：一分价钱一分货。我们在考虑价格的时候往往不会单纯地认为所支付的费用如何的低，而更多地会考虑支付费用的性价比，或与同行进行比较得出最后的结论，价格是合理还是不合理。因此在对价格进行评估时，主要考虑以下两个方面。

(1) 提供服务的性价比。主要指的是客户对第三方物流企业提供服务的质量和所需价格之间的对比，考虑该服务质量是否值所需的费用。

(2) 与同行业比较定价是否合理。主要指的是第三方物流企业提出的费用与其他同行之间的比较，在服务质量相近的情况下差异是否很大。

3) 基础设施

设施设备是能够提供服务的基本保障，特别是在物流服务的过程中，设施设备更是进行较好操作服务的有效保障。因此在此我们主要考虑以下两个方面。

(1) 基础设施的齐全性。主要指的是第三方物流企业要进行服务时所需的设施设备是否齐全，运作性能是否良好。

(2) 基础设施的先进性。主要指的是第三方物流企业所用的设施是否具有先进性，与国际先进水平的差异是否很大。

4) 客户总体满意

客户总体满意主要是考虑客户对于第三方物流企业提供服务的总体态度，它往往是多方面因素的综合考虑。在这里我们主要考虑以下两方面。

(1) 对服务企业的总体满意程度。

(2) 与自身期望值的差距。主要指的是客户对第三方物流企业提供的服务与自身的预期标准进行比较。

5) 客户忠诚度

根据相关文献的介绍,本文认为"客户忠诚"具体表现为:由于客户感觉某组织所提供的产品或服务最能符合其需求,即对该组织的产品或服务较其他组织而言有较佳的情感上依恋,而产生的重复购买行为。在此种情况下,客户往往不考虑该组织其他竞争对手的产品或服务,并且愿意将自己所依恋的公司推荐给其他人。因此在此我们主要考虑以下两方面。

(1) 客户企业愿意和第三方物流企业进行再次合作的意愿。

(2) 客户企业愿意向别的企业推荐该第三方物流企业的意愿。

根据 Conference Board 针对全球 506 位 CEO 做的一个调查显示,企业 CEO 把客户忠诚度及维持率列为其管理的首要挑战,其次是缩减成本,第三则是增强灵活性和加快发展速度。对这些企业来说,目标非常明确,就是获取并保持客户,他们不断通过努力创造客户满意及忠诚的客户,以进一步优化客户份额。

5.3.3 物流客户价值及满意分析

世界进入微利时代,要想赢得当今世界,企业必须不仅要善于制造产品,还要精于占领客户市场,出路就在于比竞争对手更好地为客户提供价值和满意度。那么应该怎样建立客户关系,提高客户价值和满意度呢?

1. 物流客户价值分析

客户价值有长期与短期之分。我们企业的发展目的是获得企业价值最大化。但是要想使价值最大化,则要获得有高价值的客户。然而,客户是否就一定会一直忠于一个品牌呢?客户是善变的,你对他不好,那么你就别想从他那里得到价值。据有关资料显示:一个不满意的客户,可能会带走你 27 个潜在客户。同时,你发展一个客户的成本会远远大于你维持一个客户的成本。所以,维持现有客户,减少现有客户流失率,对企业来说,是企业利润来源的一个重要方面。短期客户价值中我们要分析客户流失原因、流失客户类型及其流失率。而在长期客户价值中则首先要分析客户类型,确定哪些客户价值较高,关注较高利润客户,放弃无利润客户和亏损客户或使其转型;其次要分析客户终身价值,包括产品价值、服务价值、人员价值、形象价值。客户价值直接决定企业的价值流入,客户价值越高,客户的满意程度就越高,客户的回头率也随之提高;不仅如此,客户还会带来潜在的客户,从而使得企业的价值流入加大。传统的提高客户价值的方法是提高产品或服务的功效,新的营销理念注重在价值提高的同时,将客户的成本降低。

2. 物流客户满意分析

客户满意是营销的关键。怎样做好这方面的工作呢?首先要了解客户对哪方面有要求,客户想要什么。只有了解了客户需求及其对产品的哪些方面更偏好,才能针对性地设计产品,定制个性化客户方案,才能做得更好。其次增加客户体验,重视客户关怀。一旦企业让客户满意了,还有什么好担心的呢?这就是所谓的"得客户者得市场"的战略。最后我们要制定一套物流客户满意评价的方法。实际操作中,我们必须针对客户的需求,要有限度地满足:不能不满足,也不能全满足。针对客户的需求,营销代表要做一个策划者,策划符合客户自身的个性化服务方案(解决途径)来达到目标。

5.3.4 提高客户满意度的方法

1. 选择目标客户

射击前先要对准靶心才有可能打出好成绩。企业在面对客户时的道理也相同。并非所有的客户都是企业要为之服务的。如菲利普·科特勒所言"每一分收入并不都是利润",过多的占用企业资源却不能给企业带来利润的客户企业必须学会放弃。企业要集中资源和能力去挖掘能给自己带来回报的价值客户。细分客户的标度可以是多维的,如交易类指标、财务类指标、联络类指标和特征类指标等。企业可根据实际情况选择细分标准。细分完客户后,企业应建立一个客户金字塔,分层归类具有不同价值取向和价值分布的客户。然后勾勒出每一细分层客户的轮廓,评估每一细分客户的吸引力和本企业对客户的吸引力,从中选定能充分利用自身资源和能力为之服务的目标客户。

2. 明确客户的需求和期望

实现客户满意首先要明确客户的需求、期望。客户的需求和期望不是一成不变的,它呈现出多元化、动态性的特点。这要求企业必须对客户需求和期望的漂移方向保持高度的警觉,分析他们在购买产品和服务时希望获得的理想结果,以及那些可以增进客户满意进而驱动其购买的因素。

企业可以通过建立客户信息数据库对客户需求进行分析。客户大致可以分为价格敏感型、服务主导型和产品主导型三种类型。每一类型的客户还可以再细分,然后对这些同质客户进行研究,以找出影响其购买决策的关键驱动因素,并确定客户的需求和价值的优先顺序。研究表明客户购买企业的产品或服务,并非仅追求功能利益,流程利益和关系利益也同样受到关注。企业应能描绘目标客户的偏好取向图,然后提供符合其价值主张的产品或服务。

3. 抱怨管理

(1) 投诉型抱怨管理。客户的声音不都是动听的,对那些心存抱怨的客户,企业如果处理不当,那么他们很容易转向企业竞争者,与之联盟,成为企业强有力的对手。抱怨是一件礼物,企业应认真对待这份礼物。卓越的抱怨处理、服务补救能力能够变不满为满意甚至忠诚。第一时间处理是消除不满的关键。服务失败后,客户的容忍区域迅速收缩,等待只能恶化客户不满的情绪。海尔推行的"首问负责制",就是使问题能够在第一时间得到关注,先从情绪上稳住客户,然后通过客户投诉管理系统,倾听客户的不满并给予迅速有效的解决。

(2) 非投诉型抱怨管理。客户抱怨只是冰山一角。更多的客户选择对企业保持沉默,沉默并非没有怨言。促使客户沉默的原因是很多的,如抱怨渠道不畅通或不了解抱怨渠道、认为损失不值得浪费时间和精力抱怨、计划改购其他企业的产品和服务等。这就要求企业要定期进行客户满意度调查,从中挖掘出更多的没有反馈给企业的有价值的信息。收集信息和处理信息的能力是企业推进客户满意、维系良好客户关系的法宝。每一次调查之后,企业都要让客户知道自身的改进,否则再次调查就会使客户产生不信赖感。

(3) 改进服务(产品)体系。服务质量的第一条准则就是第一次就把事情做对,这是关于服务质量的最重要的度量。因此,企业应尽可能避免服务失误。当平息客户投诉或进行客户满意度调查后,企业应回顾该事件,找出本质问题究竟是发生在哪一个环节,是由企业所提供的价值、系统还是人员造成的,然后加以改进并固化,避免同类事件再次发生。

4. 建立以客户满意为导向的企业文化

企业文化是企业的灵魂,对企业内部具有导向、凝聚和规范作用。企业要想把以客户满意为导向的理念植根于员工的思想中,并在行为中体现出来,必须先要把这种观念融入企业文化中。企业文化是一种柔性管理,虽然无形,但却具有极强的约束力,它向全体员工提供一套共有的观念、信仰、价值观和行为准则,以及由此导致的行为模式。企业文化同时也是一个价值平台,在这个平台上员工可以找到支持他们全心为客户服务的理由,从而激发工作的积极性和潜在能力。因此企业决不能忽略企业文化的建设,它消除了员工头脑中的杂念,并把企业赋予的价值观沉淀下来,通过平时的行为模式表现出来。

5. 建立客户导向的组织结构及流程

以客户满意为导向的企业文化是软件保证,它构筑了员工的价值观和行为模式。但仅有软件支撑是不够的,企业必须具有合理的组织结构、通畅的业务流程来确保客户导向的目标得以实现。企业在设计组织结构和业务流程时,必须从客户的角度出发,一切以能给客户增加价值为准绳。百事公司的组织结构就把传统的组织结构金字塔翻转过来,将直接与客户打交道的员工置于组织结构图的顶部,组织的其余部分都是为支持他们而存在的。这样做的好处是把优先权赋予了一线部门和员工,同时也可以打破部门壁垒,使各个职能部门都在为客户利益而动。组织结构、业务流程和客户体验三者之间是正相关的关系。合理的组织架构保证了流程效率,而通畅的业务流程又能增加客户的全面体验,进而导致客户流程满意。企业对组织结构和业务流程中不利于增加客户价值的环节必须要持续改进,确保企业具有卓越的执行力。

5.3.5 物流客户满意度管理

物流客户服务是通过物流活动向客户提供及时而又准确的产品递送服务,并为企业的成功作出贡献的行为。客户需求是现代物流的起点和动力,构成了物流服务的市场,同时也是物流企业的获利潜力,而在市场上需求活动的最佳状态是满意,因此,客户满意就是物流企业效益的源泉,而客户满意度管理就成为物流客户管理的中心和根本的出发点。

对于企业而言,首先,必须满足客户的三大条件:①产品本身(品种丰富性和质量);②获得的渠道(产品易得性、便利性);③优质服务(统一标准、以人为本)。在客户满意度管理之初,由于服务质量会受个人因素影响波动,企业必须通过标准的高度统一来规范个人行为,随后在标准统一的前提下,要体现以人为本,充分尊重客户、理解客户。

其次,要想创造并保持真正的客户满意,要注意以下两点。

(1) 企业自上而下,由内到外要建立一条服务链。从提高企业内部服务质量开始,提高员工满意度,而后提高员工对企业的忠诚度,进一步提高员工工作效率,并向外发生作用,使客户获得更高的价值和购买体验,赢得客户满意,并不断提高服务标准以获得更高的客户忠诚度,从而带动企业长期利润的增长。

(2) 对客户不断变化发展的需求有非常灵活并易操作的计划与方案。让服务成为一种习惯,时时倾听客户的心声,洞察客户的需求。

再次,要控制客户期望,提升实际表现。由于客户满意度并不是一个固定的值,而是客户期望与企业实际表现之间的一个比值,因此,好的客户服务人员,应当懂得期望值是指客户对所实现的目标主观上的一种估计,在某种程度上,客服人员应恰当地在"提升客户期望"和"控制客户期望值"之间取得平衡。

要检验客户是否真正满意,有几个指标,分别是美誉度、知名度/指名度、回头率、销售力、投诉率。只要通过定期检测和观察这些指标,我们就可以清晰了解客户对企业是否真正满意。另外凭借不断的创新和符合客户需求的服务来令客户印象深刻,达到最高客户满意,创造客户忠诚。这是一种从客户感受的焦点来反映、研究客户满意度的方法。客户经历的服务质量、感知价值和客户期望的服务质量影响客户满意的评价过程。

1) 评价客户满意度

客户满意度评价体系包括:确定客户预期的服务质量、测定客户经历的服务质量、测定客户感知价值、测定总体客户满意度、测定客户抱怨及忠诚度。

2) 确立以客户为中心的理念

确定客户满意度评价体系之后,再通过实施一系列的项目来获得客户体验资料,对企业员工进行客户关系培训;建立"内部客户"制度,使企业的整个工作都围绕客户服务展开;与客户建立有效的沟通系统,处理好客户抱怨,并及时了解客户需求,对客户需求做出快速反应。

3) 为客户提供个性化产品和及时性服务

个性化的产品能够增加客户的认知体验,从而培养客户的认知信任;及时性服务能使客户产生依赖,进而培养情感信任。客户信任需要企业的实际行动来培养,只有个性化的产品和及时性的服务,才能适应客户的需求变化,才会使客户信任。如面对面地了解客户的真实想法,根据客户的需求意向预测产品和服务,及时送达等。

4) 增强客户体验

增强客户体验是培养客户信任感的重要方法。客户购买企业的产品和服务实质上是在接受一种体验,因此,企业应在以下几方面着手:树立为客户服务的观念,制定既切实可行又有挑战性的服务标准,做好服务质量检查、考核工作。

5) 重视客户关怀

客户背离的实质就是企业对客户的关怀不够。客户关怀活动包含在客户接受产品和服务的客户体验的全部过程中,购买前的客户关怀,为公司与客户之间的关系建立打开了一扇大门,为鼓励和促进客户的购买做了铺垫。购买期间的客户关怀则与公司提供的服务紧密地联系在一起。购买后的客户关怀则集中于高效的跟进和提供有效的关怀,其目的是促进客户信任的形成和巩固,使客户能够重复购买公司的产品和服务。

附:物流/快递 客户满意度调查表

＿＿＿＿＿＿ 经理/主管:

您好!感谢您使用＿＿＿＿服务和长期以来对我们的支持!

百忙之中,占用您几分钟填写这份问卷,我们不胜感激。您的意见和建议将被我们吸取,并在未来合作中提供更优质的服务。

再次表示由衷感谢!

请在适当的答案□内打"√"

有关贵公司资料

1. 企业性质

国企□　　合资□　　外商独资□　　民营□　　私营□　　其他□

2. 所属行业

服装□　　电子电器□　　IT数码□　　机械/汽车配件□　　医药□

图书/出版□　　食品□　　其他□＿＿＿＿＿(请注明)

3. 销售区域主要分布
全球□　全国□　东北□　华北□　华东□　华南□　西南□　西北□

4. 2010年度企业产值
500万左右□　5000万左右□　1亿左右□　其他□＿＿＿＿＿（请注明）

5. 年度物流预算（占年产值百分比）
2%以下□　2%～3%□　4%～5%□　6%～7%□　8%以上□

6. 您对下列看法同意程度如何？

	不同意	没意见	同意
价格高的物流公司，服务质量一定最好	1	2	3
外资物流公司，服务一定会有保障	1	2	3
知名度高的公司，价格一定最高	1	2	3

7. 请您对下列问题关注度排序，在问题后的圈内列明顺序号，如1、2、3……
价格○　时限○　安全○　方便○　准时○　信誉○

8. 您个人是通过什么途径了解物流/快递的？
媒体＿＿＿＿　朋友介绍＿＿＿＿　销售人员推荐＿＿＿＿
如果是媒体，您是通过哪种媒体了解的？
广播□　宣传资料□　户外揭示广告□　电话黄页（114查询）□
车身广告□　其他□请列明
关于贵公司服务需求＿＿＿＿＿＿＿＿＿＿＿＿＿＿＿＿＿＿＿＿＿＿＿＿＿＿

9. 贵公司对物流/快递服务需求的类别是
加急□　门到门□　站到站□　贵重品运输□

10. 贵公司物流/快递外包服务需求的环节是
采购□　销售□　其他□＿＿＿＿＿（请注明）

11. 贵司产品所需的运输时限一般为
2天内□　3天内□　4～5天□　其他□＿＿＿＿＿（请注明）

12. 贵公司平均多长时间使用一次物流/快递服务？
每日□　每周□　其他□＿＿＿＿＿（请注明）

13. 2009上半年贵公司使用外包物流/快递的总量是
1万元以下□　1万～10万元□　10万～100万元□　其他□＿＿＿＿＿（请注明）
这其中使用物流/快递的物流比例是
10%以下□　10%～30%□　30%～50%□　50%以上□　其他□＿＿＿＿＿（请注明）

14. 贵公司选择物流/快递的理由是（可以选择多个的理由）
长期良好的合作关系□　　供应商/客户/合作伙伴的推荐□
物流/快递品牌□　　物流/快递服务适用性□
物流/快递服务稳定性□　　物流/快递服务便利性□
运价具有吸引力□　　运输配送具有竞争力□
战略文化理念一致□　　想多引入一家物流服务供应商□

15. 除物流/快递外，贵公司是否还使用其他的快递（物流）公司？是□否□
如果有，请简单列举几家
Fedex□　DHL□　EMS□　中国邮政物流□
中铁快运□　民航快递□　嘉里大通□　宅急送□
华宇物流□　佳吉快运□　京铁快运□　其他□＿＿＿＿＿（请注明）
关于物流/快递的受理服务

16. 物流/快递电话受理服务

	非常好	好	普通	差	非常差
用电话委托服务是否便利	1	2	3	4	5
受理员办事效率、友善和热情度	1	2	3	4	5
我们的服务员是否乐意为您解决问题	1	2	3	4	5
对我们电话受理服务的总体评价	1	2	3	4	5

对我们电话受理服务有无具体的意见和建议

_____

17. 物流/快递受理服务

	非常好	好	普通	差	非常差
我们营业部的指示引导便利度	1	2	3	4	5
我们的受理员办事效率、友善和热情度	1	2	3	4	5
我们的服务员是否乐意为您解决问题	1	2	3	4	5
营业部的整体环境	1	2	3	4	5

对我们营业部服务有无具体的意见和建议

_____
_____

18. 物流/快递上门取货服务

	非常好	好	普通	差	非常差
取货车辆外观整洁清晰度	1	2	3	4	5
我们的取货员办事效率、友善和热情度	1	2	3	4	5
我们的取货员是否乐意为您解决问题	1	2	3	4	5

对我们取货服务有无具体的意见和建议

_____
_____

关于物流/快递的产品运营服务

19. 物流/快递信息反馈服务

	非常好	好	普通	差	非常差
我们运输货物信息跟踪及时性	1	2	3	4	5
我们信息反馈渠道的便利性	1	2	3	4	5
我们的信息服务承诺与实际一致性	1	2	3	4	5
对我们信息服务的总体评价	1	2	3	4	5

20. 物流/快递产品(包裹门到门、站到站快运)竞争性

	一致	基本一致	部分一致	有差距	
我们产品与您的需求	1	2	3	4	

	极高	较高	持平	低	很低
我们快递产品较其他公司竞争力	1	2	3	4	5

对我们产品体系有无具体的意见和建议

_____
_____

21. 物流/快递价格竞争性

	一致	基本一致	部分一致	有差距	
我们的运价总体水平与您的定位	1	2	3	4	
我们的运价格式与您的要求	1	2	3	4	
	极高	较高	持平	低	很低
我公司运价总体水平较其他公司	1	2	3	4	5

对我们价格体系有无具体的意见和建议
_____

22. 物流/快递经营网络竞争性

	一致	基本一致	部分一致	有差距	
我们的经营网络覆盖水平与您的定位	1	2	3	4	
我们的配送网络覆盖水平与您的定位	1	2	3	4	
我们的网络合作程度与您的要求	1	2	3	4	
	极高	较高	持平	低	很低
我们经营网络竞争力较其他公司	1	2	3	4	5

对我们网络体系有无具体的意见和建议
_____

物流/快递增值服务
_____

23. 部分增值服务满意程度

	一致	基本一致	部分一致	有差距	
我们的签单返回与您的要求	1	2	3	4	
	极高	较高	持平	低	很低
较其他公司,我们的包装服务	1	2	3	4	5
较其他公司,我们的理赔服务	1	2	3	4	5

物流/快递售后服务_____

24. 售后服务

	非常好	好	普通	差	非常差
我们倾听您意见的主动性	1	2	3	4	5
我们处理您投诉的及时性	1	2	3	4	5
我们与您沟通的细致周到	1	2	3	4	5

对我们售后服务有无具体的意见和建议
_____

服务评价_____

25. 您认为物流/快递最突出的优势是_____? 请将优势顺序填入圈内,如 1、2、3……
　　A 价格○　　B 速度○　　C 方便○　　D 安全○　　E 准时○
如果其他,请列明_____

26. 您对物流/快递最满意的地方?

价格□　服务□　速度□　安全□　赔付□　信誉□
如果其他,请列明＿＿＿＿＿＿＿＿＿

27. 您对物流/快递最不满意的地方？
配送□　价格□　赔付□　时限□　安全□　售后□
如果其他,请列明＿＿＿＿＿＿＿＿＿

28. 将所有因素考虑在内,您觉得我们的总体服务水平和您的预期相比如何？
好□　相符□　差□
如果评分应该是:25%□　50%□　80%□　4.其他□请列出＿＿＿＿＿

29. 基于您的个人经历和贵司的物流供应商合作情况,请按照优先偏爱的顺序依次排出三家您最喜欢的物流/快递/运输公司。
第一名＿＿＿＿＿＿＿＿＿
第二名＿＿＿＿＿＿＿＿＿
第三名＿＿＿＿＿＿＿＿＿

30. 上述物流供应商中,比中铁快运有竞争力的方面是哪些？
品牌□　产品□　价格□　网络□　服务□　其他□　＿＿＿＿＿＿（请列明）
再次感谢您的宝贵意见和建议！

小 结

1. 影响第三方物流客户满意度的因素有,客户的服务期望和价值感知因素、价格因素和物流服务水平与能力方面的因素。

2. 越来越多的企业把目光聚焦在服务上,希望通过完善的服务来提高客户满意度,增进其与客户的关系。较高的服务质量可以产生较高的客户满意度,进而产生较高的客户忠诚度,最终带来较高的收益增长和利润率。服务成为企业寻求差异化、赢得竞争优势的主要途径。

3. 物流服务质量因素主要包括:企业快速反应能力、货物的准时到达率、货物的完好率、信息的沟通程度、企业提供的增值服务等。价格因素主要包括:提供服务的性价比,与同行业相比其定价是否合理等。基础设施因素主要包括:基础设施的齐全性,基础设施的先进性等。客户总体满意因素主要包括:对服务企业的总体满意程度,与自身期望值的差距等。客户忠诚度因素包括:客户企业愿意和第三方物流企业进行再次合作的意愿,客户企业愿意向别的企业推荐该第三方物流企业的意愿。

4. 实现客户满意首先要明确客户的需求、期望。客户的需求和期望不是一成不变的,它呈现出多元化、动态性的特点。企业可以通过建立客户的信息数据库对客户需求进行分析。客户大致可以分为价格敏感型、服务主导型和产品主导型三种类型。

5. 客户满意度评价体系包括:确定客户预期的服务质量、测定客户经历的服务质量、测定客户感知价值、测定总体客户满意度、测定客户抱怨及忠诚度等。

思 考 题

1. 客户的服务期望的概念是什么？客户对价值的感知的概念是什么？
2. 目前我国对第三方物流满意度影响因素测评的研究主要是关注哪些方面？
3. 应该怎样建立客户关系,并提高客户价值和满意度？
4. 为提高客户的满意度应如何进行抱怨管理？

5.4 物流客户服务人员手册

学习目标

1. 了解物流营销人脉关系管理。
2. 熟悉对物流客户服务人员的要求。
3. 掌握八种常用物流客户服务方式分析及技巧。

5.4.1 对物流客户服务人员的要求

1. 自信——物流客户服务人员必备的心理素质

"不是由于有些事情难以做到,我们才失去了自信;而是因为我们失去了自信,所以有些事情才显得难以做到。"

自信是什么?自信就是发自内心的自我肯定和相信,是一种积极的心态,是获取销售成功的最重要的精神力量。自信的误区——自信也需要把握一个度,过于自信就是自以为是,缺乏自信则是自卑。所以自信必须要以实事求是为前提。自信的天敌——自信最大的敌人是恐惧、自卑、自以为是。

自信不是孤芳自赏,也不是得意忘形,而是激励自己奋发进取的一种心理素质,是以高昂的斗志、充沛的干劲迎接市场挑战的一种乐观情绪,是战胜自己、告别自卑、影响客户、摆脱工作压力的一剂良药。

销售是什么?销售员就是一个用自信创造销售业绩的职业;销售就是信心的传递和信念的转移,即用自己对产品或服务的信心来影响客户的选择。自信对于销售人员的重要性不言而喻。

自信源自积极乐观的心态及良好习惯的养成。

乐观是自信的加油站,在遇到客户的拒绝、业绩不佳或信心受挫之时,只有乐观才能让你看到希望的光,为你鼓起继续拼搏的勇气和信心。销售的自信需要得到客户的肯定及认可,留给客户的印象就非常重要,所以销售的自信不只是表现在心态和精神层面,更多的要在气质形象、言谈举止上体现出来。

喜欢自己、相信公司,和你的产品谈恋爱。

相信自己即使目前仍存在很多的不足,但自己也具备很多别的销售员不具备优势,通过不断地努力和学习一定会是最棒的,相信"长风破浪会有时,直挂云帆济沧海"。在战略上藐视竞争对手、战术上重视竞争对手——一切竞争对手都是纸老虎。相信公司的实力和信誉,相信通过上级的领导和团队协作一定能在市场上占有一席之地。自信的销售员会站在客户的角度换位思考,了解客户的真实需求,在提供比竞争对手更能满足客户需求的产品或服务的同时也获取应得的利润,双方各取所需。

自信源自充分的准备,真正的自信源自于销售实践——通过不断地挑战自己、不断地拿下订单的成功经验积累。

自信源于丰富的专业知识、熟练的销售技巧及不断的学习提高,要与时俱进。能力才是底气,业绩才是销售人员自信的资本。自信的最大特点就是做事有自己的主见,敢于坚持原则并做自己认为对的事情。国内备受推崇的丝宝"决胜终端"营销模式,在产品上市之初营销方案并不为公司内部的很多领导所认可,他们认为"宝洁模式"是市场成功的典范,"终端营销"没有成功的经验可以借鉴,太过于冒险;最后刘诗伟力排众议——坚持自己的主张是符合公司和市场的现实条件的,从而挑起了中国的终端战争,把舒蕾打造成洗发水领军品牌,刘诗伟本人也被喻为终端营销之父。敢于和善于走自己的路,让别人去说去吧。自信的销售员绝不轻言放弃,坚持不懈,直到成交的那一刻;而且从不服输,字典里没有失败,只不过暂时没有成功。

相信自己——你就迈出了成为优秀销售员的第一步。

2. 持之以恒、不被困难吓倒

我们访问客户,大多数时间是遇到客户的拒绝,这其中有的客户确实不需要。然而,需要的客户,也会因为多种因素拒绝你的推销。国外保险业有一个统计资料,在保险推销中,平均每访问 6 个客户,才能有一客户购买保险,在目前的中国市场,成功率比这低得多,如果能达到 6∶1 的成功率,市场就火爆不得了。

营销员应该记住,客户的拒绝,是一种常规的态度,我们不能因为遇到 100 个客户拒绝而灰心,拒绝是接纳的开始。一个客户,可以从冷冰冰的拒绝开始认识你,时间长久之后,就可能成为朋友,所以,没有必要一开始就试图在短时间内说服客户,先要承认对方的拒绝,这时候你应该想到,客户接纳我的时机还没有到,我现在最主要的是接受他的拒绝。但是,我已经把信息传递给了他,以后可以寻找恰当的时机和方式,让客户接纳我。因此,拒绝是对营销员的考验,不停的拒绝与不停的访问,简单的事情必须重复做。有些营销员刚上营销课,以及听过老营销员的经验讲解后,往往会产生一种豪迈的激情,会把营销想象成非常快乐的职业,每天东奔西走,不用坐班,也没人盯着自己,想到走进客户的办公室,客户非常热情地端茶递烟,笑脸相迎,并且大声说:"啊,你来得正好,我们太需要你们的产品了,真是雪中送炭啊!"这一镜头只能发生在营销员的睡梦之中,现实生活中是不可能的。故此,在选择营销这一职业的同时,要对困难有所准备。

营销员必须具备一种顽强的敬业精神,百折不挠,要认定拒绝是不可避免的,不能遇到拒绝一多,就灰心丧气,一蹶不振。失败乃成功之母,要在失败中站立起来,一帆风顺的事在营销行业中是微乎其微的。你要记住:营销员永远是一位孤独的战士,在不断地被人推出门后,还能再次举起手来敲门,也许,机会就在那最后的一敲。

既然拒绝是常事,但是,我们也可以从拒绝中学到东西,比如,我们在遭到拒绝时,不妨做出提问,并且从拒绝的理由中去判断对方为何拒绝,有些时候,客户的拒绝可能是其托词,而且很可能他们需要,因为他说的不是"我们用不着、我们不用。"而是说已经有很多该品种的产品了。因此,这个客户不能轻易放弃,再回去问,客户就可能说,已经找人在做了,你来晚了。然而,你千万不要以为他们真的已经开始制作了,这可能也是想支走你的托词。据日本营销公司调查,客户在拒绝推销时,70%的客户都没有什么正当的理由拒绝,而且,2/3 的人都是在说谎。

正确判断拒绝理由,有助于你的成功。只要在这些理由中发现一线希望,也要锲而不舍。在被拒绝时,不断给自己打气,并且不影响你去下一家客户的拜访,有一位在山东几年来成绩一直非常优秀的网站营销员说:"我每天都给自己计划访问多少客户,随身带着一个本子,把访问过的企业记录下来,把他们拒绝的理由也记录下来,以供回家进行分析。"访问客户的数目是一个硬指标,每天都必须完成自己的计划,绝不能偷懒,或者想再访问下去也不会有希望,这就是大错特错,也许希望就在下一家。

有些客户,访问的次数多了,彼此都熟悉了,还可能交上朋友。如果你访问10次,而该客户一次也没有接纳你,并且用各种各样的谎言拒绝你,客户会本能地在心里生出一点愧意,或者被你的行为所感动,甚至心里会巴不得有一笔生意要给你做,否则,会辜负了你的一片苦心。在中国的营销工作中,人情是一大成功因素,有时候你每访问一个客户,就相当于一次感情投资,当客户想起要还这笔人情账时,你的幸运就来了。

但是要记住,在营销活动中,你的敌人不是客户,而是你自己,要不断地战胜自我,对自己说:不!我不能后退,我必须往前走,我的成功就在下一次。商场如战场,完全可以把自己想象成一位坚忍不拔的勇士,一次次的闯关,都存在胜利的可能。

没有失败,何来成功?没有拒绝,谈何营销?

3. 拥有团队精神

团队精神是指一个组织具有的共同价值观和道德理念在企业文化上的反映,团队精神是企业的灵魂。一个群体不能形成团队,就是一盘散沙;一个团队没有共同的价值观,就不会有统一意志、统一行动,当然就不会有战斗力;一个企业没有灵魂,就不会具有生命的活力。团队精神表现为一种文化氛围、一种精神面貌,是一种看得见、感知得到的灵魂气息;我们营销团队的灵魂则是互相配合、团结互助、敢于亮剑的狼性团队精神。

狼堪称团队作战的典范,它们群居生活,共同寻找猎物,共同面对大自然中危险的环境,共同享受丰盛的食物。社会的发展注定今日的营销不再是以单兵作战为主的推销时代,大兵团作战的思想,游击战的战术让我们翻开了营销史崭新的一页。营销团队需要依托强大的企业背景;营销管理者需要依托企业决策层的战略部署;营销执行者需要依托兄弟部门的配合与支持;区县代理需要依托总部的培训与扶助;客户需要依托营销团队和区县代理的服务。全员营销,服务内外客户的理念核心之一就是团队互助,资源共享。狼团队用它们的生命不息,战斗不止给我们营销人上了生动一课。

狼团队在觅食中频频遭遇风险,强大的对手如老虎、野猪等的虎视眈眈,猎人的枪击,年老体弱的狼队员濒临掉队。狼团队之所以可怕,在于它的永不言败,在于它的团结互助,更在于它的执行力。一个出色的营销人员应懂得配合营销团队,并懂得依托团队获得成功。

5.4.2 八种常用物流客户服务方式的分析及技巧

1. 电话营销服务分析及技巧

电话营销就是利用目前最容易和客户直接接触的电话方式来进行营销。我们可以通过网络搜索来寻找企业相关负责人的联系方式,同时通过网络来了解其企业的状况及其相关负责人的基本情况。知己知彼,百战不殆,我们可以简单了解到企业所处行业,及其经济效益状况等。通过了解到的信息和分析的结果,在接下来的电话拜访中就可以对其有针对性地发问和回答。电话拜访中,客户往往存在抵触心理,可能匆匆几句就挂断电话,所以我们要在这短暂的时间中传达给客户最感兴趣和最重要的信息,使他能有兴趣和你交流下去,使他根据他所获取的信息对我们发问,争取更多的时间来介绍我们的产品。一次成功的电话营销是让客户多说多问,而不是让客户不停地听我们说。

电话营销的目的就是与客户面谈,只有面谈的方式才能加大合作和签订合同的几率。电话营销的方式方法并不是这样简单,营销最忌讳一成不变,面对不同的客户时所采取的最有效的方法肯定是不同的。汲取他人的经验教训,结合自己的优势,不断在实战中总结,才能得出自己行之有效的营销方案。

2. 网络营销服务分析及技巧

德邦物流的互动营销

网络是新时代的媒体,随着社会的发展,网络媒体渐趋成熟,越来越多的物流企业已开始利用网络进行宣传活动。但是绝大部分物流企业在网络媒体运用上只停留在网络挂上自己的公司网站上,没有进一步使网络媒体利用最大化。

网络为企业提供了一个很好与客户沟通互动的平台,并能与线下活动相结合发挥出意想不到的营销效果。德邦物流利用网络与线下活动相结合的方式开展了"我的网点 你做主"的互动营销活动,收到了很好的效果。客户只要填写了建议德邦新增网点地址等相关信息,就能参与德邦物流的抽奖活动,参与方式可以有两种:通过在企业网站上填写或者通过营业网点现场填写建议表。这种方式很好地将线下活动和网络结合起来,能收集到很多有用的新增网点建议信息和客户资料,使客户和企业之间产生了互动,拉近了客户和企业之间的距离。同时,据内部消息得知,本次德邦互动营销活动总费用还不超过一万元,这种低成本营销方式为国内物流企业提供了很好的借鉴。

网络营销是通过网络方式挖掘客户。最常用的方法是通过 QQ 群、论坛、广告网站来发布广告,吸引近期有需求的客户。

论坛的选择要有地区代表性,活跃性较强也就是说在线会员较多,例如山东舜网论坛(bbs.e23.cn)。发布广告的方式有两种:一种是直接开发广告或者在较火的帖子里跟帖发广告,这种方式比较直接,但一般容易被论坛管理员删除,或者必须发布在广告区,而广告区被人浏览的几率不大;另一种是修改自己的签名档或个人信息,填入广告和联系方式,然后开贴发布一些引起别人注意的话题或文章(文章不是广告,可以在猫扑或者天涯等大型论坛转一些经典的文章),吸引论坛会员观看。这种方法可以在论坛任意区发帖且不会被删除,缺点是签名档和个人信息的广告内容不会出现在最显眼的地方。根据两种方法的特点灵活运用,可以达到最好的广告效果。

广告网站可以选择类似便民信息网(www.bmw.gov.cn)这种信息发布的综合广告网站来发布广告信息,发布时注意标题关键字需醒目突出,便于客户搜索浏览。要注明 QQ,手机等联络方式便于客户联络。

QQ 群要选择可能存在客户的商业性 QQ 群,不要选择纯粹是寻找聊天伙伴的 QQ 群。选择有地区针对性的 QQ 商业群,进入后先介绍自己,但不要直接做广告,这样很有可能被管理员直接踢出群。进群后修改自己的签名,以达到直接宣传的效果,在名字前可以加入符号,例如 * 或 # 等,来提高我们在 QQ 群里的排名。对于明令禁止发广告的群,可以在人多的时候与群友交流并间接介绍自己的业务,如果他们有需要的时候肯定会想起你。允许发广告的群,选择在线人数较多时候发送广告,例如上午 10 点,下午 3 点,晚上 8 点。发送广告的内容要突出服务内容和我们的优势,并留下案例和自己的联系电话。留言的字体要适当,使内容总量恰好是

QQ对话窗口默认大小的四分之三屏左右。可以搭配一些搞笑或者吸引眼球的图片来发送广告。如果有客户询问时,切记要私聊,不可在群里公开洽谈,防止因此泄露客户情况或影响他人。对于潜在客户一定要加好友并分类,并把一些客户情况如电话姓名等添加在备注信息里,同时整理好聊天记录。

网络营销需要一定的时间积累潜在客户,短期里挖掘不到客户,但积累到一定程度时,寻找客户的效果会很明显,甚至客户会主动来联系你。所以网络营销一定要持之以恒,并做好分类记录。

3. 陌生拜访分析及技巧

近几年采取陌生拜访营销方式的公司却急速增长,因为这种方式可以快速地与企业负责人对话,成功的几率较高,首次拜访就有可能签订合同。目前比较常见的方式就是"扫楼"。"扫楼"是寻找一些商户集散地、写字楼等存在企业较多的区域,对所在区域的所有企业进行上门拜访。拜访时一定要准备好个人名片、公司彩页、U盘、记录本、笔、收据、合同等相关资料(条件允许时可携带笔记本),同时保证自己的穿着打扮整洁、大方、得体。"扫楼"的关键是争取与该公司相关负责人对话的机会,这样可以提高成功率。在介绍自己之前快速观察公司环境,并根据所在办公室、坐立位置、穿着打扮、说话方式等情况迅速确定该公司的高层负责人,自我介绍应简短而明确,并向相关负责人递上名片,对话时要间接突出其身份地位,并询问对方贵姓,对话时要礼貌但不要刻意,温和即可。若对方近期有意向,可以直接跨入业务的第二步"说服客户"。若对方近期没有意向,也尽量索取对方名片,同时留下自己的名片,离开后根据其情况分类记录。有些公司如写字楼里的公司往往有前台,通常不会让营销人员直接面见负责人,遇到这种情况尽量表达自己拜访的目的并留下名片,通过前台留下信息,进行拜访的约见。

陌生拜访是成功率较高的寻找客户的方式,但作为营销人员需做好充分的准备,在踏入每一家公司时调整心态,不要因为上一位客户的拒绝而气馁,要用自己的积极情绪感染客户。离开后把客户信息记录下来,做到心中有数。在不断的拒绝中吸取经验,每多拜访一位客户,你离成功就近了一步。

陌生拜访与电话营销、网络营销三种挖掘客户的方式都有自己的优缺点,为了充分发挥它们的长处就一定要将三者结合来做。根据自己的情况选择一项作为自己的主要营销手段,再辅以其他两项,尽可能地去挖掘更多的客户。

4. 掌握约见客户的技巧

"成功有方法,失败有原因。"

初入推销行业的营销员,经常会直接打电话给客户,说:我要见你们的老总。或者突如其来地登门,直冲总经理办公室,不顾对方乐意不乐意,抓住机会就说:"我是某某公司的,我想……"如果是这样,十有八九被人家给"轰"出来。客气一点,他会这样告诉你:"我们公司不需要。"为什么会出现这样的局面呢?现在是一个营销时代,也许,在你之前,已经有许许多多的营销员到这里来推销过他们的产品,虽然你是第一次来,但是,对方总是以为,营销都是一伙的,或者把你当作一个类别来看待。用他们的话说:"啊,又来了一个推销的!"

因此,约见客户的技巧就显得十分重要。我们可以先打电话预约客户,说我是某某公司的营销员,能否见见你们经理,或者你们经理什么时候有空,我想登门拜访他。这种情况,对方多半会告诉你,经理没有空。或者,索性把电话挂掉。虽然如此,这项工作还是必须得做的,贸然闯入,不仅达不到你的预期目的,甚至可能把下一次拜访的路堵死。企业公司的总经理或者老板,他们都是高、中级阶层的人士,时间紧、事情多,你去打搅他们的正常工作安排,他们当然不会高兴。现在人们最反感的是什么?增加他的时间成本。如果你忽然占用人家一个小时,那就是增加他一个小时的时间成本。对你是求之不得的,但人家不这么想,他们会想:这人总是来找麻烦。那么,这样说来是不是所有的潜在客户都不可能接见你呢?不是的。有一种是正好需要的客户,他们会货比三家,来者不拒,你的拜访正合他们心意,但这种情况太少了。

还有一种,那就是让对方感觉到接见你而有可能获利,对方感觉到有利可图,就会接见你。当然,这里不是指行贿行为,而是他们感觉买你的比买别人家的合算,甚至有安全感。

我们要认识到:社会总的经济行为,都是互利的。既然又不是紧俏的稀有产品,而且上门推销的也不少,人家为什么一定要买你的呢?你预约客户的时候,一定要把以上理由想好。因为有利可图,是一个基本商业法则,除此之外,人家想不出理由一定要见你。说不定,他刚才还拒绝一位营销员呢。要向对方传达一个准确的利益信息,但是,你切不可把这个利益夸大到令人难以置信的程度,过度的夸张,必然会使对方识破你的动机,而且,会在心里产生一种对你不相信的想法。

拜访客户一定要有准备,要等待好的时机,否则会适得其反。一般而言不要在星期一和星期五访问新的潜在客户,星期一老总们都要开内部会议,安排一周的工作,星期五周末,大多数的人早早就没了心思,如果能够提前一分钟下班,他们也会那么做。这两天不是营销的好日子,应该集中在星期二至星期四这样的日子,并且还要看准对方,有没有可能出现好的时机。如果万一时机不宜,也不妨就此放弃访问,隔些时间等待下一次。如果下次见面,双方都谈得很投机,你就不妨告诉对方,哪年哪月哪天,你曾经去拜访过贵公司的,但是……后面的话自然可以不说明,只用得着报之一笑便可。这样不会把局面破坏,还会让对方产生略有点欠你人情的感觉。然后你说:如果上次能沟通,咱们就是老朋友了,不过…现在也不晚呀,也像老朋友一样。

在约见客户之前,有必要进行一次乃至数次的调查,对客户的基本情况有所了解。要搞清楚,他们最喜欢什么和最反感什么,知道这两点,在谈判时就不会处于下风。如果能和客户会谈特别愉快,那是再好不过的事情,可以把陌生感完全消除,与未来的客户建立友谊,既然感情能够那么融洽,下一次的生意难道他会不给你吗?

5. 预先调查客户,建立客户档案

"没有差异就没有战略,没有信息就没有决策。"

客户调查属于经济情报范畴,一般而言分为两类: 类是广泛的客户调查,广泛的意义就在于它可能是一个区域、一个产业和一个网域,它是宏观的,从中筛选潜在客户;另一类是具体客户,即我们要去访问或者正在进行谈判的客户。通过调查客户,做到知己知彼,心中有数,是营销活动的重要工作。

有调查就必须建立客户档案,否则,凭记忆无法准确地装下如此之多的客户资料,建立客户档案的好处在于,能够掌握客户的一般情况,也便于对客户的使用情况进行统计,手头上有了客户的技术性数据,当然可以判断出客户的更换期限。

对于营销员来说,客户档案也是一笔财富,建起自己的电子数据库,不断地加入新的资料。把对客户的调查与建立档案看成是营销的有机部分,磨刀不误砍柴工,情报信息工作对于未来的营销价值不断增大。调查是市场探测的过程,也是获取信息的重要手段。客户档案的不断增加,我们能获得的信息量就增多,通过这些信息我们就能更深入地了解客户,更容易抓住客户,这样离成功也就越近。

6. 访问客户前须检查必要的准备工作

营销业务员在访问客户时,一般在头天的晚上就会做好心理准备,设计访问的方式以及预期访问的效果,但有时出门却往往把最不显眼然而最为重要的东西丢下。比如公司彩页、合同文本或名片用完,钢笔没有墨水了,出门前没有注意到,直到与客户谈好生意,临到签合同时才发现,没有合同书,或钢笔没有墨水了。一个严格的企业管理者,面对这种情况的反映很可能是取消与你的这笔生意,因为他可能把你的行为看成是你的企业管理质量不高,营销员去谈生意没有带合同书等。这不仅仅是一个笑话,对于营销工作来说,它就是一次重大责任事故。

一般而言,营销员都会将合同文本、各类证书和产品画册都夹在文件夹中,出错误的几率比较低,有时候凭记忆,考虑到它就在自己的包里,也许就懒得去查看它,在这里警告营销员:记忆也有时候是靠不住的。因此,每次出门,应该做一次例行检查工作,这项工作非常重要,与士兵上战场之前检验枪支与弹药一样重要。区别在于士兵的错误会导致失去生命,而商场上没有这个结局。其结局是一笔完全可能成功的生意失去了,这与战斗失败有什么不同呢?

准备工作的确很枯燥无味,不过,它也不是什么很难的事,养成习惯,则毫不费事。问题在于,我们往往忽视它,因为我们总是在考虑大局,所以小节极易忽视。切记:成功与失败只差那么一点点。

7. 说服客户要注意的七点

(1) 准备工作:首先要做好专业知识的准备,对自己产品要有100%的了解和绝对的信心。其次是精神状态的准备:把自己的情绪调节到最佳状态。再次是体能上的准备:人有能力,但没有强健的体魄是不行的,精力充沛亦必不可少。最后是工具上的准备,要注意自己的着装,准备好资料、名片、彩页、笔、合同、收据等。不要丢三落四,否则既影响了自己的情绪,也给客户带来不好的印象。

(2) 控制好自己的情绪、用积极的情绪来感染客户:人是情绪化的动物,客户亦然,销售是信息的传递、情绪的转变。大部分人的购买策略是建立在情绪化感性的基础之上的,营销人员绝不可以把不好的情绪传递给客户,因为这样做的结果只会使营销流产,给客户留下一个不好的印象。在到达商谈地点时给予自己充分的心理暗示:我能行,我可以做好!在遇到拒绝和指责的时候不要气馁,不要动摇自己的信念,相信自己,相信自己的产品。

(3) 建立信任关系:在销售领域,彼此没有信赖感是无法达成任何销售的,要以诚待人。可以将我们的产品案例的展示给对方看,以事实说服对方,来建立双方初期的信任关系。

(4) 激起客户的兴趣:客户对产品产生兴趣是购买的基础,因此我们要设法激起客户的兴趣。首先要了解客户的需求,根据客户的描述了解客户的真实想法。再根据客户的具体需求突出自己的优势,让客户产生购买的欲望。

(5) 价格:通过了解客户的需求以及经济情况,大体确定对方所能承受的价格上限。初次报价可以比他所能接受的价格稍微高一点,但不要过于离谱而吓跑客户,再通过优惠等方式将价格降低一部分,使客户有一种砍价成功的满足感。对于出价很低的客户要稳住自己的立场,并突出我们的优势,要让他明白我们的产品是最好的、服务是最棒的,所以价格相对产品品质是物超所值。如果对方坚持低价,不必和他过多纠缠,不如多花点时间寻找下一个可以成交的客户。

(6) 承诺:承诺的关键是完成承诺,你要给客户一个保证,保证客户可以得到他所想要的产品,保证他可以获得满意的服务。在承诺时要注意,不能许下你做不到的承诺,使客户相信你的承诺是真实有效的,以促成与客户成交。

(7) 话术:与客户对话时,所有表达的这一切都要用到话术。话术,又名说话的艺术,以"察言观色"、"一物百拟"、"用情至深"、"行文诡辩"著称于世。运用到商道上就是说话做事的方式方法,以取信于人、说服对方为目标。掌握话术是为了更好地传达信息给客户,要注意的细节如下。

观察——通过观察对方的动作神态来获取对方的信息。

语气——只有创造出一个非常好的谈话氛围才可以让别人愿意同你交谈。

语调——只有说话抑扬顿挫才可以"说的比唱的好听",让人忘记了时间听你"废话"。

语法——频繁地运用各种排比反问可以达到你想要的效果,比如排比之后加反问,可以达到非常好的效果(比如我觉得…我觉得…我觉得…您觉得呢?难道不是吗?)。

表情——只有表情丰富才可以增加对方的投入度,达到对话的基本目的。

眼神——如果你不敢去看对方的眼睛,那么你的话术非常弱,不应该来吃营销这行饭,要让眼睛会说话、会笑,自然可以说动别人。

动作——适当的动作可以增加语言氛围的立体感,太多小动作会让别人反感你。

关键——把握语言的关键是话术高低的分水岭,如果你不能三句话引起别人的兴趣,建议你放弃后面所有的话。

心绪——谈话要一心四用:①嘴上说的要控制语速和情感;②眼睛观察对方的表情;③分析他们的心思和想法;④立刻找出新的切点和爆点并对切点结果做出准确的预测。

感情——如果在谈话时可以辅助其他感情作为分支,那么就可以达到完美了。

关于话术的案例有很多,可以在话术网 www.huashu5.cn 或者一些专业讲坛上找到很多,在这里就不一一赘述。

(8) 售后服务

维系住一个老客户要比开发一个新客户的成本要低很多,维护好一个客户不仅能挖掘这个客户的潜在价值,还能提升公司形象,带来这个客户背后的潜在客户。世界最伟大的销售员乔·吉拉德说过:我从来不把售后服务看作售后服务,我从来是把每次售后服务当作售前服务!所以我们不能小看售后服务所带来的积极或消极效应,不仅要做售后服务,还要做好售后服务。节日的时候可以发条短信问候一下客户,同时建立一个自己的客户档案,记录下客户的基本情况、嗜好、经营状况、网站信息等。

5.4.3 物流营销人脉关系管理

广东私企老板自费读中央党校渐成时尚

到中央党校学习,已成为广东私企老板的一种时尚。羊城晚报消息,记者从 2005 年 12 月 25 日结束的广东非公有制经济发展论坛上获悉,今年以来,广东已有 400 多名私企老板自费到中央党校学习,学政治,学管理,了解经济形势。

广东非公有经济研究会常务副秘书长刘洋说,广东是私企老板到中央党校学习最踊跃的省份。一年四期的民营经济与实务进修班,每期招收全国学员约 150 人左右,来自广东的私企老板均超过1/3,有一期还去了90多人。一位党校老师开玩笑说,听到那么多学员在教室讲广东话,还以为到了广东讲课。

记者发现,到中央党校"充电"的广东私企老板分量不轻,既有上了财富榜的亿万富豪,如志高空调李兴浩;也有行业领军人物如绿茵阁的林欣、天天洗衣的卢志基等;还有不少后起之秀。这些学员所掌控的企业四分之一属广东百强私营企业。

私企老板到中央党校进修,缘于"入世"后经济形势发生变化,老板们深刻认识到要与时俱进,必须认清形势,提高自身素质。到党校学习,虽然时间不长,但是内容丰富,既学习党的方针政策,又学习各类管理技巧,课程实用生动。

个别私企老板还学上了瘾,几进"宫",如志高空调的李兴浩,他第一次到中央党校学习是20世纪90年代末。他说,当时,到党校学习的私企老板还是凤毛麟角;最近,他又去了一次,学经济形势,发现那里的私企大腕摩肩接踵。李兴浩表示,到党校脱产学习,虽然会耽误一点生意,但领悟了很多破解难题的方法,结交了很多朋友,值得!

1. 人脉资源对人生成功的意义

我们每一个人都希望自己有一个生命中的"贵人",在关键时刻或危难之际能帮我们一把。贵人相助确实是我们成功道路上的宝贵资源,他可以一下子打开我们机遇的天窗,让我们拨云见日,豁然开朗,直接进入成功的序列和境界;他可以大大缩短我们成功的时间,提升我们成功的速度,使我们站在巨人的肩膀上。

世界首富比尔·盖茨在他20岁时签到了第一份合约,这份合约是跟当时全世界第一的电脑公司——IBM签的。当时,他还是位在大学读书的学生,没有太多的人脉资源。他怎能钓到这么大的"鲸鱼"?可能很多人不知道。原来,比尔·盖茨之所以可以签到这份合约,中间有一个中介人——比尔·盖茨的母亲。比尔·盖茨的母亲是IBM的董事会董事,妈妈介绍儿子认识了董事长,这不是很理所当然的事情吗?比尔·盖茨签到IBM这个大单,奠定了他事业成功的第一块基石。

每个人总是在不断开发自己的人脉网络,区别在于成功的人总是比别人具有更庞大和更有力量的人脉网络。这样,我们就不难理解,为什么广东的民营企业家们热衷于到中央党校学习了,因为,那里汇聚着最前沿、最新鲜的中国政治经济信息,那里汇聚着决定中国发展方向的智慧精英,那里汇聚着中国最有潜力和实力的政治精英和商界精英。

在这个信息发达的时代,拥有无限发达的信息,就拥有无限发展的可能性。信息来自你的情报站,情报站就是你的人脉网,人脉有多广,情报就有多广,这是你事业无限发展的平台。换句话说,职场人最重要的情报来源是"人"。对他们来说,"人的情报"无疑比"铅字情报"重要得多。越是一流的经营人才,越重视这种"人的情报",越能为自己的发展带来方便。

日本三洋电机的总裁龟山太一郎就是很好的例子。他被同行誉为"情报人",对于情报的汇集别有心得,最有趣的是他自创一格的"情报槽"理论。他说:"一般汇集情报,有从人身上、从事物身上获得两个来源。我主张从人身上加以汇集。如此一来,资料建档之后随时可以活用,对方也随时会有反应,就好像把活鱼放回鱼槽中一样。把情报养在情报槽里,它才能随时吸收到足够的营养。"

一个人思考的时代已经过去了,建立品质优良的人脉网为你提供情报,成了决定工作成败的关键。很多成功的商界人士都深刻意识到了人脉资源对自己事业成功的重要性。曾任美国某大铁路公司总裁的A. H. 史密斯说:"铁路的95%是人,5%是铁。"美国钢铁大王及成功学大师卡耐基经过长期研究得出结论说:"专业知识在一个人成功中的作用只占15%,而其余的85%则取决于人际关系。"所以说,无论你从事什么职业,学会处理人际关系,掌握并拥有丰厚的人脉资源,你就在成功路上走了85%的路程,在个人幸福的路上走了99%的路程了。无怪乎美国石油大王约翰·D.洛克菲勒说:"我愿意付出比天底下得到其他本领更大的代价来获取与人相处的本领。"

2. 什么是人脉和人脉资源

关于人脉的提法仅仅是最近几年的事情,所以,也没有一个公共认可和标准的答案。不过,擅长"为人处世"之道的中国人,看到这个词,自然心领神会。我们可以从以下几个方面来理解:人脉是一种资源和资本。

你在公司工作最大的收获不只是你赚了多少钱,积累了多少经验,而更重要的是你认识了多少人,结识了多少朋友,积累了多少人脉资源。这种人脉资源不仅对你在公司工作时有用,即使你以后离开了这个公司,还会发生作用,成为你创业的重大资产。拥有它之后,你知道你在创业过程中一旦遇到什么困难,你该打电话给谁。假设你是个业务经理,那么,你的最大收获就不只是工资、提成以及职务的升迁,更重要的是你积累起来的人脉资源,它将是你终身受用的无形资产和潜在财富!

人脉与人际关系有着千丝万缕的联系。经营人际关系是面,经营人脉资源是点;人际关系是花,人脉资源是果;人际关系是目标,人脉资源是目的;人际关系是过程,人脉资源是结果。可以这样说,没有人脉资源落地生根的人际关系是空泛的、毫无任何意义的人际关系,而人脉资源的开花结果则依赖于良好的人际关系基础。

3. 人脉资源的类别

(1) 人脉资源根据其形成的过程可以分为血缘人脉、地缘人脉、学缘人脉、事缘人脉、客缘人脉、随缘人脉等。

血缘人脉:由家族、宗族、种族形成的血缘人脉关系。

地缘人脉:因居住地域形成的人脉关系,最典型的就是"两眼泪汪汪"的老乡关系。老乡关系因所处地域的大小而不同,如出了乡,同乡的是老乡,出了县,同县的是老乡,出了省,同省的是老乡,出了国,全中国的人都是老乡。

学缘人脉:因共同学习而产生的人脉关系。学缘人脉不仅局限于时间较长的小学、中学、大学的同学关系,随着现在人们交际意识的提高,各种各样的短期培训班甚至会议中,都蕴涵着十分丰富的人脉关系资源。

事缘人脉:因共同工作或处理事务而产生的人脉关系。事缘人脉不仅仅局限于工作中的同事、上司、下属,一段短暂的共事经历也能形成良好的人脉关系。比如一个单位或多家单位为完成一项任务或项目,而临时抽调人员组成团队,任务完成后各自归队,但共同工作与生活的友谊则会留在每一个人的心中。

客缘人脉:因工作中与各类客户打交道而形成的人脉关系。比如厂家、供应商、零售商、加盟商、合作商、消费者等,在进行商务交易和往来的过程中,其实是互为客户关系。俗话说"不打不成交",这种真金白银的商业活动在考验着每一个人的能力和品行。职业经理人在为客户做好服务,提高企业经济效益的同时,切莫忘了投入自己的诚信和情感,积累自己的人脉资源。

随缘人脉:"有缘千里来相会",人是有缘分的。一次短暂的聚会,一次偶然的邂逅,这都是上天给我们安排的随缘机会,只要我们抢抓机遇,善于表现自己,而又理解他人,一见钟情的缘分就会降临,你的人生或事业也可能从此就会与众不同。

(2) 人脉资源根据所起作用的不同,可以分为:政府人脉资源、金融人脉资源、行业人脉资源、技术人脉资源、思想智慧人脉资源、媒体人脉资源、客户人脉资源、高层人脉资源(比如老板、上司)、低层人脉资源(比如同事、下属)等。

(3) 人脉资源根据重要程度的不同,可以分为:核心层人脉资源、紧密层人脉资源、松散备用层人脉资源。

核心层人脉资源指对自身的职业和事业生涯能起到核心、关键、重要决定作用的人脉资源。这些资源根据个人目前所处的职业位置、事业阶段以及未来的发展方向不同而不同。比如一个营销部门经理的核心人脉资源,可能是他的顶头上司、公司老板、关键同事和下属、对公司业务和自身业绩有重大影响的重要客户,以及其他可能影响职业与事业发展的重要人物等。

紧密层人脉资源指在核心层人脉资源的基础上,进行适当的扩展。对一个营销经理而言,其紧密层人脉资源包括公司的董事会成员、其他领导、其他部门同事、一般下属、次重点客户、对自己有影响的老师、同学、朋友等。

松散备用层人脉资源指根据自己的职业与事业生涯规划,在将来可能对自己有重大或一定影响的人脉资源。比如公司未来可能的接班人选、有发展潜力的同事、下属、客户、同学、朋友等。

希尔顿饭店首任总经理的故事

这是发生在美国的一个真实故事:

一个风雨交加的夜晚,一对老夫妇走进一间旅馆的大厅,想要住宿一晚。

无奈饭店的夜班服务生说:"十分抱歉,今天的房间已经被早上来开会的团体订满了。若是在平常,我会送二位到没有空房的情况下,用来支持的旅馆,可是我无法想象你们要再一次地置身于风雨中,你们何不待在我的房间呢?它虽然不是豪华的套房,但是还是蛮干净的,因为我必需值班,我可以待在办公室休息。"

这位年轻人很诚恳地提出这个建议。老夫妇大方地接受了他的建议,并对造成服务生的不便致歉。隔天雨过天晴,老先生要前去结账时,柜台仍是昨晚的这位服务生,这位服务生依然亲切地表示:"昨天您住的房间并不是饭店的客房,所以我们不会收您的钱,也希望您与夫人昨晚睡得安稳!"

老先生点头称赞:"你是每个旅馆老板梦寐以求的员工,或许改天我可以帮你盖栋旅馆。"几年后,他收到一位先生寄来的挂号信,信中说了那个风雨夜晚所发生的事,另外还附有一张邀请函和一张纽约的来回机票,邀请他到纽约一游。

在抵达曼哈顿几天后,服务生在第5街及34街的路口遇到了这位当年的旅客,这个路口正矗立着一栋华丽的新大楼,老先生说:"这是我为你盖的旅馆,希望你来为我经营,记得吗?"

这位服务生惊奇莫名,说话突然变得结结巴巴:"你是不是有什么条件?你为什么选择我呢?你到底是谁?"

"我叫威廉·阿斯特(William Waldorf Astor),我没有任何条件,我说过,你正是我梦寐以求的员工。"

这旅馆就是纽约最知名的华尔道夫(Waldorf)饭店,这家饭店在1931年启用,是纽约极致尊荣地位的象征,也是各国的高层政要造访纽约下榻的首选。

当时接下这份工作的服务生就是乔治·波特(George Boldt),一位奠定华尔道夫世纪地位的推手。是什么样的态度让这位服务生改变了他人生的命运?毋庸置疑的是他遇到了"贵人",可是如果那天晚上是另外一位服务生当班,会有一样的结果吗?

人间充满着许许多多的机会,每一个机会都可能将自己推向另一个高峰,不要疏忽任何一个人,也不要疏忽任何一个可以助人的机会,学习对每一个人都热情相待,学习把每一件事都做到完善,学习对每一个机会都充满感激,我相信,我们就是自己最重要的贵人。

4. 经营人脉资源的六大原则

1)互惠原则

互惠原则即利人利己。利人利己是一种双赢的人际关系模式,利人利己原则认为,世界之大,人人都有立足的空间,他人之得不必视为自己之失。利人利己观念以品格为基础:诚信、成熟、豁达。豁达的胸襟源于厚实的个人价值观与安全感,由于相信有足够的资源,所以不怕与人共名声、共财势,从而开启无限的可能性,充分发挥无穷的创造力与宽广的选择空间。但是,有些人喜欢使用二分法,以为利人则必损己,利己则必损人。于是,为了一己之利,便置他人利益于不顾,最后却往往落得一个损人害己、两败俱伤的下场。利己损人,世上多少争斗;利人利己,人间无限芳春。

战后的日本为什么在世界上特别是在亚洲越来越孤立,而同是战败国的德国却不仅融入了欧洲还融入了世界?日本的孤立不是日本的光荣。日本既是世界上最富裕的国家之一,也是世界上最贫困的国家之一。诺贝尔和平奖得主特蕾莎修女说过,地球上有两个饥饿地带,一是非洲,一是日本。

日本著名企业家稻盛和夫说:"世界要求日本从利己价值观向利人价值观转变。这是世界潮流。泡沫经济崩溃之后,在金融界、证券界、大建筑公司出现了许多漏洞,暴露了日本为了赚钱而不择手段的本性,也暴露了日本社会背后的人际关系,以及过去自私、利己的积弊。必须从自私向与世界协调的方向转变,在这个问题上要恰如其分地去做,世界形势迫使日本要转换价值观。日本在21世纪的今天,如果不打算大幅度转换价值观,就要成为世界的孤儿。"

美国汽车大王亨利·福特曾说过:"如果成功有秘诀的话,那就是站在对方立场来考虑问题,能够站在对方的立场,了解对方心情的人,不必担心自己的前途。"古人也说过:"己欲立而立人,己欲达而达人",只有这样,才能赢得人们的信任与好感,建立融洽的人际关系。

互惠原则讲究利人利己,绝不是世俗的"互相利用"。利己的原始动机是在帮助别人的利他行为中得到心理满足,对方给予自己的帮助,只是自己利他行为的客观报偿,也就是说,利己的目的不是要索取什么,而是从给予中得到欣慰。

盲 人 点 灯

一个禅师走在漆黑的路上,因为路太黑,行人之间难免磕磕碰碰,禅师也被行人撞了好几下。他继续向前走,远远看见有人提着灯笼向他走过来,这时旁边有个路人说道:"这个瞎子真奇怪,明明看不见,却每天晚上打着灯笼!"

禅师也觉得非常奇怪,等那个打灯笼的盲人走过来的时候,他便上前问道:"你真的是盲人吗?"

那个人说:"是的,我从生下来起就没有见过一丝光亮,对我来说白天和黑夜是一样的,我甚至不知道灯光是什么样的!"

禅师更迷惑了,问道:"既然这样,你为什么还要打灯笼呢?你甚至都不知道灯笼是什么样子,灯光给人的感觉是怎样的。"

盲人说:"我听别人说,每到晚上,人们都变成了和我一样的盲人,因为夜晚没有灯光,所以我就在晚上打着灯笼出来。"

禅师很受震动地感叹道:"原来你所做的一切都是为了别人!"

盲人沉思了一会儿,回答说:"不是,我为的是自己!"

禅师更迷惑了,问道:"为什么呢?"

盲人答道:"你刚才过来有没有被别人碰撞过?"

禅师说:"有呀,就在刚才,我被两个人不留心碰到了。"

盲人说:"我是盲人,什么也看不见,但我从来没有被人碰到过。因为我的灯笼既为别人照亮了道路,也让别人看到了我,这样他们就不会因为看不见而撞到我了。"

禅师顿悟,感叹道:"我辛苦奔波就是为了找佛,其实佛就在我的身边啊!"

这个故事告诉我们:点灯照亮别人的同时,更照亮了自己。这就是助人为乐的道理。在生活中,我们应该时刻记得:帮助别人也就等于帮助自己。

2) 诚实守信原则

在人际交往中,一般人都喜欢与诚实、直爽、表里如一的人打交道。因此,在人际交往中应切记诚实守信的原则。马克思就曾说过:"友谊需要忠诚去播种,热情去灌溉,原则去培养,谅解去护理。"孔子说:"言必信,行必果。"与朋友交,言而有信。信用是处理人际关系的必守信条,敌对双方谈判要守信用,做生意双方成交要守信用,上、下级讲话要讲信用,甚至连父亲对刚懂事的儿子讲话也要讲信用。我国历史上有个著名的故事,曾子的儿子吵闹不休,曾妻就骗他说:"等你父亲回来,杀猪给你吃。"曾子回家听到妻子告诉他这件事后,果然持刀把猪杀了。显然,曾子是在培养儿子的信用意识。

信用的心理作用是给对方以安全感,人际关系是以互相吸引为前提的,而这种吸引很重要的一点是双方必须在交往中达到心理上的安全感。因此,约定的聚会,要按时出席;承诺的任务,要力争完成;朋友托办的事,答应了,就要办到;借别人的款项、物品,要如期归还。这些虽然是无关紧要的小节,却影响到个人信誉和人际关系的大问题,所以切不可掉以轻心。

3) 互赖原则

集思广益的合作威力无比。许多自然现象告诉我们:整体大于部分的总和,不同植物生长在一起,根部会相互缠绕,土质因此改善,植物比单独生长时更为茂盛。两块砖头所能承受的力量大于个别承受力的总和。这一原理也同样适用于人类,只有敞开胸怀,以接纳的心态尊重差异,才能众志成城。

中国的伦理,使所有中国人,结成一张硕大的互依互赖网。孔子的"连带责任主义",更使得我们彼此之间息息相关,互相依存。互依互赖的正确意义,是互助而非倚赖。

"红花亦需绿叶来陪衬"。任何事业,都不是个人独力所能够完成的,有赖于同仁的互助合作,因此,我们要树立"合则彼此有利,分则大家倒霉"的意识。共同努力,一起来担负责任,才能共策共力,达到真正的互依互赖的境界。

4) 分享原则

分享是一种最好的建立人脉网的方式,你分享的越多,得到的就越多。世界上有两种东西是越分享越多的:一是智慧和知识,二是人脉和关系。正如萧伯纳所说:我有一个苹果,你有一个苹果,交换一下每人还是一个苹果;我有一个思想,你有一个思想,交换一下每人至少有两个以上的思想。同理,你有一个关系,我有一个关系,如果各自独享则每人仍是一个关系,如果拿来分享,交流之后则每人就拥有了两个关系。

我们来看一看李嘉诚的生意经:假如一笔生意你卖10元是天经地义的,而我只卖9元,让他人多赚一元。表面上看我是少赚了一元或者亏了一元,但是,从此之后,这个人还和我做生意,而且交易越来越大,而且又介绍他们的朋友与我做生意,朋友又介绍朋友来与我做生意。所以,我生意越来越多,越来越大,我的朋友圈子也越来越广。

你分享的东西是对别人有用有帮助的,别人会感谢你。你愿意向别人分享,有一种愿意付出的心态,别人会觉得你是一个正直的人,别人愿意与你做朋友,愿意与你打交道。

5) 坚持原则

坚持不放弃的人,才能有更多的正面思考的时间和更深刻的屡败屡战的信念,从而赢得更多成功的机遇。在经营和开发人脉资源的过程中,很多人缺乏韧性,主要表现在以下两个方面:一是"三天打鱼,两天晒网",一曝十寒;二是遭到拒绝之后,没有勇气坚持下来,结果错失"贵人"相助的良机。

坚持,可以让我们在困惑时柳暗花明;坚持,可以让我们在人脉资源中游刃有余;坚持,可以让我们在贵人助力的竞争中脱颖而出。"古之立大事者,不惟有超世之才,亦必有坚忍不拔之志。"这正是胜利者对成功经验的高度概括,因为他们深知:对前途失去信心的人,永远也享受不到成功的喜悦,唯有不断奋斗,坚持到底,辛勤耕耘人脉的沃土,才会构建广袤的人脉网络,最终达到"四海翻腾云水怒,五洲震荡风雷激"的人脉境界,实现"振臂一挥,应者云集"的人生理想。

6) 用"心"原则

心与脉管相连,脉管为血液循环的隧道。《素问·平人气象论》说:"心藏血脉之气"。藏之于心的这种"气",就是推动血液循环的动力。现代医学亦认为心脏是血液循环的动力器官,在机体的整个生命活动期间,心脏都在不停地跳动,不断地将静脉流入心脏的血液以一定的压力射入动脉血管中,推动血液循环,这与中医学的"心主血脉"、"诸血皆归入心"的认识有一致之处,同样也深刻地说明了心脏在血液循环中的动力作用。

心与脉管相通,心气推动血液在脉管中循行,所以心气的强弱可以从脉象上反映出来。例如心血充盈、心气旺盛,则血脉运行畅通,其脉象和缓有力、节律均匀为正常;反之,心气虚弱,推动无力,则血脉运行不畅。"心主身之血脉",血有营养周身的作用,脉为血液运行的隧道,但受心所统率,在心气推动下发挥作用。

上述所说的是在人的生理血脉系统运行中,心的主导和推动作用。同样的道理,在人脉资源的经营中,我们只有以心换心,用诚心、真心、爱心才能换来心心相印的人脉效果。

5. 如何开发潜在的人脉资源

1) 熟人介绍:扩展你的人脉链条

根据美国人力资源管理协会与《华尔街日报》共同针对人力资源主管与求职者所进行的一

项调查显示:95%的人力资源主管或求职者透过人脉关系找到合适的人才或工作,而且61%的人力资源主管及78%的求职者认为,这是最有效的方式。前程无忧网也曾经做过"最有效的求职途径"调查,其中"熟人介绍"被列为第二大有效方法。

所以,根据你的人脉发展规划,你可以列出需要开发的人脉对象所在的领域,然后,你就可以要求你现在的人脉支持者帮你寻找或介绍你所希望的人脉目标,从而可以创造机会,采取行动。

2) 参与社团:走出自我封闭的小圈子

参与社团可在自然状态下与他人建立互动关系,从中创造商机并扩展自己的人脉网络。

你所认识的人是否都和自己很像?背景相似?对于很多事情的看法也一致?如果你的回答是肯定的,那么你可要注意,因为这表示你的生活圈越来越狭窄,拓展人脉的机会也越来越少。

如何扩展公司、单位以外的人脉,扩大交友范围,所谓的"虚拟团队"就很重要,亦即透过社团活动来经营人际关系。平常太主动亲近陌生人时,容易遭受拒绝,但是参与社团时,人与人的交往在"自然"的情况下将更顺利。为什么强调自然?因为人与人的交往、互动,最好在自然的情况下发生,有助于建立情感和信任。透过社团里面的公益活动、休闲活动,产生人际互动和联系。

参加社团的人都具有三种特质:第一证明自己是勇敢的,主动接近人群,不因害怕人心复杂就躲在家里、厨房或工作领域;第二证明自己是喜欢成长的人,因为在社团里面,不管是阅读、听演讲或是和人分享生活,都是让人学习成长的机会;第三是因为热心、喜欢做善事的人,才会加入社团奉献时间和金钱,希望透过团体的力量,让社会更美好。

很多人不是以我没钱,就是以我没时间为理由,拒绝加入任何社团。其实想要拓展自己的人脉网络,爱钱之前必须先学会如何爱人,接近人就等于是接近钱、接近前途;唯有接近人群,打开人脉通道,一通百通,才是创造财富和寻找人生机遇的最佳捷径。

别忘了,如果你参加了某个社团,你最好能谋求到一个组织者的角色,当然,理事长、会长、秘书长更好,求其次也要当一个干事之类的职务,因为,这样你就得到了一个服务他人的机会,在为他人服务的过程中,自然你就增加了与他人联系、交流、了解的时间,你的人脉网络也就在自然而然中不断延伸。

3) 利用网络:廉价的人脉通道

我有一个在一家中型企业做销售部经理的朋友,而且,建立了自己的博客地址,闲暇之余他喜欢将自己商场打拼的体会、经验、教训、甘苦放在网上。有一次,在浏览博客网页时,他发现了一篇很精彩的文章,读完之后,他把自己的读后感和对文章的肯定和赞美给作者留了言。就这样一来二去,他们建立了坦诚交流的"文缘",很是投机。四个月后的一天,他突然接到这位网友的电话,说是在他所在的城市出差,问能否见上一面。见面交谈了近两个小时之后,对方才递上了自己的名片,并问他是否愿意到他的企业去工作。原来,这位网友竟然是自己所从事行业中全国有名的第二大企业的老板。

现在,他已是这家企业主管营销的副总经理。由于他们在网上不设防的交流,双方对对方的价值观、思想、爱好、兴趣、处世原则、能力等已经有了比较透彻的了解,所以,与这位网友老板相处一直很融洽。目前,他还担任了两个博客版面的版主,据他说,利用网络他已在全国十五六个城市有了近20位比较知心的朋友,此举大大促进了他业务的开展,他自己也为人脉资源的延伸激动不已。

4) 参加培训：志同道合的平台

参加与自己的工作或兴趣有关的各类培训班，有三大好处：一是走出去方知天外有天、人外有人；二是一学习才知道自己孤陋寡闻；三是培训班不仅是一个学知识、长见识、开思路的好地方，更是我们借此拓展人脉资源的好机会、好平台。当然，最主要的是你要积极主动，做一个有心人。

5) 参加活动：表现自己、结交他人的舞台

同学会、老乡会、战友会、联谊会、沙龙聚会、庆典会等，你若有时间还是尽可能地参加。有些人本能地厌恶或害怕参加闹闹哄哄的聚会，认为这些活动纯粹是在浪费时间和精力。自然，你若是想做一个独善其身的人，这些活动的确是浪费时间和生命。而如果你想扩展你的职业和事业，这些活动对你来说就是必不可少的，你需要做的是，分辨出哪些活动该参加，哪些活动该拒绝参加。一旦决定参加，你就肩负一项任务，就是你必须从这次活动中有所收获，有利于丰富你的人脉资源。当然，老人脉、老朋友之间的活动你可以轻松一些。

6) 处处留心皆人脉：学会沟通和赞美

想成为一名成功的人士，首先你要善于学会把握机会，抓住一切机会去培育人脉资源与关系，其实有许多机会就在你身边，但你可能总是白白的让它流失。如在婚宴场合，你可以在出发前，先吃点东西，并提早到现场，因为那是你认识更多陌生人的机会；就是参加一次萍水相逢的会议，你也可以与你的前后左右的五六个人交换名片，利用休会的间隙聊聊；在外出旅行的过程中，要善于沟通与交流，主动与他人沟通等。其次是沟通能力。所谓的沟通能力，其实就是了解别人的能力，包括了解别人的需要、渴望、能力与动机，并给予适当的反应。如何了解呢？要学会倾听，倾听是了解别人最佳的法宝。除了倾听，适时赞美别人也是沟通妙法。美国钢铁大王卡内基，在1921年支付100万美元的超高年薪聘请夏布(Schwab)为企业的CEO。当时许多记者访问卡内基时问为什么选择夏布，卡内基说："因为他最会赞美别人，这也是他最值钱的本事。"甚至，卡内基为自己写的墓志铭是这样的"这里躺着一个人，他懂得如何让比他聪明的人更开心。"

在公司内部，你也要珍惜与你的上司、老板、同事单独相处的机会，比如陪同上司或老板开会、出差等，这是上天赐予你强化人脉的绝佳良机，千万不要错过。当然，你要做好充分的准备，适当地表现，切勿弄巧成拙。

7) 不怕拒绝，勇敢出击

有统计资料表明，现在日本有1.35万间麦当劳店，一年的营业总额突破40亿美元大关。拥有这两个数据的主人是一个叫藤田田的日本老人，日本麦当劳社名誉社长。藤田田1965年毕业于日本早稻田大学经济学系，毕业之后随即在一家大电器公司打工。1971年，他开始创立自己的事业，经营麦当劳生意。麦当劳是闻名全球的连锁速食公司，采用的是特许连锁经营机制，而要取得特许经营资格是需要具备相当财力和特殊资格的。

而藤田田当时只是一个才出校门几年、毫无家族资本支持的打工一族，根本就无法具备麦当劳总部所要求的75万美元现款和一家中等规模以上银行信用支持的苛刻条件。只有不到5万美元存款的藤田田，看准了美国连锁饮食文化在日本的巨大发展潜力，决意要不惜一切代价在日本创立麦当劳事业，于是绞尽脑汁东挪西借起来。事与愿违，5个月下来，只借到4万美元。面对巨大的资金落差，要是一般人，也许早就心灰意懒，前功尽弃了。然而，藤田田却偏有

一种对困难说不的勇气和锐气，偏要迎难而上，寻找助他事业成功的贵人。

于是，在一个风和日丽的春天的早晨，他西装革履满怀信心地跨进住友银行总裁办公室的大门。藤田田以极其诚恳的态度，向对方表明了他的创业计划和求助心愿。在耐心细致地听完他的表述之后，银行总裁作出了"你先回去吧，让我再考虑考虑"的决定。

藤田田听后，心里立即刻掠过一丝失望，但马上镇定下来，恳切地对总裁说了一句："先生可否让我告诉你我那5万美元存款的来历呢？"回答是"可以"。

"那是我6年来按月存款的收获，"藤田田说道："6年里，我每月坚持存下1/3的工资奖金，雷打不动，从未间断。6年里，无数次面对过度紧张或手痒难耐的尴尬局面，我都咬紧牙关，克制欲望，硬挺了过来。有时候，碰到意外事故需要额外用钱，我也照存不误，甚至不惜厚着脸皮四处告贷，以增加存款。这是没有办法的事，我必须这样做，因为在跨出大学门槛的那一天我就立下宏愿，要以10年为期，存够10万美元，然后自创事业，出人头地。现在机会来了，我一定要提早开创事业……"

藤田田一口气讲了10分钟，总裁越听神情越严肃，并向藤田田问明了他存钱的那家银行的地址，然后对藤田田说："好吧，年轻人，我下午就会给你答复。"

送走藤田田后，总裁立即驱车前往那家银行，亲自了解藤田田存钱的情况。柜台小姐了解总裁来意后，说了这样几句话："哦，是问藤田田先生哪。他可是我接触过的最有毅力、最有礼貌的一个年轻人。6年来，他真正做到了风雨无阻地准时来我这里存钱。老实说，这么严谨的人，我真是要佩服得五体投地了！"

听完柜台小姐的介绍后，总裁大为动容，立即打通了藤田田家里的电话，告诉他住友银行可以无条件地支持他创建麦当劳事业。藤田田追问了一句："请问，您为什么要决定支持我呢？"

总裁在电话那头感慨万端地说道："我今年已经58岁了，再有两年就要退休，论年龄，我是你的2倍，论收入，我是你的30倍，可是，直到今天，我的存款却还没有你多……我可是大手大脚惯了。光说这一句，我就自愧不如，敬佩有加了。我敢保证，你会很有出息的。年轻人，好好干吧！"

藤田田的故事告诉我们，想得到贵人相助需要我们执著的努力。很多人既想得到贵人相助，又害怕贵人拒绝，说到底你是不想成功。其实，贵人也想结识像你一样的贵人，关键是你要勇敢地向前跨进一步。

8）创造机会

A是一家合资公司的白领，觉得自己满腔抱负没有得到上级的赏识，经常想：要是有一天能见到老总，有机会展示一下自己的才干就好了。

A的同事B，也有同样的想法，他更进一步，去打听老总上下班的时间，算好他大概会在何时进电梯，他也在这个时候去坐电梯，希望能遇到老总，有机会可以打个招呼。

他们的同事C更进一步。他详细了解老总的奋斗历程，弄清老总毕业的学校，人际风格，关心的问题，精心设计了几句简单有分量的开场白，在算好时间去乘坐电梯，跟老总打过几次招呼，终于有一天跟老总长谈了一次，不久就争取到了更好的职位。

愚者错失机会，智者善抓机会，成功者创造机会。机会只给准备好的人，"准备"二字，并非说说而已，更需要我们是要"做"，要去创造。

据传，日月光半导体的总裁刘英武当初在美国IBM服务时，为了争取与老板碰面的机会，每天都观察老板上洗手间的时间，自己选择在那时去上洗手间，增加互动。

同时,你还要把握每一个帮助别人的机会。红顶商人胡雪岩倒霉时,不会找朋友的麻烦;他得意了,一定会照应朋友。施比受更有福,虽然是老生常谈,但如果你一直秉持这个信念,不管往来人的级别高低,总是尽量去帮助别人,在你需要的时候,别人自然也会帮助你。

要成大事,先要会做人;而会做人,则要善于在交往中积累人脉资源。若能做到圆通有术,左右逢源,进退自如,上不得罪于达官贵人,下不失信于平民百姓,中不招妒于同行朋友,行得方圆之道,人脉的大树枝繁叶茂,那成大事一定不在话下了。胡雪岩就是这样一个人,在晚清混乱的局势中立足脚跟,在商业上红极一时。纵观胡雪岩的一生,其成功之处可归结在为人处世上,他能在乱世之中,方圆皆用,刚柔皆施,懂得如何积累人脉资源,并利用它为自己的商业铺路。

9) 大数法则

全世界的人那么多,有 60 多亿人口,有哪些人可以作为我的人脉关系呢?许多人都会提出这个问题。

首先,你必须有一个目标定位,然后,决定找哪些类型的人,当这些目标确定之后,就找一个简单的方法,贯彻始终。这个方法不是别的,就是使用"大数法则"。

什么是大数法则?大数法则又称"大数定律"或"平均法则",是概率论的主要法则之一。此法则的意义是:在随机现象的大量重复出现中,往往呈现几乎必然的规律,这类规律就是大数法则。大数法则的精神实质在于观察的数量越大,预期损失率的结果越稳定。所以,大数法则是保险精算中确定费率的主要原则。

把"大数法则"用在人脉关系上,就是借用这个原则的精神实质:你结识的人数越多,那么,预期成为你的朋友至交的人数占你所结识的总人数的比例越稳定。所以,在概率确定的情况下,你要做的工作就是结识许许多多的人,广泛地收集人脉信息,有效地运用大数法则来推断分析,评估你的人脉关系的进展以及存在的问题,从而制订相应的对策,不断改进方法,广结人缘。全世界的商业人士实际上都在自觉或不自觉地使用大数法则,这是因为大数法则永远支配着商业社会,你必须服从这个永恒的法则。

法国亿而富(旗下有 Total,Fina,Elf 等品牌)机油前总裁,每年总要立下志愿,与一千个人交换名片,并跟其中的两百个人联络,而且还要跟其中的五十个人成为朋友。他遵循的就是大数法则。

比方说,对从事人寿保险的专业人士而言,你每天都会问:谁是我的客户?我到哪里去寻找属于我的客户?其实,每个人都可能成为你的客户。为什么?因为大数法则!同理,谁是我职业和事业上的贵人?答案是每个人都可能成为你的贵人,贵人就在你的身边,关键是你要有人脉资源经营的意识,你要用心寻找,用心经营。

6. 如何管理人脉资源

1) 名片——人脉资源存折

名片是商务人士必备的沟通交流工具。但是你是否对收到的名片进行了有效的管理?你是不是有过这种情况:参加一次人际活动之后,名片收到了一大把,你往家里或办公室里随手一放,可是有一天,你急于寻找一位曾经结识的朋友帮忙,却东找西翻,就是找不到他留给你的名片和联系方法。

不要小看了小小的名片,它可是你人脉管理中重要的资源。因此,对名片的管理十分必要。首先,当你和他人在不同场合交换名片时,务必详尽记录与对方会面的人、事、时、地、物。交际活动结束后,应回忆复习一下刚刚认识的重要人物,记住他的姓名、企业、职务、行业等。第二天或过两三天,主动打电话或发电子邮件,向对方表示结识的高兴,或者适当地赞美对方的某个方面,或者回忆你们愉快的聚会细节,让对方加深对你的印象和了解。其次,对名片进行分类管理。你可以按地域分类,比如按省份、城市分类等;按行业分类;按人脉资源的性质分类,比如同学、客户、专家等。第三,养成经常翻看名片的习惯,工作的间隙,翻一下你的名片档案,给对方打一个问候的电话,发一个祝福的短信等,让对方感觉到你的存在和对他的关心与尊重。第四,定期对名片进行清理。将你手边所有的名片与相关资源数据作一个全面性整理,依照关联性、重要性、长期互动与使用几率、数据的完整性等因素,将它们分成三堆,第一堆是一定要长期保留的,第二堆是不太确定,可以暂时保留的,第三堆是确定不要的。将确定不要的销毁处理。

2) 建立你的人脉资源数据库

如果你的人脉资源十分丰富,建议你进行人脉资源数据库管理。你可以在网上下载一个名片管理软件,然后输入相关数据。比如:姓名(中英文)、工作数据(公司部门与职称)、地址(商务地址,住家地址,其他地址)、电话与传真及手机号码、电子信箱(公司与个人永久信箱)、网址等,甚至还可以输入更个人化的资料,如:ICQ、生日、昵称、个人化称谓、介绍人、统一编号等其他字段。

3) 了解需求,满足需求

有句话说得好"你要想钓住鱼,就要像鱼那样思考"。也就是说,我们必须弄清楚鱼在想些什么,想吃什么,然后投其所好。

当然,经营人脉资源不能简单地理解为钓鱼,但有些道理是相通的。首先,你要像对待尊贵的客户那样,了解人脉对象的基本情况,比如:家庭状况、收入状况、学历教育背景、兴趣爱好、价值观、工作生活习惯、职业事业理想目标、性格特点等各方面的细节,有必要的话还要在备忘录或数据库中记录。其次,掌握人脉对象目前工作生活中最大的需求是什么,最看重什么,看看自己能为对方做些什么,能帮上什么忙,能提供什么参考建议等。第三,虽然对方的需求千差万别,但有一些基本需要是基本相同的,那就是被赞美、被尊重、被关心、被肯定、被同情、被理解、被帮助等。通过适当的赞美、尊重、关心、肯定、理解等行为,让对方感到你对他的重视,他对你的重要,自然对方就有一种满足感。

4) 用惊喜和感动创造人脉忠诚

在客户关系管理理论中,有很多关于创造客户忠诚的阐述。其实,经营人脉资源如同经营客户一样,实现人脉忠诚才是人脉经营与管理的最终目的。为什么很多人人缘不错,认识的人也很多,但是在最需要帮助的时候,却"门前冷落车马稀"?这说明人脉经营的功夫不到,仍然停留在酒肉朋友、泛泛而交的较低的层次上。

每一个人在工作和生活的不同时间,都可能出现最需要别人帮助、关心、支持、鼓励乃至同情的时候,他如果是你的人脉对象,在他最需要的时候,你应该就在他身边。或者是义不容辞的冲锋陷阵,或者是热心地忙前忙后,哪怕是你默默地同他在一起,什么都不做,哪怕是你的一句鼓励的话语,一个同情的眼神,哪怕是你与他一起大笑、一起痛苦、一起着急、一起担忧,他都会感到真正友谊的存在,他都会深藏对你深深的感动。

5) 用二八原理经营人脉资源

企业经营管理中有一个著名的"二八"理论,通常的意义是说,在企业中20%的产品在创造着企业80%的利润,20%的客户为企业带来80%的收入,20%的骨干在创造着80%的财富,80%的质量瑕疵是由20%的原因造成的等。二八原理告诉我们,要抓住那些决定事物命运和本质的关键的少数因素。

经营人脉资源也是如此。也许,对你一生的前途命运起重大影响和决定作用的,也就是那么几个重要人物,甚至只是一个人。所以,我们不能平均使用我们的时间、精力和资源,我们必须区别对待,我们必须对影响或可能影响我们前途和命运的20%的贵人另眼相看,我们必须在他们身上花费80%的时间、精力和资源。

6) 日积月累,细心呵护

四通八达的人脉网络需要爱心的浇灌,需要精心的梳理,需要细心的呵护,需要耐心的期待。因此,你应该将人脉资源的经营管理,纳入你的长期和短期的职业事业规划计划之中,逐步养成经营人脉的习惯。

根据不同层次的人脉资源分类,确定相应的联系、拜访、聚会等频次。但是,在常规的节假日,或对方特殊的日子,比如生日,你不妨打一个问候的电话或发一条祝福的短信,或寄上一个精致的贺卡(或电子贺卡),或发一封 E-mail,或通过 QQ、MSN 等进行沟通交流。而对于20%的关键的少数,你更要细心计划。

7) 友情投资宜走长线

友谊之花,须经年累月培养;做人做事,不可急功近利。善于放长线、钓大鱼的人,看到大鱼上钩之后,总是不急着收线扬竿,把鱼甩到岸上。因为这样做,到头来不仅可能抓不到鱼,还可能把钓竿折断。他会按捺下心头的喜悦,不慌不忙地收几下线,慢慢把鱼拉近岸边;一旦大鱼挣扎,便又放松钓线,让鱼游窜几下,再又慢慢收钓。如此一收一弛,待到大鱼筋疲力尽,无力挣扎时,才将它拉近岸边,用提网兜拽上岸。

求人也是一样,如果迫得太紧,别人反而会一口回绝你的请求。只有耐心等待,才会有成功的喜讯来临。

某中小企业的董事长长期承包那些大电器公司的工程,对这些公司的重要人物常施以小恩小惠,这位董事长的交际方式与一般企业家的交际方式的不同之处是:不仅奉承公司要人,对年轻的职员也殷勤款待。

谁都知道,这位董事长并非无的放矢。事前,他总是想方设法将电器公司中各员工的学历、人际关系、工作能力和业绩,作一次全面的调查和了解,认为这个人大有可为,以后会成为该公司的要员时,不管他有多年轻,都尽心款待。这位董事长这样做的目的是为日后获得更多的利益作准备。这位董事长明白,十个欠他人情债的人当中,有九个会给他带来意想不到的收益。他现在做的"亏本"生意,日后会利滚利地收回。

所以,当自己所看中的某位年轻职员晋升为科长时,他会立即跑去庆祝,赠送礼物,同时还邀请他到高级餐馆用餐。年轻的科长很少去过这类场所,因此对他的这种盛情款待自然倍加感动,心想:我从前从未给过这位董事长任何好处,并且现在也没有掌握重大交易决策权,这位董事长真是位大好人! 无形之中,这位年轻科长自然产生了感恩图报的意识。

正在受宠若惊之际,这董事长却说:"我们公司能有今日,完全是靠贵公司的抬举,因此,我向你这位优秀的职员表示谢意,也是应该的。"这样说的用意,是不想让这位职员有太大的心理负担。

这样,当有朝一日这些职员晋升至处长、经理等要职时,还记着这位董事长的恩惠。因此在生意竞争十分激烈的时期,许多承包商倒闭的倒闭,破产的破产,而这位董事长的公司却仍旧生意兴隆,其原因是由于他平常关系投资多的结果。

总观这位董事长的"放长线"手腕,确有他"老姜"的"辣味"。这也揭示求人交友要有长远眼光,尽量少做临时抱佛脚的买卖,而要注意有目标的长期感情投资。同时,放长线钓大鱼,必须慧眼识英雄,才不至于将心血枉费在那些中看不中用的庸才身上。

8) 拜冷庙,烧冷灶,交落难英雄

俗话说:"平时不烧香,临时抱佛脚。"那样的菩萨虽灵,也不会帮助你。因为你平常心中就没有佛祖,有事才来恳求,佛祖怎会当你的工具呢?所以我们求神,自应在平时烧香。而平时烧香,也表明自己别无希求,完全是出于敬意,而绝不是买卖;一旦有事,你去求它,它念在平日你烧香的热忱,也不致拒绝。

如果要烧香,就找些平常没人去的冷庙,不要只挑香火繁盛的热庙。热庙因为烧香人太多,神仙的注意力分散,你去烧香,也不过是众香客之一,显不出你的诚意,神对你也不会有特别的好感。所以一旦有事求它,它对你只以众人相待,不会特别照顾。

但冷庙的菩萨就不是这样了,平时冷庙门庭冷落,无人礼敬,你却很虔诚地去烧香,神对你当然特别在意。同样的烧一炷香,冷庙的神却认为这是天大的人情,日后有事去求它,它自然特别照应。如果有一天风水转变,冷庙成了热庙,神对你还是会特别看待,不会把你当成趋炎附势之辈。

有的人能力虽然很平庸,然而风云际会,也会成为明运通达人物。人在得意的时候,一切就会看得很平常,很容易,这是因为自负的缘故。如果你的境遇地位与他相差不多,交往当然无所谓得失。但如果你的境遇地位不及他,往来多时,反而会让他有趋炎附势的错觉。即使你极力结纳,多方效劳,在对方看来也很平常,彼此感情不会增进多少。只在对方转入逆境,以前友好的人,现在反而装作不相识;以前是门前车水马龙,今则门可罗雀;以前一言九鼎,今则哀告不灵;以前无往不利,今则处处不顺,他的繁华梦醒了,对人的认识,也就会比较清楚了。

如果你认为对方是个英雄,就该及时结纳,多多交往。或者乘机进以忠告,指出其缺失,勉励其改过迁善。如果自己有能力,更应给予适当的协助,甚至施予物质上的救济。而物质上的救济,不要等他开口,应随时采取主动。有时对方很急着要,又不肯对你明言,或故意表示无此急需。你如得知情形,更应尽力帮忙,并且不能有丝毫得意的样子,一面使他感觉受之有愧,一面又使他有知己之感。寸金之遇,一饭之恩,可以使他终生铭记。日后如有所需,他必奋身图报。即使你无所需,他若一朝否极泰来,也绝不会忘了你这个知己。

俗话说:"在家靠父母,出外靠朋友。"每个人生活在社会上,都要靠朋友的帮助。但平时礼尚往来,相见甚欢,甚至婚丧喜庆、应酬饮宴,几乎所有的朋友都是相同的。而一朝势弱,门可罗雀,能不落井下石、趁火打劫就不错了,还敢期望雪中送炭、仗义相助吗?

"人情冷暖,世态炎凉。"趁自己有能力时,多结纳些潦倒英雄,使之能为己而用,这样的发展才会无穷。

平时不屑往冷庙上香,临到头再来抱佛脚也来不及了。一般人总以为冷庙的菩萨不灵,所以才成为冷庙。其实英雄落难,壮士潦倒,都是常见的事。只要一朝交泰,风云际会,仍然会一飞冲天、一鸣惊人的。

从现在起,多注意一下你周围的朋友,若有值得上香的冷庙,千万别错过了才好。

7. 广结善缘,广植善因,必将广结善果

有人说:20世纪最伟大的发明就是人与人之间的沟通。佛经上也说:"未成佛道,先结人缘。"所谓结缘,就是和他人建立融洽的关系和良好的沟通。

人生最可贵的事情就是"结缘",为了我们自己的生活愉悦,也为了大家的生活快乐,广结善缘实在重要。那么,怎么样才能广结善缘呢?

过去,有的人在路上点一盏路灯跟行人结缘,有人做个茶亭施茶与人结缘,有人造一座桥梁衔接两岸与人结缘,有人挖一口水井供养大众结缘,有人送一个时钟跟你结时间缘,这些都是很可贵的善缘。只要人有善心,自然善缘处处在,善门处处开。

经济结缘——有时候我们可以用一元钱跟别人结善缘,不但带给别人亲切感,甚至也许因此救了他人一条命。比如说公路上出了车祸,有人想打电话求援,偏偏只有钞票没有硬币,根本无法换钱,这时候你借他一元钱,马上救护车也来了,医生也来了,许多流血垂危的伤者都得到了及时救护,你这一元钱的善缘就广大无边了。

一 块 银 元

抗战期间,有一位年轻战士赶赴沙场的途中,救了一位想要跳河自尽的妇人,妇人被救上岸之后,不但没有感谢青年,并且怪青年害她生不如死,在青年一再的询问之下,妇人才伤心欲绝地道出自尽的原因:原来她的丈夫遭人陷害入狱,家中留下年迈多病的老人以及三个嗷嗷待哺的孩子需要侍奉抚养,奈何家徒四壁,只好将仅有的衣物典当得了一块银元,以治疗母亲的陈年痼疾,哪知屋漏偏逢连夜雨,奸诈的商人却用假的银元欺骗她,在这种断绝生路的情况下,只好一死以求断。

青年听了之后,油然升起恻隐之心,就对妇人说:"您的遭遇太值得同情了,我这里有一块银元,请您拿回去安顿家人,为了免得再危害其他人,请把假的银元给我吧!"青年拿了假银元,不经意地随手往身上口袋一放,就出征去了。

在一次激烈的战争中,枪林弹雨之下,一颗子弹朝青年的胸膛射来,正巧打在放着假银元的部位,假银元凹陷了下去,却救了青年一命,青年于是拍手赞叹说:"太值得了!这一块钱真是千金难换啊!"青年由于一念之善,以一块银元救了妇人一家人,也为自己挣回后一半的人生。

从现在起,累积你的"人脉存折",经营你的人脉资源吧!对于个人来说,专业是利刃,人脉是秘密武器,如果光有专业,没有人脉,个人竞争力就是一分耕耘,一分收获。但若加上人脉,个人竞争力将是一分耕耘,数倍收获。

如何以极自然的、有创意的、互利的方式去经营人脉,是胜负的关键。斯坦福(Stanford)研究中心曾经发表过一份调查报告,结论指出,一个人赚的钱,12.5%来自知识、87.5%来自关系;有人总结说:对于个人,二十岁到三十岁时,一个人靠专业、体力赚钱;三十岁到四十岁时,则靠朋友、关系赚钱;四十岁到五十岁时,靠钱赚钱。由此可知人脉竞争力是如何在一个人的成就里扮演着重要的角色。

特别是在当前知识经济时代,人脉已成为专业的支持体系。对内,可以服众;对外,则可以取得客户的信任。正如人们所言,一个人能否成功,不在于你知道什么(what you know),而是在于你认识谁(whom you know)。

人脉是一个人通往财富、成功的门票。两百年前,胡雪岩因为擅于经营人脉,而得以从一个倒夜壶的小差,翻身成为清朝的红顶商人。三百年后的今天,检视政商界成功人物的成长轨迹,也都因为拥有一本雄厚的"人脉存折",才有之后的辉煌的"成就存折"。

小　结

1. 团队精神是指一个组织具有的共同价值观和道德理念在企业文化上的反映,团队精神是企业的灵魂。营销团队之所以强大,在于它的永不言败,在于它的团结互助,更在于它的执行力。一个出色的营销人员应懂得配合营销团队,并懂得依托团队获得成功。

2. 电话营销就是利用目前最容易和客户直接接触的电话方式来进行营销。网络营销是通过网络方式挖掘客户,最常用的方法是通过QQ群、论坛、广告网站来发布广告,吸引近期有需求的客户。陌生拜访是成功率较高的寻找客户的方式,但作为营销人员需做好充分的准备,在拜访客户前调整心态,不要因为上一位客户的拒绝而气馁,用自己积极情绪感染客户。

3. 维系与一个老客户的关系比开发一个新客户的成本低很多,维护好一个客户不仅能挖掘这个客户的潜在价值,还能提升公司形象,带来这个客户背后的潜在客户。

4. 人脉与人际关系有着千丝万缕的联系。经营人际关系是面,经营人脉资源是点;人际关系是花,人脉资源是果;人际关系是目标,人脉资源是目的;人际关系是过程,人脉资源是结果。

5. 企业经营管理中有一个著名的"二八定律",简单点说,就是在企业中20%的产品在创造着企业80%的利润,20%的客户为企业带来80%的收入,20%的骨干在创造着80%的财富,80%的质量瑕疵是由20%的原因造成的等。

思考题

1. 物流客户服务人员应具备什么样的心理素质?
2. 请对比分析陌生拜访与电话营销、网络营销三种挖掘客户的方式的优缺点。
3. 你对团队精神是怎样理解的?
4. 约见客户有哪些技巧?
5. 如何说服客户?
6. 什么是人脉和人脉资源?如何理解人脉资源对人生成功的意义?
7. 什么是"二八定律"?

第 6 章 物流营销礼仪策略

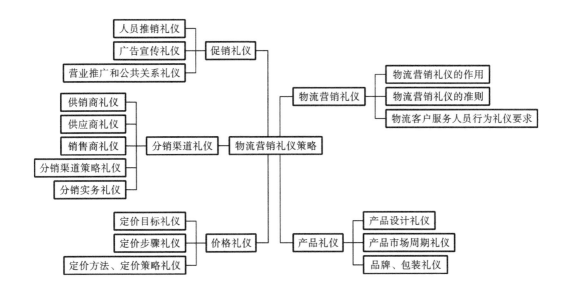

6.1 物流营销礼仪

学习目标

1. 了解物流营销礼仪。
2. 熟悉物流客户服务人员行为礼仪要求。
3. 掌握物流营销礼仪的准则。

案 例

苏小姐怒赶推销员

盛夏的一天,居民区苏小姐家的门铃突然响了,正在忙家务的苏小姐打开一看,迎面而立的是一位戴墨镜的年轻男士,但却不认识,于是狐疑地问:"您是……?"这位男士也不摘下墨镜,而是从口袋里摸出一张名片,递给苏小姐,"我是保险公司的,专门负责这一地区的业务。"苏小姐接过名片看了看,不错,他的确是保险推销员。但是这位推销员的形象却打心底让她反感,便说:"对不起,我们不投保。"说着就要关门。而这位男士动作却很敏捷,已将一只脚迈进门内,挤了进来,一副极不礼貌的样子,在屋内打量,"你们家房子装修得这么漂亮,真令人羡慕。可是天有不测风云,万一发生个火灾什么的,再重新装修,势必要花费很多钱,倒不如现在你就买份保险……"苏小姐越听越生气,光天化日之下,竟然有人闯进门来诅咒她的房子,于是,她硬是把年轻男子赶了出去。

[分析提示]

上门推销财产保险本是一件好事,但苏小姐为什么会越听越气,最后赶走了这位推销员呢?是因为推销人员的礼仪方面出了问题。第一,形象不好:不摘墨镜、从口袋中摸名片、擅自进入私人住宅等都引起了苏小姐的反感。第二,态度不佳:按门铃后不主动向主人自报姓名,更令人不安,而进入房内以后四处打量人家的装潢,样子极不礼貌。第三,出言不逊:开口就说"天有不测风云",再就是"来个火灾什么的"之类,没有一句令苏小姐可以入耳的话。这样的推销当然会以失败而告终。

6.1.1 物流客户服务人员行为礼仪要求

一个反复被传播的商业故事:一口痰的故事

中国长江医疗设备厂准备引进"大输液管"生产线,欲与美国客商约瑟先生合作。经过详细的考察,约瑟先生对企业的发展和管理很满意,他已经决定要与范厂长长期合作。双方决定第二天正式签订协议。范厂长请约瑟先生到车间参观。车间秩序井然有序,约瑟先生赞许地点着头。突然,范厂长感到嗓子不适,本能地咳了一声,到车间的墙角吐了一口痰,然后连忙用鞋擦去,油漆地面留下了一片痰迹。

第二天一早,翻译送来了约瑟先生的信,信中写到:"尊敬的范先生,我十分佩服您的才智和精明,但是您在车间里吐痰的一幕使我彻夜难眠。恕我直言:一个厂长的卫生习惯可以反映一个工厂的管理素质,况且,我们今后生产的是用于治病的输液管。贵国的成语说得好:人命关天!请原谅我的不辞而别,否则上帝会惩罚我……"

"信誉不只是一种美德,也是一种能力。"古代的中国,孩童在启蒙就读之初,老师是要专门给学生讲授礼节、礼仪、贺词等,都是些很烦琐而且比较难理解的繁文缛节,平常人粗通一二,倒也无大碍,但是从事与客户打交道的营销员就不同了,起码应该把礼节、礼仪、贺词搞清楚,因为它时刻用得上。

一般而言,营销人员能够做到文质彬彬、礼貌有加并不难,但是很难保证,生意没做成,当他深感失望地离开客户时,还能够保持君子风度。既然生意没有谈成,我们有必要再对人家礼节有加吗?古人云:生意不成仁义在。这既是一个营销员的基本修养,事实上其中也可能存在着下一次商机。虽然我们失去一次做成一笔生意的机会,但是这次访问的投入,不是也可以收获好的感情交流吗?这一次的不成功,可以为下一次成功打下基础。给客户留下一个良好的印象,比做成一笔生意要重要得多,因为生意永远是做不完的。

物流客户服务人员具体的行为礼仪要求有以下几点。

(1) 穿戴得体、大方、整洁,不得穿着奇装异服,留过长的指甲和奇怪的发型。

(2) 营销过程中使用普通话,谈话时要多使用礼貌用语,尊重客户,树立公司营销人员良好的形象。遇到问题时要向客户解释清楚,对待客户要耐心,有礼貌。

(3) 在公司中禁止吸烟、随地吐痰,垃圾应放入垃圾桶中。

(4) 私人物品放入业务部办公室的储物箱中,离开公司时将公用物品放回原处。

(5) 客户来访时,应在接待室接待,主动让座、倒水,敬水时要用双手端稳。

(6) 工作时尊重同事、尊重上司,禁止在公司大声喧哗。

礼仪在物流营销活动中的运用即为物流营销礼仪,它是物流营销人员在物流营销活动中为表示对客户的尊敬、善意、友好等采取的一系列道德、规范行为及一系列惯用形式。

物流行业的营销礼仪策略与其他行业的营销礼仪策略相类似,故其他行业的营销礼仪策略也适用于物流行业。

6.1.2 物流营销礼仪的作用

"读书是学习,使用也是学习,而且是更重要的学习",学习的目的全在于运用。当前,营销礼仪之所以被提倡,之所以受到社会各界的普遍重视,主要是因为它具有多种重要的功能,既有助于营销活动,又有助于企业和社会。

1. 礼仪有助于提高营销人员的自身修养

在人际交往中,礼仪往往是衡量一个人文明程度的准绳。它不仅反映着一个人的交际技巧与应变能力,而且还反映着一个人的气质风度、阅历见识、道德情操、精神风貌等。因此,从这个意义上来说,可以认为礼仪即教养,通过一个人对礼仪运用的程度,可以察知其文明的程度和道德的水准。孔子说过:"质胜文则野,文胜质则史,文质彬彬,然后君子"。意即:性情过于直率就显得粗鲁,礼仪过于谦恭就显得虚浮,恰当的性情与礼仪,才能称得上是君子。由此可见,物流营销人员学习礼仪、运用礼仪,有助于提高自身的修养,有助于"用高尚的精神塑造人",真正提高物流营销人员的文明程度。

2. 营销礼仪有助于塑造良好的营销形象

个人形象,是一个人的仪容、表情、举止、服饰、谈吐、教养的集合,而礼仪在上述诸方面都有自己详尽的规范,因此物流营销人员学习礼仪、运用礼仪,无疑将有益于物流营销人员更好地、更规范地设计个人形象、维护个人形象,更好地、更充分地展示物流营销人员的良好教养与优雅风度,这种礼仪还具有美化自身的功能。物流营销人员重视了美化自身,人际关系将会更和睦,物流营销活动将变得更加温馨。

3. 营销礼仪是塑造企业形象的重要方法,有助于提高企业的经济效益

对企业来说,营销礼仪是企业价值观念、道德观念、员工素质的整体体现,是企业文明程度的重要标志。营销礼仪可强化企业的道德规范,树立企业的良好形象。营销礼仪是企业的规章制度、规范和道德具体化为一些固定的行为模式,从而对这些规范起到强化作用。位于广州市的白天鹅宾馆的成功经验之一就是:大胆引进外国酒店管理的先进经验,结合本国国情和当地的具体环境,制订一整套严格的、切实可行的管理制度和服务规范,并始终不渝地执行。

让客户满意,为客户提供优质的商品和服务,是良好企业形象的基本要求。营销礼仪服务能够最大限度地满足客户在服务中的精神需求,使客户获得物质需求和精神需求的统一。以礼仪服务为主要内容的优质服务,是企业生存和发展的关键所在。它通过营销人员的仪容仪表、服务用语、服务操作程序等,使服务质量具体化、系统化、标准化、制度化,使客户得到信任、荣誉、感情、性格、爱好等方面的满足,给企业带来巨大的经济效益。

4. 营销礼仪有助于促进营销人员的社会交往,改善人们的人际关系

古人认为:"世事洞明皆学问,人情练达即文章。"这句话,讲的其实就是交际的重要性。一个人只要同其他人打交道,就不能不讲礼仪。运用礼仪,除了可以使物流营销人员在交际活动中充满自信、胸有成竹、处变不惊之外,其最大的好处就在于,它能够帮助物流营销人员规范彼此的交际活动,更好地向交往对象表达自己的尊重、敬佩、友好与善意,增进大家彼此之间的了解与信任。假如人皆如此,长此以往,必将促进社会交往的进一步发展,帮助人们更好地取得交际成功,进而造就和谐、完美的人际关系,取得事业的成功。

5. 礼仪是国民素质的体现和国家文明的标志,它将推进社会主义精神文明的建设

一般而言,人们的教养反映其素质,而素质又体现于细节。反映个人教养的礼仪,是人类文明的标志之一。一个人、一个民族、一个国家的礼仪,往往反映出这个人、这个民族、这个国家的文明水平,以及整体素质、整体教养。古人曾说过:"礼义廉耻,国之四维",他们将礼仪列为立国的精神要素之本。而在日常交往之中,诚如英国哲学家约翰·洛克所言:"没有良好的礼仪,其余的一切成就都会被人看成骄傲、自负、无用和愚蠢。"荀子也曾说过:"人无礼则不立,事无礼则不成,国无礼则不宁"。反过来说,遵守礼仪,应用礼仪,将有助于净化社会的空气,提升个人、民族、全社会的精神品位。当前,我国正在大力推进社会主义精神文明建设。其中的一项重要内容,就是要求全体社会成员讲文明、讲礼貌、讲卫生、讲秩序、讲道德,做到心灵美、语言美、行为美、环境美。这些内容与礼仪完全符合。因此,完全可以说,提倡礼仪的学习、运用,与推进社会主义精神文明建设是殊途同归、相互配合、相互促进的。这种社会主义的礼治,对于我国的现代化建设,是不可或缺的。

6.1.3 物流营销礼仪的准则

1. 认清主客立场

根据待客之道,主方为保护者的角色,而客方扮演的则是被保护者的角色。例如:在接待时,我们往往走在来宾的左前方,这沿袭了西方的习俗。由于西方的古代枪手习惯瞄准对手的左方,基于安全考虑,于是强调"以右为尊"。

上下楼梯要特别注意。上楼梯时应让领导、来宾走在前方,以防止对方不慎跌落,下楼梯时应让领导、来宾走在后方,以便随时给予保护。

作为一个引导者,则应走在来宾的前方以为其引领方向,且在转弯处、楼梯间及进出电梯时都应放慢脚步,等待客人。从这些细节亦可表现出我们体贴客人的心意。

进电梯时先让领导、来宾进入,出电梯时刚相反,以防电梯门夹到来宾。以上所述虽是看似不重要的小事,实则不然。这些事情不仅可以反映出我们个人的修养,而且客人更能因此感受到我们的真诚与可靠。

2. 遵守时间及珍惜生命

时间等于金钱,时间等于生命,商场上最看重的莫过于守信了,而守时是守信的表现。珍惜时间就是珍惜他人和自己的生命,所以与客户相约一定要守时。现在我们正朝着国际舞台大步迈进,因而更要学习外国人守时的好习惯,因为文明愈进步的国家愈珍惜生命,也愈强调守时的重要性。

商业行为强调精、准、快，但不能因此而不讲次序，反而更应注重排队的礼节。其他行业，尤其在金融业，绝不能因大客户上门，就让等候已久的其他客户忍受别人插队的不公平待遇。

会餐中如果喝酒也该讲究礼貌，千万不要有劝酒的行为。酒喝多了会伤身，既损人又不利己。

3. 自重与尊重他人

在营销活动中良好的介绍礼仪是尊重他人的第一步。不管介绍任何人，都要完整、清楚地说出对方的姓名、职务或职称及服务单位，以示尊重之意。

名片在现代社会中已经被人格化了。名片是一个人的象征，因此收发名片均要注意礼仪，才是尊重自己也尊重别人的表现。营销人员拿到别人的名片要仔细收好或将名片持在腰部以上位置，应注意不要污损或是拿来玩耍。给别人名片时，应清楚地复诵一次自己的名字，以免对方误念。交换名片的适当时机是用餐前或用餐后，而不宜在用餐中交换；开会也是一样，不宜在会间交换。拿到别人的名片时要对它的内容表示感兴趣，不可连看也不看就收进皮夹里，那是很不礼貌的行为。

指引或介绍时的正确方式应将掌心朝上，拇指微微张开，指尖向上来做指引或介绍，这才是尊重他人的行为。

4. 多用商量语气

在营销商谈的礼仪中，商量是一门艺术，重点要学习如何彼此尊重，对营销者而言尤其重要。当我们有求于人的时候，不论是上司或部下都宜采用询问商量的口气，如多用"可不可以？"或"好不好？"或"May I...?"让对方有考虑的时间及空间，因为他有权选择说"Yes"或是"No"。

在办公室中，常见的情况是员工要请假，却摆出一副理直气壮的样子。如："老板，我明天有事，要请假。"同样地，上司也常这样要求员工："这件事情下班前一定要完成。"这样的口气不仅让对方很难表达意见，同时还会造成或加大双方的隔阂。因此如果能采用如"老板，我明天有事处理，不知能否向您请个假？""小陈，这件事情很紧急，下班前能不能帮我完成？"等温和商量的语气，会使人感到被尊重，也容易获得正面的答复，更能使事情顺利进行，使谈话气氛和谐愉快。

5. 避免惊吓他人

开会进行至中途，如物品不慎掉落需要捡拾时，应先告知身旁的人后再低身去拾捡，并说声"对不起，我捡支笔"，切切不可直接弯身取物，以免惊扰身旁的人。

走路或与人交谈时，千万不可把手放在服装口袋里，这样会使人缺乏安全感，会使人对你产生为人轻浮、无所事事的印象。另外，将双手交叉盘于胸前也是很不礼貌的行为，因为欧洲人认为隐藏双手，不让别人看见是敌意的表现，所以一定要将双手露出，如果天气很冷可戴上手套。

用餐时不可将刀、叉、筷子等尖锐的东西指向他人，这样会使别人产生恐惧感。柜台人员与客人谈话的时候，也不要将笔尖朝向别人，诸如此类的行为都会使人感到不安全。

6. 尊重他人隐私

每个人都希望拥有自己的空间，或多或少有不为人知的秘密。所以，在公共场所不要随意谈论他人隐私，或者以爱打听的姿态自居。有些过于私人的问题还容易造成尴尬的场面，应尽量避免公开谈论诸如婚姻状况、年龄、体重、三围，以及薪水、穿着品牌、使用的化妆品品牌等话题。

与客户交谈时，如果对方不愿主动提及某事，必有其原因或有难言之隐，此刻最不应该有的态度就是"打破沙锅问到底"。如果你知晓了别人的困难,又没有能力替人分忧解难,记住千万不要幸灾乐祸。因为这是很不道德的行为。

小 结

1. 礼仪在物流营销活动中的运用即为物流营销礼仪,它是物流营销人员在物流营销活动中为表示对客户的尊敬、善意、友好等所采取的一系列道德、规范行为及一系列惯用形式。物流营销从业人员要按照物流客户服务人员的具体的行为礼仪要求来规范自己。

2. 物流营销礼仪之所以被提倡,之所以受到社会各界的普遍重视,主要是因为它具有多种重要的功能,既有助于营销活动的开展、有助于企业的发展,也有助于社会的进步,所以要重视物流营销礼仪的作用。

3. 物流营销从业人员要遵守物流营销礼仪的六准则,使自己具备相应的礼仪素质。

思 考 题

1. 物流营销从业人员应具备哪些行为礼仪?
2. 物流营销礼仪有哪些作用?
3. 如何在实际工作中做到物流营销礼仪的六准则?

案 例

三万元学礼仪值不值

武汉市儿童医院花了三万元请来专业礼仪老师对医护人员进行礼仪培训,在医院内外引起了热议。部分的职工表示不理解:医院生存的关键在于医疗质量,礼仪培训这套花架子没必要。也有人说三万元搞礼仪培训是把钱往水里丢,如果发给职工每人还有30元。

尽管有少数异议者,医院还是按计划进行了为期4天的礼仪培训,效果很好,经过培训,医院的医生护士的站、坐、言、行都有了很大的转变,体现了高素质的工作状态。

资料来源:《羊城晚报》。

问题:1. 三万元学礼仪值不值?
   2. 结合礼仪的作用谈谈你的认识。

6.2 产品礼仪

学习目标

1. 了解产品设计礼仪的内涵。
2. 熟悉产品市场周期礼仪及品牌、包装礼仪。
3. 掌握产品礼仪的规范和方法。

6.2.1 产品设计礼仪

当今社会科学技术的发展突飞猛进,新产品层出不穷,市场上产品更新换代的速度加快,企业为了生存与发展,必须十分重视新产品的开发与生产。产品设计既是个技术性问题,又是个社会性问题。离开了技术性,社会新需求就无法得到最佳的、及时的满足;离开了社会性,企业的新产品就得不到消费者的认同和欢迎。从营销礼仪的角度讲,在产品设计中,社会性比技术性更重要。

如何才能使产品设计与社会公众的需求尽可能地统一起来,是产品设计时的一个非技术性的难题。主要的解决方法应该是:设计者心中要有消费者。企业要清楚地知道,进行产品设计,主要是为了满足消费者的需要,否则技术上考虑得再周到,由于忽视了人的因素,其结果必然是失败的。现在流行的所谓"个性化设计"、"人性化设计"等理念,大多都体现了在新产品设计中,以人为本、以消费者为中心的正确营销思想,也是符合产品设计礼仪要求的。即尊重消费者意愿、体现他们的追求、满足他们的需求,就是有礼的;忽略他们的存在、漠视他们的需求、以自己意愿生产出的产品去让消费者被动地接受,使他们别无选择地使用,则是违背营销礼仪的。

这就要求我们在设计产品前对客户的需求进行认真调研分析,并通过企业踏实认真地工作来实现。比如,对未来产品的潜在客户的数量、性别、年龄、职业、收入状况等的调查,就有助于企业在产品设计时有的放矢,兼顾各因素的影响,进行准确的新款产品定位。从中分析出消费者所具有的共性动机、心理、习惯、行为等情况,以便企业在产品设计时充分体现消费者的要求,让他们觉得新产品就是为自己量身定做的。这样既可满足客户的需要,又可以使企业的产品迅速被市场接受,从而缩短新产品问世的导入期,在满足消费者需要的同时,尽快地为企业赢得开发新产品的利益。

产品设计,当然要求所设计的产品要有新意,这个新意不是违背消费者需求的创新,而是发掘出消费者自己虽已有觉察,但又还不是那么明晰的创新。为此企业应采取多种方式,让消费者有可能有机会去表达自己的感受,比如举办恳谈会、座谈会,激发消费者的构思竞争等。虽然他们不是专业人士,但企业,尤其是设计人员不应该对他们的意见不屑一顾,而应以自己的专业知识去深入分析,从消费者所表达的感受中,发现可能存在的问题,并作为自己研发新产品的思路之一,切实解决原产品的不足和缺陷。从礼仪上说,应实事求是地承认,是消费者启发了我们,而不是我们设计了此产品"拯救了"消费者。只有具备了这样的认识,我们的产品开发设计工作才能有的放矢,才能不迷失方向;其设计的结果,也必然是受到消费者欢迎的。海尔集团根据市场需要,只用17个小时就拿出样机的精神,充分体现了产品设计中以消费者需要为中心的思想。

产品设计中还应注意做到的礼仪有诚实。既然是设计产品,就应综合现有技术,结合市场需求,通过企业设计人员的艰苦努力推出新产品、新品种,而不能简单地把其他企业的产品拿过来生产,加上自己企业的标志。尽管新产品的类型中有仿制新产品一类,但决不应是照搬照用,否则涉及的就是知识产权问题了。

6.2.2 产品市场周期礼仪

产品市场周期决定了任何产品都只有在特定的时间内,才能有效地满足市场需要和企业盈利。做好产品周期内各不同阶段的营销工作和礼仪规范,对企业而言,非常必要。

(1) 在导入期,企业要大力宣传刚刚投放市场的新产品,其礼仪要求是客观如实,不宜搞华而不实的宣传,由于消费者还没有或很少试用过,所以宣传的效果也得经过一段时间才能显现出来。要理解这是一个认识的过程,而不应责备消费者反应慢,跟不上潮流。此外,采取一些适当的营销方式去配合广告宣传,比如利用现有产品的提携支持,利用营业推广、免费试用、赠送样品等方法促进交易,利用优惠条件吸引中间商经销代销,扩大市场份额和知名度,同时也应不断改进产品,千方百计地满足消费者的需要,打开产品在导入期的销路。

(2) 在成长期,企业产品的产量、销量都在市场上有了大幅度的提高,消费者也已基本上了解了该产品的品牌、性能、功能。产品基本定型后,企业可以批量生产,成本下降,利润产生。这时的企业要进一步提高和稳定产品质量,这是对消费者负责的行为,切不可看到市场局面已经打开了,就放松了对质量的管理,不去兑现导入期对消费者宣传中的承诺,而应更加爱惜和培育市场。做深入的市场调查,扩展产品的用途,细分已经出现的消费者群,以便使各细分市场的不同需求都可以被满足,更好地为消费者服务。同时,由于产品出现旺销势头,会出现一些前来争利的竞争者,企业的广告宣传要从原来的宣传介绍产品的定位上转移到宣传产品特色、树立产品形象、争创名牌的定位上,促使消费者对企业及企业产品产生偏爱和忠诚。揭穿仿冒制假者的产品,这是净化市场竞争、优化竞争环境的需要,也是对消费者负责任的态度。

(3) 在成熟期,企业生产和销售该产品已达到了最佳时期,此时出现了生产量大、销售量大和销售周期长的特点,但是销售的增长率却停滞不前,甚至在后期还出现了下降。原因是成熟期的市场竞争异常激烈,瓜分了市场份额;企业服务的客户多属重复购买,还有些客户使用本厂产品一段时间后,也会转向寻求其他厂家的产品。从消费者心理学来讲,这是正常的倾向选择,也是产品及市场推陈出新、不断前进的内在推动力。此时企业应当及时地改革产品,发展该产品的新特性、新功能、新款式等,使原产品富有新的吸引力,并加强同现有消费者的沟通与交流,礼貌诚恳地听取他们使用产品后的体会和建议,建立起消费者与企业之间双向的感情互动,稳定他们的消费热情和自豪心理。还可以改变营销组合,适当降价让利,做好今后的服务,去影响和感染尚未使用本企业产品的消费者。只有真正为消费者的利益着想,发自内心地感谢消费者加盟本企业产品的消费,才能更好地战胜市场竞争者,延长成熟期的时间,取得同一产品的最佳社会效益和企业的经济效益。

(4) 衰落期是任何产品迟早都会经过的阶段,这段时期产品的销量大幅度下降,利润锐减,产品的前景暗淡,明显出现由于供过于求造成的积压。企业首先要有敏锐的判断,这是市场暂时的滞销,还是衰落期的到来?这一点非常重要,其准确与否,决定着后续采取措施的对错。即使是衰落期的到来,企业也应坚定信心,不要埋怨消费者不忠诚、不仁义,要理解这是产品市场周期运行的必然结果。衰落期的到来,并不说明以前的努力白做了,而只是说明企业要努力进入新阶段。这就是要稳定现有的客户,持续营销,不应该看到衰落期的到来,便失去了往日的热情,只要还有客户在消费,我们就应继续提供良好的服务,保持传统特色,否则就有违营销礼仪规范。另一方面,由于消费者群在缩小,市场在改变,所以企业应该考虑到人力、物力的重新分布,缩短经营战线,大力降低生产成本和销售费用,在开发更新产品的同时,做好自然淘汰、果断转产、清仓充库的工作,积极进行设备的调整改造和员工队伍培训,为新产品的又一轮市场周期的运作创造条件,以更新更好的产品为企业的新老用户服务。

6.2.3 品牌、包装礼仪

1) 品牌礼仪

产品的品牌是指企业为自己的产品所确定的名称,它由文字、标记、图案、色彩或这些要素组成的符号等构成。品牌包括可以用言语表达的品牌名称部分和可以被识别,但不能用言语表达的符号、图案、字体等品牌标志两个部分,经过注册的品牌或品牌的一部分就是商标,受法律保护。

品牌有助于企业宣传产品,结合产品的品质,使产品建立起良好的市场形象,取得消费者的信任,从而有力地促进产品的销售。既然如此,建立在品牌基础上的产品形象就应当是真实可靠的,不能徒有虚名,进而背上骂名,不要辜负了消费者对品牌的信任。美国有人做过实验,把不同品牌的啤酒分别装于几只同样的酒杯里,让各品牌的追求者去品尝,找出自己所喜爱的品牌啤酒,结果大多不能如愿。可见,品牌实际上是一种心理作用,作为实物产品的区别并不是很大。企业应当珍视消费者对自己品牌的喜欢和青睐,感谢他们对企业品牌的忠诚和追随。但市场上,却有些企业不注意这一点,他们通过广告宣传和一段时间的努力,建立起了品牌形象后,就开始懈怠客户,认为名牌效应下,可以不在乎客户的点评或投诉,一副爱理不理的架势,这是很无礼的营销行为。长此以往,不但会失去客户,还会砸了自己的品牌。

品牌是产品的名称,其本身也有高低优劣的品位之分。既要考虑恰如其分、贴近产品,也要考虑符合政策法规的要求,还要考虑市场的认同和消费者的感受。美加净、金利来、联想、奔驰等品牌的成功无不体现着企业的智慧和辛劳。还有些企业,并不想办法在提高产品的质量上狠下工夫,确保客户的利益,而企图通过为产品起个好品牌名称而使产品走红市场,不免有点舍本求末,即使其品牌风行一时,也绝不会得以持久留名,终归是难以成功的。更有甚者,自己企业的素质不高,专门起庸俗低级的品牌名称,以迎合市场少数消费者趣味,更是对市场、对广大消费者的失礼行为。我国进入 WTO 以后,产品品牌、商标的选定则更要慎重,必须兼顾到中外消费者的共同利益,注意品牌因区域性、传统性而可能带来的法律问题、礼仪问题、种族问题和宗教问题,以免引起外国消费者的误解、不满和抗议。

品牌、商标在使用过程中,会有种种的策略供挑选,如品牌化策略、品牌负责人策略、家族品牌策略、统一品牌策略、品牌扩展策略等。在使用这些品牌、商标策略时,无论多么灵活、多少变化,都应以消费者的需要能否得到最好的满足为依据,而不是变化这些策略去"对付"消费者、愚弄消费者。例如,不能因为货不真、价不实,担心消费者会来理论,就采用品牌化策略中的无品牌方式,让消费者查无实据、投诉无门;不能因担心自己企业形象不好、技术不过硬、知名度不高,就采取品牌负责人策略,选用中间商品牌的方式,去面对消费者,以使自己心安理得地生产而不思进取,提高产品质量,对消费者负责。不能以换汤不换药的方式,频频更换产品品牌,进而次次提高售价,欺骗消费者用更高的价格去购买与原来无异的产品等,这些都是对消费者利益的侵害。从营销礼仪上说,这是很不应该的。选用品牌商标策略的本意,是让营销工作得以更好地为客户服务,有针对性地满足消费者的不同心理和不同要求,而绝不是相反的目的。

2) 包装礼仪

产品的包装,是指放置企业产品的容器或包扎物,能使产品在得到保护的前提下,便于储运、携带、购买。现代营销还认为,产品的包装不仅仅是产品的保护、容器和外饰,而且是销售战略、销售活动的重要成分,是整体产品的一部分。包装是产品的无声的推销员,是产品的自我广告,是打造产品形象的利器,是产品差异策略的手段。随着市场经济的发展、科学技术的进步、包装意识和技术的成熟,产品包装已成为一门重要的科学分支,日益受到企业界的重视。

从现代营销的角度来讲,包装也应符合礼仪要求。包装分为外包装和内包装两类。外包装称为运输包装,其礼仪要求是牢固、适用、经济,三者相互之间是辩证的关系,共同实现包装作用。也就是说,不能为了适用就不注意牢固,不能为了牢固就增加消费者经济负担,不能为了经济就偷工减料,以致包装不适用、不牢固,而应该是兼顾三者要求,选择最佳设计,一切从消费者的消费需要出发,否则,包装礼仪就只是一个概念、原则,而没落到实处。内包装也叫销售包装,其礼仪要求是美化产品、促进销售和便于使用。具体说来,包装应尽可能根据产品的物理化学性质、销售和使用方式的不同,做到造型美观大方、图案生动形象、采用新科技材料,以便于消费者区别和购买;要新颖别致,不可千篇一律、彼此雷同,给消费者在选购时造成不便;包装的选材和设计规格应与产品自身的价值或档次相匹配。比如贵重商品(首饰、玉雕、珠宝、艺术极品等)的包装要能烘托其高贵、典雅的特点,产品与图案相映生辉、浑然一体。大众生活用品就不需要精雕细琢,包边镶嵌之类的装点了。

包装还应在购买、储存、携带、使用等方面为消费者着想。例如被包装的产品既不便于堆叠,又不能悬挂或平放等,都会给消费者造成左右为难的尴尬境地。比如以前的铁罐头食品、某些酒类的瓶塞都有此类问题,结果是包装很美观,使用起来却很不方便,消费者常有抱怨。

包装上大都有标志。我国规定在中国境内销售的产品,其标志必须有中文字样,即使是进口商品都必须如此,更不必说国内的产品了。标志上的礼仪,起码的要求是真实诚信。是什么产品就叫什么产品,是怎样的配料成分就印什么成分,有多少重量就写多少重量,有什么功效就讲什么功效,生产日期和有效期都应当实事求是。因为消费者就是凭借标志的引导来比较选购的,这是消费者对企业的信任。可是失礼失信的公司却往往在标志上乱写一通:要么夸大功效,要么遮掩日期,要么乱编批号,要么短斤少两,明明是中国货却印上外文,存心欺骗消费者,这样的做法不仅仅是失礼,而且是触犯法律的行为。

小 结

1. 如何使产品设计与社会公众的需求尽可能地统一起来是产品设计礼仪所关注的重点。即尊重消费者意愿、体现他们的追求、满足他们的需求,是遵守营销礼仪的;而忽略他们的存在、漠视他们的需求,以生产者自己的意愿生产出来的产品去让消费者被动地接受,使他们别无选择,则是违背营销礼仪的。

2. 产品市场周期决定了任何产品都只有在特定的时间内,才能有效地满足市场需要和实现企业盈利。做好产品周期内各不同阶段的营销工作和礼仪规范,对企业而言是非常必要的。

3. 品牌、包装礼仪是为了让营销工作能更好地为顾客服务,从而有针对性地满足消费者的不同的心理需求。

思 考 题

1. 如何来体现产品设计礼仪?
2. 当产品处于导入期、成长期、成熟期、衰落期时应分别采取什么样的营销工作和礼仪规范?
3. 什么是产品的品牌?品牌的作用有哪些?
4. 什么是产品的内包装和外包装?

6.3 价格礼仪

学习目标

1. 了解定价目标礼仪的概念。
2. 熟悉定价步骤礼仪。
3. 掌握定价方法、定价策略礼仪。

马克思在《工资、价格和利润》中指出:"价格本身不过是价值的货币表现罢了。"从现代营销角度看,一方面这种"表现"虽然受供求关系的影响有上下波动,但最终仍是体现着产品价值的。产品价格如何制定,从微观上说,关系到企业产品能否顺利销售,关系到企业的生存与发展;从宏观上说,关系到国民经济的发展,关系到人民生活水平的提高,关系到社会的稳定。所以,定价是一项原则性、政策性很强的工作。另一方面,既然是"表现",就得有表现的水平问题、技巧问题,营销价格更多强调的是定价的灵活性和艺术性,价格礼仪在这里就有了用武之地,是企业定价时必须考虑的又一个方面。

6.3.1 定价目标礼仪

定价不是盲目的,而是有方向的。前面已经介绍了定价目标,通俗地说,就是企业为了什么而定价。定价是为产品定价,影响产品价格的因素来自许多方面,这也就决定了围绕同样的产品,可以制定出许多种价格来,根本原因是取决于你的定价目标是什么。从现代营销礼仪的要求来说,应以满足消费者需要为定价总目标。

天天平价的沃尔玛

"沃尔玛"最初的定位就是"平价"。从一家小型的零售店,迅速发展成为大型零售集团,进而成为全球第一的零售品牌,其经营的关键就在于商品的定价上。沃克玛始终如一地坚持"平价原则",坚决维护它的经营宗旨和企业形象。每一个沃尔玛市场网点,都有醒目的"天天平价"广告牌,同样的商品,沃尔玛市场内的就是便宜。比如购买两支"目标"牌的牙膏,在其他超级市场,每支需要1.99美元,而在沃尔玛,只需要1.36美元即可。沃尔玛提倡低费用、低价格为客户着想的经营思想,一般零售商的毛利润都保持在45%左右,而沃尔玛只有30%。公司每星期六早上都要召开经理人员会议,只要有分店报告某商品在其他商店比沃尔玛便宜,那么公司就会立即决定降价。沃尔玛集团的创始人沃尔顿说:"我们重视每一分钱的价值,因为我们服务的宗旨之一,就是帮助进店购物的每一位客户节省每一分钱。"

不管企业出于何种考虑,是以扩大当前利润为目标,还是以展望今后市场份额为目标,都必须正视消费者的需要。因为无论是当前的利润,还是今后的市场份额,都是由消费者决定的。忽视了消费者的需求,甚至忽视了消费者的存在,只计算如何定出高价来扩大当前利润,或是如何通过低价策略,吸引消费者购买而扩大市场份额,这都是企业的一厢情愿。这种客观上不尊重消费者,让他们被动地接受企业定价的做法,其本质就表现出对消费者的无礼,当然也就不会得到消费者的支持。

以应对竞争状况为定价目标,从表面上看,企业关注的是竞争者的产品功能和价格水平,但从实质上看,仍然是关注消费者的利益。以竞争状况为定价目标,并不是企业之间无端的争强好胜,而是对消费者的争取和吸引,那种撇开消费者需求,而与竞争者一赌输赢的意气用事、匹夫之勇,只会导致无序竞争、不正当竞争。从长远来看,对消费者、对企业都是不利的。这几年的彩电价格大战、手机价格大战等都已经向人们证明了这一点,竞争应当是前进的动力,应当是企业实力和服务的较量,而不应是对市场的破坏和对资源的浪费。

企业遇到暂时的困难时,则多会以企业生存为定价目标,这是不得已的权宜之计。在这种情况下,企业很容易出现凡事只考虑自己利益的倾向,在定价上自然也会如此。这种做法可以理解的,但是却不能赞同。从营销礼仪上说,只要企业还存在,就应该对消费者负责,为消费者着想。以企业生存为定价目标,暂时放弃部分固定成本的回收,维持生产,保持企业及产品形象,如果操作得当,不但能使企业起死回生,还可以得到部分边际贡献,以弥补损失,应当说是很好的定价取向。但也不能因此就认为,在这种时候企业的利益重于消费者需求。企业要想真正走出困境,不再为维持生存而苦苦挣扎,最终依靠的只能是消费者。没有消费者的光顾、购买和青睐,企业就不可能真正摆脱困难,而只考虑短时期利益的定价目标,是无法延续较长时间的。有理由说,企业越是处于困境中,越需要重视消费者及其需求,这样才会越快地迎来企业的复兴。

6.3.2 定价步骤礼仪

定价步骤是一个程序问题,程序是为运行服务的,程序乱了运行就会出差错。在整个定价的过程中,先后有六大步骤,即选择定价目标、估算产品成本、测定需求弹性、研制市场需求、分析竞争者定价、确定方法和策略。从定价礼仪角度讲,这些步骤中的每一步,都存在着执行中的礼仪。比如,选择定价目标之后,估算产品成本就有如何认定的问题。对消费者负责和对企业负责应该在这一步中得到最好的统一,特别是不可以为了企业的利益(甚至有些是由于企业内部管理不善而导致的损失,如浪费、流失等)而多估算产品成本,将不合理的开支转嫁到消费者身上。另一个应该注意的方面是,企业特定产品的成本究竟本身应该是多少,也不是由企业自己(哪怕是实事求是地)估算出来的,而是由社会同类产品成本的平均水平决定的,企业不能因为工艺落后、设备陈旧、管理不善等客观因素造成产品成本居高不下,就认定自己估算的产品成本是确切的,没有有意欺骗消费者。

实际上测定需求弹性、研究市场需求、分析竞争者定价等步骤中,都存在着客观、公正、有序的礼仪要求。客观就是要在实施每一个步骤过程中坚持实事求是,在实际调研的基础上去测定、去判断、去分析,而不是靠想当然、凭推断,或者靠道听途说、捕风捉影作为定价时分析的依据;公正就是在实施定价步骤时,不以自己的主观喜好或情感倾向来决策定价过程。比如,对竞争者定价的分析中,就应对实际的具体的竞争者产品进行详解,不因自己对某对手有成见,在分析中就不公正地对待他;有序就是要在实施定价步骤的各阶段,按要求的先后依次进行。因为定价中的每一个步骤都体现着企业对产品定价的慎重态度,体现着企业对市场、对消费者负责的精神。也就是说,我们产品的价格不是吹出来的、诌出来的,而是因为言之有理、持之有据才得到的。缺少了应有的环节或步骤,就可能造成价格的偏颇,进而导致定价的失误。这对消费者、对企业自身都是不平等的。当然,这里的有序并不可能要求企业在执行定价步骤时那么刻板,不同的产品也会彼此有异,但大的方向和次序一般是必不可少的。比如,不可能在定价目标尚未明确时,就去确定价格策略的问题。

6.3.3 定价方法、定价策略礼仪

定价步骤的最后一个阶段,即确定方法和调整策略,体现定价礼仪的要求更为明显。如前所述,三大类定价方法中,从定价礼仪来看,需求导向的定价方法最值得推崇,无论是理解定价、需求差异定价,还是反向定价、供需洽商定价(询价)都典型地突出了企业对消费者需求的尊重和关心。在需求导向定价中,企业并不是不考虑产品成本、不考虑竞争环境,而是把这些因素置于消费者需求因素之后来考虑。如反向定价法,就是指在产品设计之前,先按照消费者愿意接受的价格来确定产品的市场零售价,然后,逆向推算出批发价和出厂价的定价方法。它将传统的"出厂价－批发价－零售价"的定价方式改换为"零售价－批发价－出厂价"的新模式,并据此来组织产品的设计、生产、定价和销售,充分体现了以消费者为中心的思想。这不仅使产品的价格在实践中具有更大的可行性和更强的竞争力,促使企业降低成本,最大可能地实现适销对路,供需平衡;而且也使制定价格的过程更有人情味,更加人性化,更加体现了定价礼仪的要求。真正做到了消费者想怎样做,我就怎样做(指设计),消费者愿意以什么价格买,我就以什么价格把产品供应给他。这种定价方法同时也适应了企业对产品成本的考虑,使产品在竞争中取胜的把握更大。

除定价方法外,定价策略的运用对消费者理解和接受价格也很有帮助。在确定的价格基础上,辅之以灵活的策略调整,有助于企业产品价格的科学性和艺术性完美统一。这里艺术性是指如何认识、对待消费者的问题,实际上还是定价礼仪的问题。

首先是为何要去调整策略。这是原则性认识,即为什么在依据定价方法制定出产品价格之后,还要讨论定价策略。如果这个认识不正确,定价策略运用得再灵活、再艺术,也只会是以牺牲消费者需求和利益的结果而告终。当然,最终还是企业自己因失去了消费者的信任而失去市场、受到损害。所以,正确的答案应该是运用策略调整价格,使产品及其价格能更好地适应市场、适应消费者需要。市场变化了,消费者需求变化了,原来制定的价格就应当进行相应的变动。可见价格调整的根本原因不在于企业自身利益的得失,而在于对消费者的服务意识和态度。真心服务,与市场同步就是有礼的表现;只考虑企业的利益,不考虑消费者在价格变动中的利益,就是失礼的表现。

其次是选用什么策略。定价策略有多种,究竟选哪种策略来调整价格,不仅要考虑其对企业是否有利,更重要的是考虑对消费者是否有利。选用的调整策略不同,效果也会不同。比如,对于某一特定产品,为实现企业扩大当前利润的定价目标,可以有多种策略供定价时选用:既可以采用新产品定价策略中的高价撇脂策略,也可以采用心理定价策略中的声望定价策略,还可以采用差价策略中的各种方法拉开价格区间等,最后到底选用什么策略,来真正实现定价收益和定价礼仪的统一,是需要企业认真斟酌的。

再次是如何去调整策略,即价格策略的具体运用。怎么运用价格策略,反映着企业定价礼仪水准的高低。比如,心理定价策略的使用,我们只能尊重消费者心理、满足消费者心理,而不能利用消费者心理、玩弄消费者心理。从表面和形式上看,这二者似乎很难区分得开,但从企业

的根本出发点来认识,应该还是可以区分的;再如折扣折让策略也是这样,企业应实实在在地给消费者以实惠和让利,而不能先抬高价格,再予以打折;以旧换新折让策略中,"旧"要实实在在地有所折抵,不要因在"新"上加价而抵消了"旧"的既有价值。蒙骗消费者,就是欺诈行为,更谈不上什么价格礼仪了。

知识链接

小池主动请客户废约

日本大企业家小池说过:"做生意成功的第一要诀就是诚实。诚实就像树木的根,如果没有根,树木就别想有生命了。"这段话概括了小池成功的经验。小池出身贫寒,20岁时替一家机器公司当推销员。某一时期,他推销机器非常顺利,半个月就和33位客户做成了生意。之后,他发现他卖的机器比别的公司出品的同样性能的机器昂贵。他想到这个情况与他订货的客户如果知道了,一定会对他的信用产生怀疑。于是大感不安的小池立即带着订约书和订金,整整花了三天的时间,逐家逐户去找客户。然后老老实实给他们说明情况,为此请他们废弃契约。这种诚实的做法使每一位客户都深受感动。结果,33人中没有一个跟小池解约,反而加深了对小池的信任和依赖。

小 结

1. 定价是为产品制定价格,影响产品价格的因素来自许多方面,这也就决定了针对同样的产品,可以制定出许多不同的价格来,它取决于你的定价目标是什么。从现代营销礼仪的要求来说,应当以满足消费者需要为定价总目标。

2. 在整个定价的过程中,先后有六大步骤,即选择定价目标、估算产品成本、测定需求弹性、研制市场需求、分析竞争者定价、确定方法和策略。从定价礼仪角度来讲,这些步骤中的每一步,都存在着执行中的礼仪。

3. 定价方法、定价策略的运用对消费者理解和接受价格很有帮助。定价方法不仅能使产品的价格在实践中具有更大的可行性和更强的竞争力,并促使企业降低成本,还可以最大可能地实现适销对路,供需平衡;而且也可以使制定价格的过程更有人情味,更加人性化,更能体现定价礼仪的要求。在确定的价格基础上,辅之以灵活的定价策略进行调整,可以使企业产品的价格达到科学性和艺术性的完美统一。

思 考 题

1. 定价目标礼仪的理念是什么?
2. 在整个定价的过程中有哪六大步骤?
3. 在进行定价策略调整时,如何进行操作?

6.4 分销渠道礼仪

学习目标

1. 了解分销渠道的结构模式。
2. 熟悉分销渠道的礼仪要求。
3. 掌握分销渠道策略的礼仪。

分销渠道的结构模式,因市场的不同而有区别。生活资料市场和生产资料市场的不同,也就形成了二者在分销渠道上的差异。生活资料市场的分销渠道主要有以下五种模式(如图 6-1 所示)。

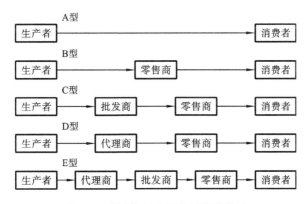

图 6-1　生活资料市场分销渠道模式

这五种分销渠道模式的使用,要根据产品的质量要求及品种、价格、市场形势、生产者自身的特点等诸多情况,以及生产者所准备采取的分销策略进行综合权衡,才能最终选定。

生产资料市场的分销渠道主要包括四种模式(如图 6-2 所示)。

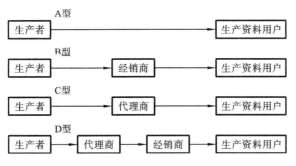

图 6-2　生产资料市场分销渠道模式

分销渠道是企业产品和服务实现其价值的重要保证。为了将产品及时、安全、方便、经济地提供给消费者和用户,满足他们的需要,企业除了要合理确定分销路线、选择适当的中间商有效地安排产品的实体分配以外,还要注意分销礼仪在实际工作中的运用,这样不但能实现企业自身的营销目标,而且还能达到良好的社会效果,使分销工作不仅成为渠道环节之间相互尊重、友好合作、默契配合的纽带,也成为沟通生产与消费的桥梁。

6.4.1 供销商礼仪

随着社会分工和生产力的发展,企业与上游的生产资料供给者及下游的最终消费者的关系变得越来越间接。绝大部分企业不直接去上游企业购买生产要素,也不把制造出来的商品输送到最终消费者或最终工业用户手里,而是需要一系列中间组织和个人的配合协调活动,这就必须依靠供销商。供销商进行商品交换的目的,不是为自身消费,而是通过满足下游需要商品交换的客户的需要,获取流通领域的这部分增值。事实上,企业与供销商是一种分工合作,以谋求趋同利益的关系。就整个分工体系来说,供销商处于中间位置,它一头连接生产企业,另一头连接消费者(企业)。对生产企业来说,供销商是产品的购买者,具有自己独立的利益;而客户是否接受企业的产品,企业和产品的声誉如何,又与供销商的活动有很大关系。

1) 供销商的存在节省了企业的推销费用

在市场经济不健全的情况下,产销直接接触,不仅要花费大量的人力、财力来推销产品,而且需要一大批从事推销工作的推销员,为能完成数以万计的交易,企业的负担十分沉重,也因此影响了企业内部经营管理的改善和新产品的开发。供销商的出现,减少了企业流动资金的占用,节省了企业的人力、物力,因此与供销商建立经济合作关系是一种十分经济的办法。

2) 通过供销商,企业可以更好地了解客户的需求情况

供销商们从自己的利益出发,往往十分重视提高效率,千方百计减少流动资金占用,使货物尽快脱手,因此供销商非常注意企业产品的适销对路,知道客户在产品花色、品种、式样等方面的心理需求。企业在这方面与供销部门有共同利益,因此可以少花,乃至不花费人力、物力、财力,就从供销商那里吸收意见,大范围地了解市场行情,做出自己的市场决策。

3) 供销商的存在,使企业减少了风险,起到了蓄水池的作用

企业的产品一旦交给供销商,就可避免产品积压、资金滞压的问题,企业风险大大减少。同时,通过供销商的储存、运输等活动,又可以调节商品在季节和地区市场上的不平衡。

6.4.2 供应商礼仪

1) 供应商对企业经营的积极作用

现代工商企业的生产经营活动日益复杂,要维持企业正常的生产经营活动,就必须依靠供应商的支持。供应商是指那些向生产企业提供各种生产要素,包括原材料、能源、机器设备、零部件、工具、技术和劳务服务的公司和部门。供应商所提供的生产要素的质量、数量及价格等,直接影响到企业的生产经营情况。因此,企业在市场活动中对待供应商的态度应从长期利益出发,重视建立、维护与供应商之间长期的互惠互利、密切合作的关系。

2) 供应商礼仪的具体要求

企业要采取有力的措施,通过一系列具体工作,努力建立和推进与供应商的良好合作关系。在合作过程中,企业应注意的礼仪有以下几点。

(1) 彼此信任,互通信息。企业应当让供应商了解企业的生产情况和经营计划,使之清楚地认识到企业所需要的产品和原料的期限、数量和质量。同时,向供应商提供自己的经营计划和经营策略,使供应商明确企业对自己的希望,有利于企业对供应商要求的实现。

（2）明确责权，长期合作。企业应与供应商签订不同期限的供货合同或协议，明确双方的责任，以免问题出现时发生争执。

（3）公平公正，互相理解。企业在与供应商的接触中，应力求公正，并给予充分的理解。企业在和供应商的交往中，一定要注意对他们要公平、合理，并对他们提供的生产要素和服务表示感谢，使供应商感到企业的友好和诚意，从而从内心深处期待与企业建立长期联系。对供应商的错误，企业要尽可能地谅解，以免引起供应商的反感，从而使企业产品的供应环节脱节。

（4）主动联系，重视供应商。大部分的供应商都不只是为一家企业服务，所以，企业如果不主动联系供应商，供应商不但不了解企业的需求状况，甚至可以认为企业不需要自己的服务，从而放松对企业的关心。而事实上，市场的激烈竞争促使企业要不断地开发新的供货源，这就必然要求企业加强与供应商的关系。针对变化莫测的市场，企业可编制《供应商手册》，并向重点供应商提供《供应商手册》。在手册中企业可为供应商提供最新资料和信息，手册后面标明供应商姓名、地址、电话，以联络双方的感情，也使供应商有受重视感，并留有适当的空页，使后来的供应商感到有立足之处和开拓余地。

（5）定期召开供应商座谈会，听取他们的意见。通过座谈，不仅有助于改善企业与供应商的关系，直接听取供应商对企业的批评和建议，还有利于信息交流，从而便于供应商有效地改进供货渠道和供货方式。

此外，企业的相关人员还应通过私访、举办招待会、接待来访、组织供应商来企业参观、编写业务刊物和年度报告等方式，积极推进企业与供应商之间的关系。

6.4.3 销售商礼仪

企业产品的销售，不是自己销售，就是通过销售商（或称经销商）实现销售。随着商品经济的发展、社会分工的加深，大多数企业都要依靠销售商来销售其绝大部分，甚至全部产品。销售商肩负着企业产品销售的重任。良好的销售关系，不仅有助于企业争取销售商的合作，而且可以促使销售商积极宣传、维护企业产品的声誉。

1. 经销商存在的重要性

经销商指那些通过代购代销产品而获得回报的批发商和零售商。由于经销商直接肩负着企业产品顺利地通过流通领域，实现其使用价值的重任，所以与经销商建立广泛而密切的关系就显得十分重要。

（1）经销是企业再生产的重要环节。企业产品生产出来之后，只有拿到市场上去销售，才能实现价值，企业的生产才算完成。企业的生产经营活动能否最终实现，经销工作起着十分重要的作用。代理商、批发商和零售商的销售活动，直接或间接地影响到企业产品的信誉和生产资金的回笼，从而影响到企业再生产的顺利进行。

（2）经销商是企业市场营销的重要参谋。经销商凭借着其与广大客户频繁而专门化接触的职业敏感，可以迅速准确地捕捉到客户对企业产品的评价、客户的潜在需求等现实问题。因而，可以给企业提供全面、系统、准确的市场信息，成为企业难得的经营参谋。

（3）经销商的存在，也为企业节省了大量从事企业产品推销的人力、物力、财力，不仅大大缩减了企业的推销机构，而且加快了企业的资金周转，消除了企业产品积压的隐患，对提高企业的生产经营和市场竞争起到了不可低估的作用。

2. 企业与经销商关系的礼仪要求

(1) 为了处理好与经销商的关系，企业首先应向经销商阐明自己企业的生产经营状况、生产经营能力、产品的性能和质量，以及企业的发展史、组织现状、资金、原料的来源及人事管理等情况，从而使经销商全面了解企业的有关情况，使他们敢于大胆经销本企业的产品。

(2) 定期举行经销商大会，如订货会、征求意见会，通过这种形式加强信息交流。对长期合作的经销商，在企业产品供应紧张时，要尽量满足他们的需要，这样往往能尽快地提高企业的声誉，同时使企业能不断扩大和培养一批稳定的经销商队伍。

(3) 帮助经销部门培训职工。对于一些技术含量较高的产品，从推销产品开始，企业要选派一些有经验的工作和技术人员对经销人员进行适当培训，使他们推销产品时得心应手、如虎添翼，从而促进产品的销售。

(4) 与经销商分担广告费用。现代社会，广告已被正常地运用到产品的推销中，有人称之为"世界上最大的无烟工业"，或者喻之为"社会生产有机体的神经系统"、"分配过程中一种巨大的加速力"。为推销产品，商业部门必须做一些广告。如果企业能分担一部分广告费，那将会是一举两得的好事。

(5) 有选择地通知经销商参加本公司的公关活动，使他们感觉到企业利益的一致性，增强对企业的向心力，有利于企业开展营销活动。

总而言之，企业为了产品的最终实现，必须不断加强和巩固与经销部门的联系和友好合作，促进其多途径打开产品的销售渠道，使产品迅速、有效地到达用户手中，并创立良好的产品、商标和企业信誉。

6.4.4 分销渠道策略礼仪

分销渠道策略多种多样，大多数企业习惯从渠道的宽窄和中间商的有无等方面来选择合适的策略。

(1) 广泛的分销策略，即企业通过批发商和代理商，把产品广泛分布到尽可能多的各零售商，以便迅速大量地销售出去，及时满足消费者需要。在企业新产品上市或企业产品开发新市场时往往选用这一策略。广泛分销策略适合于日用生活消费品和工业品中的易耗品。实行广泛分销时，要注意分销礼仪。由于分销的"广泛"铺开，势必引起相关产品的原来渠道、原来市场的抵制和阻碍，所以企业应当与中间商和市场的方方面面，保持良好的关系。对消费者而言，由于产品出现得气势很猛，因而需要对消费者有一个引导、宣传、吸引的过程。对市场上原同类产品的竞争者，要强调以质量、性能、价格服务来公平竞争；而不能为了如愿入场，采取贬低别人产品、夸大自己产品等不适当的竞争手段。

(2) 有选择的分销策略，即在一定的市场上，企业选择少数几个经过精心挑选的比较合适的中间商（经销商和代理商）来推销企业产品。有选择的分销策略适合于消费品中的选购品及工业品中的零配件。有选择的分销策略既可以在企业产品新上市时就采用，也可以在已选用广泛的分销策略、新产品上市一段时间后，经企业和市场的检验，逐步淘汰出不理想的中间商时采用。要注意的分销礼仪是：在广泛分销策略时期，企业给予众多中间商的条件和优惠应当是平等的。这就为他们在为企业服务、为消费者服务中，所表现出来的能力和业绩的评价定下公平的基础,也为日后改用有选择的分销策略,清理部分中间商时提供客观的依据。在对中间商的选择作评价时,既应考虑到企业发展市场、销售产品的需要,并以此检验中间商发挥业务职能的水平和能力,又应考虑到特定市场消费者的现实状况(如风俗习惯、经济能力、社会文化等)和中间商的努力程度。换句话说,就是要考核市场的潜在需求和拓展可能,不应简单地以中间商现有的业绩作为筛选评估的唯一标准,否则既对企业未来发展不利,又使出局的中间商不服,进而成为企业拓展市场的阻碍力量。

(3) 独家专营的分销渠道策略,即企业在一定时间、一定地区,只选择一家中间商来推销其产品。企业和中间商通过协商,签订独家经营合同,规定销货定额、销售权限、情报责任、佣金比例、销售费用分担等内容,双方还要特别约定:合同期间,中间商不得再经销代销其他竞争者的产品,企业也不能在同一时间、同一地区再聘别的中间商销售相同的产品。独家专营的分销渠道策略,适用于消费者中的特殊品、需要较强技术力量的售后服务的产品、需要在使用中指导培训的产品,以及工业品中的部分专用设备类的产品等。总之,所供产品有特殊性要求的产品适用这一策略。相应的分销礼仪就要求企业和中间商一定要重合同、守信用。独家专营的形式决定了企业和中间商在这一产品的销售过程中的目标和利益是相同的,风险和利益是一致的。合同期内无论是谁有违约定,都会使合作瓦解、利益流失,都是对另一方的失礼失信,应该受到谴责。另外由于独家专营的分销策略,一般只适用于有特殊要求的产品,那么,不管是企业还是中间商,应共同对消费者负起责任来。热情耐心地接待、提供可靠的技术指导、指导培训调试安装,以及使用维护和跟踪保养等售后服务都要切实做到,不可找借口怠慢客户。

(4) 不用中间商的分销策略。我们知道,不用中间商的渠道,无论是在生活资料市场上还是在生产资料市场上,在分销渠道模式里,都有属于 A 型渠道,又叫直接渠道,俗称"直销"。大多数情况下,企业都会考虑选用间接渠道,它们是分销渠道模式的主体部分。但在现实营销中,有些企业经过对产品特性的分析,权衡各种利弊并结合企业需要,选择了直接渠道来分销商品,这就是不用中间商的分销策略。这种策略对鲜活、时尚等产品尤为适用,它简化了分销过程、缩短了流通时间、节约了流通费用、降低了产品价格,直接面对面地为消费者和用户及时提供服务,并因而了解到市场需求和用户意见的第一手资料。分销礼仪也应围绕上述特点来具体体现,比如直销的特点就在于缩短了渠道时间,应当体现快节奏高效率,如果仍然让客户久等久盼,交货迟缓,就不合礼仪规范了;又如直销节约了费用、降低了成本,那就应当实实在在地计利给企业产品的用户,而不能仅仅是打着直销的幌子,用高价产品去欺骗消费者;再如直销可以使企业与消费者、用户亲密接触,避免了分销渠道上中间环节的阻隔和可能的封闭,那么倾听用户意见时一定要谦虚,合理的建议也要及时地采纳,对产品和服务做改进,而不应形式主义地听听反馈,以后仍然我行我素,一切如常,这是非常失礼的。

6.4.5 分销实务礼仪

分销实务在分销渠道的末端,其基本功能是向购买者在需要的地点、需要的时间里,提供他们需要的产品,是分销渠道所称的"产品从生产者向消费者转移"的具体实现。现代营销目标的实现,主要标志是产品所有权的顺利让渡,而实现产品的实体转移才能切实地体现这一点,分销实务是企业营销的保证。合理地组织分销实务,完成产品实体分配,不但可以促进企业扩大市场,满足更多消费者的需要,而且可以加速产品分销、节约流通费用、降低产品成本,从而减轻消费负担、提高企业的经济效益。

小　结

1. 分销渠道的结构模式，根据其所在市场的不同而有区别。生活资料市场和生产资料市场的不同，形成了二者在分销渠道上的差异。生活资料市场的分销渠道主要包括五种模式，生产资料市场的分销渠道主要包括四种模式。

2. 供销商进行商品交换不是为了自身消费，而是通过满足下游需要进行商品交换的客户的需要，从而获取流通领域的这部分增值。事实上，企业与供销商是一种分工、合作，并谋求趋同利益的关系。对生产企业来说，供销商是产品的购买者，具有自己独立的利益；而客户是否接受企业的产品，企业和产品的声誉如何，又与供销商的活动礼仪有很大关系。

3. 供应商所提供的生产要素的质量、数量及价格等因素，直接影响到企业的生产经营情况。因此企业要采取有力的措施，通过一系列的具体工作，努力建立并推进与供应商的良好合作关系。

4. 销售商肩负着企业产品销售的重任。良好的销售关系，不仅有助于企业争取销售商的合作，而且可以促使销售商积极宣传企业产品并维护企业产品的声誉。

5. 分销策略包括广泛的分销策略、有选择的分销策略、独家专营的分销渠道策略、不用中间商渠道的直销策略，因此分销礼仪应围绕各分销渠道的策略特点来具体实现。

思考题

1. 分销渠道的结构模式是如何分类的？
2. 简述供销商、供应商、销售商的异同及其作用。
3. 分销渠道策略多种多样，列出了解的几种策略并谈谈哪种形式最好。

6.5　促销礼仪

学习目标

1. 了解各种促销手段的礼仪。
2. 熟悉产品市场周期礼仪及品牌、包装礼仪。
3. 掌握促销礼仪的规范和方法。

促销的实质是促进产品和服务的信息向消费者传播，同时尽可能地了解和获取消费者的看法和要求，实现企业和客户双方的信息沟通、感情交融，推动企业产品和服务的顺利销售。企业无论采用哪种促销手段或是促销组合来达到这一目的，都离不开诚恳的工作态度、娴熟的沟通技巧和良好的促销礼仪。

6.5.1　人员推销礼仪

推销人员在促销中，首先要注意自身礼仪素质的提高，这既关系到推销人员本人的形象，更关系到企业形象。所以推销人员在装束、谈吐、举止、修养等方面都应按照推销礼仪的要求去做。自身素质还包括爱岗敬业、热忱服务、知识丰富、业务精通、言谈文明、举止大方、百折不回、坚毅顽强等。

人员推销的方式多种多样,大体可概括为外出登门推销、公司来客推销和电话推销三类。由于人员推销是亲自和消费者面对面地沟通,所以无论哪类推销方式,都要体现促销礼仪的要求。

列托尔的真诚

世界最大的香皂制品厂董事长列托尔,早年是一个平凡的推销员。他每次推销失败后,都会再次回到店中,真诚地向老板说"我这次来,并不是要推销香皂,只是想请教您,刚才我进贵店推销香皂时,我的举止及言辞、态度等有什么不妥当的地方,请您指点一下好不好?您的经验比我丰富,您在商界已是成功的前辈,我恳求得到您的指点,作为改进的借鉴。"

经他这么谦逊的讨教,不仅得到了宝贵的建议,也和商店老板交上了朋友。他就这样到处请教,两年后,被提升为销售主任,五年后,成了企业的总经理。

1. 外出登门推销中要注意的礼仪要求

(1) 要重视给消费者的第一印象,为此推销人员应开朗热情,诚恳自信,行为得体,举止大方。此外还要选择合适的服装,国外流行的根据时间、地点、场合来着装的原则(TPO服装术)值得推销人员借鉴。

(2) 登门推销,应尽量预约。虽说多数情况下,无法做到这一点,但如果有可能,与客户事先约定一下,让对方有个准备再谈,比贸然造访的效果会好一些。在确定预约时间、地点及参加人员时都应本着与客户协商的精神,最好是由客户来确定具体内容和方式,否则,推销人员就要从客户的作息时间、活动规律、家庭条件,甚至天气和情绪等多方面来考虑约定内容了。要强调的是,只要是约定好了的事,推销人员都必须按时间、地点的要求,准时赴约,而不能失约。

(3) 推销产品,注意业务技巧和礼仪规范相结合,可大大促进推销成功的概率。比如敲门非常有讲究,敲击要轻、节奏应稳,等客户开门迎见后才可进入。如果门原来就开着或虚掩着的,也不可直冲入内,再如自我介绍应明了又简洁、谦和又实在、准确,失礼的表现是冗长、含混、卖弄和自吹。在介绍和展示产品时要实事求是,不要炫耀夸大,应具体讲清产品的性能、特点、质量及给客户带来的利益,并出示相关的证明、报刊评价资料等,以增加诚信度。对于推销的成功,要真心感激客户的关照捧场;对于没有成交的客户,也要感谢他们耐心倾听、支持工作。礼貌地告别有助于给客户留下良好的记忆,为今后可能的再次登门推销打好基础。

2. 电话推销礼仪要求

电话推销是1962年美国福特汽车公司的创举。当年,福特公司为了推销23 000辆新车,打出了200万人次的电话,宣传产品,接受订单,取得了良好的效果。到1983年,美国的每个家庭,年平均要接到25次推销电话,目前更有翻倍的趋势。近年来,电话正以惊人的速度在国内普及,这就为企业利用电话推销产品准备了必要的物质技术条件。电话推销跨越了促销沟通时间和空间的局限,但它仍是人员推销。只是沟通的双方除可视电话外,不再面对面交流而已。

电话推销礼仪,既应注意一般电话礼仪,还应注意自身的特点。比如要选好电话推销对象,特定产品会有特定的客户群,不加区别,只是对着电话号码簿依次拨打,效果肯定不佳。不但浪费了自己的时间,也浪费了别人的时间,并且还会增加费用、动摇信心,不利于推销。不能以为电话方便,就不分时间、不分对象地乱拨一通,也不能因对方对产品没有兴趣就反复拨打,"加深印象",形成电话骚扰。应当处处留心,时时积累如媒体的广告、工商企业名录及各类信息网络单位刊载的会员名册等信息,尽量选好推销对象。通过电话推销产品,自我介绍要得体。推销人员给客户的印象,完全是由声音构成的。自我介绍就是在塑造自我形象,应当简明扼要、准确无误,同时在语调、语速、音色等方面要恰到好处,把握分寸,给客户一个亲切可信的印象,为下一步推介产品打下基础。由于时间关系,电话推销介绍产品时,要突出品牌,突出重点,长话短说,留出宝贵的通话时间给客户提问,并马上给予言简意赅的准确回答。全部推销时间不能过长,一是怕引起客户的厌烦,二是不宜长时间的占线,影响客户接听其他来电。对电话推销成功的客户,可以保持良好的联系,发展跟进电话推销。这时不能因"一回生,二回熟"而忽视对原客户应有的促销礼仪,使客户怀疑你以前的电话形象的可信度。

6.5.2 广告宣传礼仪

广告宣传随着企业营销活动的繁荣而迅速发展,已经成为现代营销的重要形式,在传递信息、沟通产销、激发需求、指导消费、扩大销售、增加效益和美化人们生活、促进精神文明建设等方面,作用非常明显。也正因如此,规范和遵守广告宣传的礼仪也就显得格外重要。

广告宣传礼仪要特别强调真实性。广告的生命在于真实,用不真实的虚假广告来宣传企业产品,也许能骗人一时,但由于它从根本上违背了营销宗旨和营销礼仪,最终必将为消费者识破,不但会导致企业名誉扫地、产品滞销积压,还会因为触犯了广告法规、消费者权益法规而涉及诉讼。所以广告宣传要实事求是地向消费者介绍产品的各种信息,切不可自以为是,采取欺骗的手段,溢美掩丑、哗众取宠,损害消费者的利益。要防止广告失真还应注意,要杜绝故意欺骗,似是而非、模棱两可、含糊其辞的表达也是不允许的,如医药广告中的治愈率、有效率等的区别,并不是消费者都能搞清的。利用这一点去做不切实际的广告,就有违真实性要求。有人戏称广告说"治愈率达98%,你就是那倒霉的2%"、"长期使用,能⋯⋯,你主要是使用的时间太短"就是对这类不实广告的辛辣讽刺。

要树立尊重消费者的意识,保证广告的真实性,必须坚持用事实说话,坦诚直言,杜绝假话、大话、套话。广告宣传从制作、立意、策划角度讲,当然要有点创造性和艺术性,但这应以不违背真实性为准则。不能为了制造夸张效果就夸大产品功能;不能为了追求神奇想象就连产品也吹得神乎其神。世上的事物都具有两面性,是矛盾的统一体,广告宣传的真实性还表现为诚实地说出自己产品的不足,这是与消费者真诚的沟通。对消费者的这种坦诚态度,反而会增添消费者的信任。某手表厂的广告明确说明"本手表24小时会慢14秒,购买时请君三思",可见这的确不算是什么计时精确的好表,但由于它广告的诚实,并没有影响人们对它的信赖和购买。因为它尊重了消费者明明白白消费的意愿,尊重了消费者应该享有的知情权,满足了他们自主购物的心理。

广告宣传还要注意思想性。广告作为对广大消费者传播各类信息的促销手段,往往借助媒体在相当大的区域和范围内发生影响,广告宣传的内容将被人们广泛的接收、接受和记住。从大局出发,反映社会主义精神文明建设的成果,宣扬时代鲜明特色和社会崇高的道德风尚,应是企业在进行产品广告宣传时不可忽视的问题。广告宣传礼仪的思想性，既可以通过短剧、小品、图片等各种艺术手段在宣传产品时体现出来，也可以通过广告宣传语言或音乐表现出来。如"白沙集团祝愿中国体育腾飞"所表现的是中华儿女拳拳爱国心；"威力洗衣机，献给母亲的爱"所表达出来的是绵绵亲情和中华儿女的敬老精神；"我又有新妈妈了"表达出的是新的家庭美德观等。优秀广告，都较好地体现了思想性和艺术性的统一，比起某些格调不高、内容平庸的广告宣传来说，着实是高了一个档次。好的广告不仅宣传了企业产品，同时也为人们的休闲生活增添了情趣，为宣传良好的社会风尚作出了贡献，反之则对社会是一种污染。那些不分对象在街上散发的、不分住户往门缝里硬塞的广告，其恶劣的社会影响决定了它的效果之差。

我们讲广告宣传礼仪，有必要提到有种广告本身就是出于礼仪目的而做的，即礼仪广告。这种广告的重点不在于介绍企业产品和服务，而是重在表现对他人的尊重、沟通与社会公众的感情，从而消除误会、广结良缘、争取更多的社会关注，建立和维护良好的企业社会形象，主要形式有致贺广告、致歉广告、更正广告、告知广告等。礼仪广告虽然不直接介绍推销企业产品，但也必须以尊重事实、尊重人、尊重社会的礼仪要求为指导，不误导消费者，不愚弄客户，让礼仪广告在促销工作中真正发挥作用。

6.5.3 营业推广和公共关系礼仪

营业推广的目的是增强客户的购买欲望，提高重复购买率，推动产品销售和激励中间商积极进货代销、加速货款回笼，以及促进销售人员努力开拓市场，增加销货进度，开辟新的市场。在这中间，鼓励客户是最重要的，中间商和销售人员的努力结果，都将在消费者身上通过购买产品最后体现出来。营业推广属于人员促销，营业推广礼仪应当特别引起重视。

采用营业推广来促销，其特点是其在短时期内迅速产生的激励效应。我们常见的展览会、现场表演、有奖销售等都有这个效应。从促销礼仪来看，当采用营业推广方式促销时，要注重现场工作人员的精神面貌和着装形象，这是对前来购物客户的尊重和礼貌。不能因为营业推广活动往往都是来得快、收得也快，有一定的时间性，就马马虎虎、卖完走人，不像企业正常经营时那么重视仪表仪容和销售形象。不注意营业推广礼仪还容易使客户感到，企业这次营业推广的目的值得怀疑，否则怎么会如此随便地对待自己长期经营建立起来的商誉，仓促上阵而不予重视。再者这种类似于大甩卖的行动也会让人感觉自己的光临有点丢份掉价，是为了便宜和优惠而来的，如此等等，都会造成消费者对企业营业推广的误会，从而影响营业推广的效果。

无论用什么方式来开展营销推广，大多都伴有对客户的让利或优惠，以便产生较好的促销结果，这也是营业推广的特色。对此，企业要说到做到，一诺千金，不能视前来参加营业推广活动的人数多少、促销成果大小、客户积极性高低等情况来随意变更让利幅度或优惠条件，不玩什么"前××名享受×××"，"赠完为止"之类的噱头，消费者对于企业的这些"小聪明"早已不屑一顾了，这种捉弄客户的把戏最后影响的是自己的声誉。某地商家98元手机的闹剧使排了一整夜队也没有买到手机的消费者极为不满，企业的信誉也因此而受损。所以，许诺有奖销售就应兑现，讲明赠送样品就得送，这是个信用问题、礼貌问题。但只是这样被动地履约还是不够的，真正想着消费者，真心为客户服务，就还要保证产品货真价实、质量过硬。比如号称优惠打折销售，但产品本身就有质量问题；声称买一送一，但所送的和所买的产品大相径庭；答应开展接力推销，但到后来不了了之等，都是违背营业推广礼仪的。

> 知识链接

"娃哈哈"在杭州赠送果奶

1993年,"娃哈哈"集团公司在杭州市各大报纸上刊登广告。消费者可以凭报上剪下来的"娃哈哈"标志,到杭州市各大商场可以领取一盒"娃哈哈"果奶。当天报纸发行100万份。"娃哈哈"集团预计有30%的反馈率就不错了,但结果大大出乎预料,各大商场的赠奶很快告罄,而商场里前来兑换果奶的人仍然很多。为此,公司决定连夜加班生产,让每位持标志者都能领回果奶。这一活动成为各大报纸宣传的热点,"娃哈哈"此次营业推广活动收到了很好的效果。

公共关系作为促销手段,主要是通过一系列公关活动来为企业及企业产品营造良好的社会形象,以促进企业产品和服务在宽松、和谐和可信赖的氛围中,被消费者或用户接受、购买和使用。礼仪是公共关系活动中不可缺少的部分。打个比方说,如果公关工作是舟,礼仪则是桨;如果公关工作是一架日夜运行的机器,礼仪则是不可缺少的润滑剂。在这里,公关和礼仪实际上是融合在一起、共同为企业营销服务的。

运用公共关系促销,要突出公关是手段、服务是目的的营销思想,真正做到以消费者的需要为中心,而不是只挂在口头上讲讲而已,这也是公关礼仪的要求。开展公关活动,目的是换位思考,从消费者角度发现企业产品和服务的不足,并设法加以改进。比如销售大件耐用消费品,不能只从产品质量、品种、功能、价格上考虑消费者利益,还应从送货、安装、调试及教会消费者使用方面提供服务。当然不能简单认为送货就有礼,不送货就失礼,而是说只要你心中想着消费者,就必然会主动做好工作,礼仪就在其中了。市场上常有这样的现象,不同的商店用相同价格同时销售某一种产品,有的客户盈门、生意兴隆,有的却生意冷清、门可罗雀,这显然与企业所售的产品关系不大,而主要是由于消费者感受到,自己在不同商店的待遇不一样。有的商店是真心为客户着想,有的做得差些,有的根本就不重视消费者。这就是企业在消费者心目中的形象的差别。可见成功的营销,离不开良好的公关、礼仪。

在促销组合中,营业推广、广告宣传、人员推销虽然也都是重要手段,但它们在实际运用中往往给人以"王婆自夸"之感。公共关系从实质上讲,主要是运用各种传播手段来使公众了解、理解、支持与合作,所以借助新闻媒体的宣传、报道,来沟通企业与消费者、社会公众之间的信息联系,可以有效化解人们对企业促销努力的误解。但前提条件是,企业和媒体都应当是真实可信的。一旦企业通过媒体发布的消息和新闻失真,传递了虚假报道,对企业的损伤将更大于"王婆自夸"之嫌。公关礼仪在这里应该是讲实话、讲真话,不无中生有、不以小夸大、不以偏概全、不避实就虚,对消费者真诚到永远。

在公关工作中坚持平等互利的原则是公关礼仪的体现,公关促销活动是有具体的企业目标和任务的,但这种任务的完成要以一定的道德责任为前提条件。公关活动应尊重消费者和企业自身双方的利益,尊重本企业和其他公众的共同利益,切不可在公关促销中损人利己,为满足自身利益,损害公众利益,为获得公司眼前利益,而牺牲社会长远利益,否则只会在社会上丧民心失民意,绝无良好形象可言。平等互利在促销中由公关活动体现出来的还有:业务是建立在公平公开的竞争中,靠争取公众和消费者的理解和支持做好的,不能靠请客送礼、吃喝玩乐等手段来开展不正当竞争,还美其名曰是搞公关、懂礼仪,这实在是对平等互利原则的最大误解,是对公关礼仪的根本背离。

客户关系各阶段供需双方维护策略及服务需求如表 6-1 所示。

表 6-1　客户关系各阶段供需双方维护策略及服务需求

阶段	维持策略		维持成本		服务需求	服务特征
	供应商	消费者	供应商	消费者		
开发期	引导消费趋势、强化宣传、吸引消费者	建立感性认识、积累消费需求	高	低	产品和服务的质量、能效信息	服务具有比较大的辐射范围,宣传力度大
接触期	高度关注消费需求、积极接触、主动出击	广泛接触、深入了解、建立理性认识	较高	较高	供应商信息、客户需求	双方主动地接触,界定待选范围
确立期	提供优质优价的产品、高质量的服务	客观地评价、积极消费	高	高	公平对称的合作、信息沟通与反馈、客观评价与协商	确定服务的供应商,订立购销合同,明确权利义务
成熟期	高效地沟通、良好地合作	及时信息反馈、高度信任	低	低	良好的发展与合作、受益环境	建立长期稳定的客户关系,加快信息沟通、关注市场,调整协议,保证双方的最大收益
反复期	主动协商、态度诚恳、积极运作	理性合作、综合协调	较高	较高	理性谈判、主动让步、合作与发展	调整策略,维持、改善关系(转移成本)
消退期	理性合作、放眼未来	巩固既往	高	高	理性合作、降低风险	尽量维持,友好解除供应关系

知识链接

各大物流企业的营销手段

1. DHL 直入营销手段

DHL 除了利用电视媒体对其品牌宣传之外,当然不放过网络品牌宣传的这个大平台,并相对于电视媒体平台来说,其费用低很多,时效更长,传播范围更广。最近 DHL 在门户网站做了品牌广告宣传,是采用植入式营销,与蒙牛的植入式营销一样,通过游戏提升品牌形象,但 DHL 的营销与业务范围更紧密一些,DHL 设计的 FLASH 游戏是与快递业务相关的,体现的都是快捷,这与快递经营的核心竞争力很相符。对于品牌的提升,在 FLASH 游戏中得分都充分体现了 DHL 的品牌,让人很容易记住。DHL 的 FLASH 游戏包括 3 个,分别是疾行阶梯、疯狂赛车、雪域狂飙。

2. FedEx 的体育营销

体育活动强调的速度、可靠性和准确性正是物流行业一直追求的精神和行业形象，借助体育活动提升品牌形象将比其他行业更有效果。

FedEx 与中国羽毛球国家队签订协议，成为羽毛球国家队的指定速递及物流服务公司。合作协议的内容包括 FedEx 将通过不同的平台参与中国羽毛球国家队的不同项目，其中包含了电视、数字媒体等。

FedEx 表示，体育营销是公司的营销策略之一，从传统媒体到网络时代的媒体，品牌影响力和营销能力一直为 FedEx 所看重。与中国羽毛球国家队达成的合作协议，无疑会给 FedEx 带来很好的宣传效应。

3. 德邦物流的互动营销

网络是新时代的媒体，随着社会的发展，网络媒体越趋成熟，越来越多的物流企业已开始利用网络进行宣传活动。但是绝大部分物流企业在网络媒体的运用上只停留在将自己公司的信息放在网站上，没有进一步使网络媒体的利用最大化。

网络为企业提供了一个很好与客户沟通互动的平台，并能与线下活动相结合发挥出意想不到的营销效果。德邦物流利用网络与线下活动相结合的方式开展了"我的网点，你做主"的互动营销活动，收到了很好的效果。客户只要填写了建议德邦新增网点地址等相关信息，就能参与德邦物流的抽奖活动，参与的方式可以有两种：通过企业网站上填写或通过营业网点现场填写建议表。这种方式很好地将线下活动和网络结合起来，能收集到了很多有用的新增网点建议信息和客户资料，使客户和企业之间产生了互动，拉近了客户和企业之间的距离。

小 结

1. 人员推销的方式多种多样，大体可分为外出登门推销、公司来客推销和电话推销三类。由于人员推销是亲自和消费者面对面的沟通，所以无论采用哪类推销方式，都要体现促销礼仪的要求。

2. 广告宣传随着企业营销活动的繁荣而迅速发展，并已经成为现代营销的重要形式，在传递信息、沟通产销、激发需求、指导消费、扩大销售、增加效益和美化人们生活、促进精神文明建设等方面，有非常明显的作用。也正因为如此，规范和遵守广告宣传的礼仪也是显得格外重要。

3. 无论采用什么方式来开展营业推广，大多都伴有对客户的让利或优惠，从而产生强烈的促销结果，这也是营业推广的特色。

4. 在公关工作中坚持平等互利的原则是公关礼仪的体现，公关促销活动是有具体的企业目标和任务的，但这种目标和任务的达成要以一定的道德责任为前提条件。

思 考 题

1. 外出登门推销时要注意哪些礼仪要求？
2. 电话推销有哪些礼仪要求？
3. 广告宣传有哪些礼仪要求？
4. 如何做好营业推广？公关活动中如何体现公关礼仪？

参考文献

[1] 李祖武. 物流市场营销[M]. 北京:清华大学出版社,2008.
[2] 黄福华,李坚飞. 物流营销[M]. 大连:东北财经大学出版社,2009.
[3] 吴国章. 市场营销实务[M]. 北京:北京理工大学出版社,2008.
[4] 王朋,姜彩芬. 市场营销学[M]. 北京:北京理工大学出版社,2009.
[5] 华细玲,杨国荣,刘运芹. 物流管理基础[M]. 北京:北京理工大学出版社,2010.
[6] 王枝茂. 市场营销基础[M]. 北京:中国人民大学出版社,2010.
[7] 董千里. 物流市场营销学[M]. 北京:电子工业出版社,2010.
[8] 物流管理专业系列教材编写组. 物流导论[M]. 北京:清华大学出版社,2010.
[9] 曾志勇,唐振龙. 物流企业管理[M]. 广州:华南理工大学出版社,2010.
[10] 刘丹. 物流企业管理[M]. 北京:科学出版社,2010.
[11] 王海鹰,王洋. 企业物流管理[M]. 北京:电子工业出版社,2010.
[12] 王晟,唐细语. 市场营销理论与实务[M]. 北京:北京理工大学出版社,2009.
[13] 王瑶. 市场营销基础实训与指导[M]. 北京:中国经济出版社,2009.
[14] 曲建科. 物流市场营销[M]. 北京:电子工业出版社,2007.
[15] 杨穗萍. 物流营销实务[M]. 北京:中国物资出版社,2004.
[16] 李强. 市场营销学教程[M]. 大连:东北财经大学出版社,2004.
[17] 王方华. 市场营销学[M]. 上海:复旦大学出版社,2001.
[18] 吴健安. 市场营销学[M]. 北京:高等教育出版社,2007.
[19] (美)菲利普·科特勒. 营销管理[M]. 卢泰宏,高辉,译. 北京:中国人民大学出版社,2009.
[20] 樊而峻. 现代营销专题研究[M]. 北京:中国财政经济出版社,2003.
[21] 葛承群,韩刚,沈兴龙. 物流运作典型案例诊断[M]. 北京:中国物资出版社,2006.
[22] 牛鱼龙. 美国物流经典案例[M]. 重庆:重庆大学出版社,2008.
[23] 牛鱼龙. 中国物流百强案例[M]. 重庆:重庆大学出版社,2007.
[24] 柳和玲,林敏晖. 物流基础[M]. 北京:人民交通出版社,2005.
[25] 袁炎清,范爱理. 物流市场营销[M]. 北京:机械工业出版社,2004.
[26] 陈信康,郭芳芳,邓永成,等. 市场营销学概论[M]. 上海:复旦大学出版社,1992.
[27] 田源,李伊松,易华. 物流运作管理[M]. 北京:清华大学出版社,2007.

[28] 闫叶琛. 物流服务营销[M]. 北京:人民交通出版社,2007.

[29] 孙贤伟. 物流组织管理[M]. 北京:机械工业出版社,2004.

[30] 蒋科,龙江. 服务贸易与物流服务管理[M]. 北京:中国物资出版社,2007.

[31] 宋方,蒋长兵,黄顺泉,等. 现代物流案例教学与实例[M]. 北京:中国物资出版社,2007.

[32] 白世贞,李楠. 物流管理学[M]. 北京:化学工业出版社,2009.

[33] 李政. 7-Eleven 成功的诀窍——高效的物流配送系统[J]. 北京物资流通,2008(4):56.

[34] 马秀丽. 基于配送的第三方物流仓储服务——以湖州安泰物流中心为例[J]. 商场现代化,2008(559):89.